Der einzige Amsterdam-Reiseführer, der Sie überall hin begleitet!

- → Praktische Informationen
- → Sehenswürdigkeiten, die Sie nicht verpassen dürfen
- → Geschichte und unterhaltsame Fakten
- → Die besten Geschäfte
- → Die besten Restaurants und Bars
- → Freizeit und Ausgehen
- → Insider-Tipps von Einheimischen
- → Karten und Wanderrouten

Allgemeine Informationen

Editorial

Seit über 10 Jahren wohne ich jetzt bereits in Amsterdam. Unzählige Male bin ich seitdem schon von Touristen aus dem Ausland und den Niederlanden angesprochen worden. Immer wollten sie von mir wissen, wohin sie gehen sollen und was man hier alles unternehmen kann. Dabei habe ich viele Wegbeschreibungen und Tipps gegeben, damit sie an die Orte gelangen, die sie meiner Meinung nach nicht verpassen dürfen, wenn sie Amsterdam erleben wollen.

Dabei wuchs meine Idee. Warum nicht selbst einen praktischen und vollständigen Reiseführer schreiben, der mehr enthält als nur Erklärungen, wie man zu den wichtigsten Museen gelangt? Liebe Leserinnen und Leser, natürlich wissen Sie die schönen Dinge im Leben zu schätzen. Deshalb sollten Sie sich die herausragenden Museen dieser Stadt auch nicht entgehen lassen! Trotzdem glaube ich, dass Sie sich auch für die neuesten und trendigsten Läden interessieren. Dass Sie wissen möchten, welche Restaurants, Bars und Nachtclubs Sie auf jeden Fall besuchen sollten. Und welche anderen, tollen Unternehmungen Ihren Aufenthalt in Amsterdam zu einem unvergesslichen Erlebnis machen werden.

Ich habe die Stadt in einzelne Gebiete unterteilt, zu denen Sie jeweils Routenvorschläge für Spaziergänge oder Radtouren finden, damit Sie nicht kreuz und quer durch die ganze Stadt müssen. So ist es einfach für Sie, Ihre Aktivitäten sorgfältig zu planen und all das zu sehen und zu unternehmen, was Sie sich vorgenommen haben.

Ich wünsche Ihnen einen wundervollen Aufenthalt in Amsterdam und ich freue mich, dass ich Ihr persönlicher Reiseführer durch diese großartige Stadt sein darf!

Mit herzlichen Grüßen
Leo Wellens
WPublishing

Grachtenhäuser (Herengracht)

Inhalt:

Die Stadt Amsterdam 6
Allgemeine Informationen 8
Die 12 Top-Sehenswürdigkeiten von Amsterdam 10
Schiphol 16
Praktische Informationen 22
Verkehrsmittel 26
Beste Reisezeit 31
Die Geschichte der Niederlande 35
Sitten und Gebräuche in den Niederlanden 46
Die Geschichte von Amsterdam 53

Wanderrouten

- Route1: Amsterdam Hauptbahnhof, Rotlichtviertel, Dam und Spui 64
- Route 2: Grachtengürtel, Königsstraßen und Neun Straßen 104
- Route 3: Haarlemmerstraat/ -dijk, Jordaan und Leidseplein 144
- Route 4: Nieuwmarkt, Waterlooplein und Plantagebuurt 162
- Route 5: Kunstviertel, Museumsviertel, P.C. Hooftstraat & Vondelpark 184
- Route 6: Rembrandtplein, Utrechtsestraat und De Pijp 216

Abseits der Route 234
Gratis unterwegs in Amsterdam 241
Gay & Lesbian 243
Unterwegs mit Kindern 245
Essen & Trinken 248
Ausgehen und Unterhaltung 250
Stadtplan von Amsterdam 256

Allgemeine Informationen

Ihr Aufenthalt in Amsterdam

Um es Ihnen so leicht wie möglich zu machen, Amsterdam zu entdecken, habe ich die Stadt in sechs einfache Wander- und Fahrradtouren eingeteilt. Diese Routen führen Sie zu den besten Orten und den schönsten Sehenswürdigkeiten der Stadt. Dabei habe ich Geschichte und Genuss kombiniert, damit Sie immer Zeit und Gelegenheit finden, einen Zwischenhalt einzulegen, bei dem Sie Essen und Getränke vor der Stadtkulisse genießen können. Die sorgfältig ausgewählten Bars und Restaurants bieten allesamt einen hervorragenden Service und gutes Essen. Dabei ist die Preiskategorie jeweils mit einem €-Symbol angegeben. Zu jeder Route gehört eine Umgebungskarte, die das Gebiet anzeigt, das Sie besichtigen. Außerdem finden Sie immer auch gleich Vorschläge dazu, wie Sie Ihren Tag gestalten können.

Die Stadt ist in die folgenden Routen eingeteilt:
Route 1: Amsterdam Hauptbahnhof, Rotlichtviertel, Dam und Spui;
Route 2: Grachtengürtel, Königsstraßen und Neun Straßen;
Route 3: Haarlemmerstraat/dijk, Jordaan und Leidseplein;
Route 4: Nieuwmarkt, Waterlooplein und Plantagebuurt;
Route 5: Kunstviertel, Museumsviertel, P.C. Hooftstraat & Vondelpark;
Route 6: Rembrandtplein, Utrechtsestraat und De Pijp.

Nachdem Sie diese Touren unternommen haben, werden sie verstehen, warum wir Amsterdam so lieben.
Da bin ich mir sicher.

Essen & Trinken - - - - - - - -

Shopping - - - - - - - - - - - - - - - - - -

Sehenswürdigkeiten - - -

Ausgehen und Unterhaltung - - - - - - - - - -

Wissenswertes - - - - - - - - - - - - -

Preiskategorien der Restaurants:
€ 0-20
€ € 21-40
€ € € 41-60
€ € € € 61-80
€ € € € € 81-100

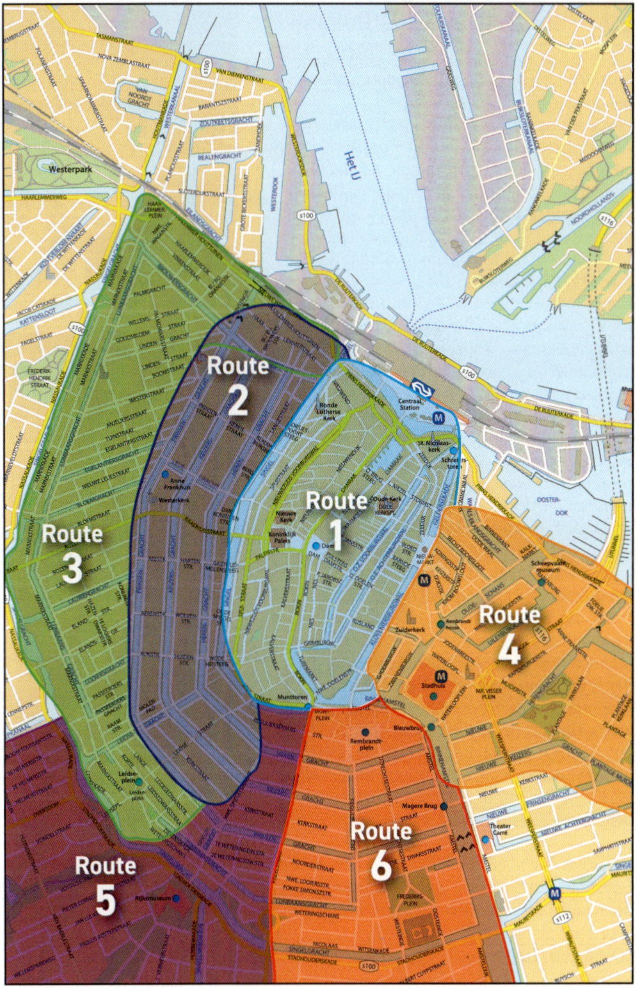
Route 1
Route 2
Route 3
Route 4
Route 5
Route 6
Het IJ
Westerpark
Centraal Station
Ronde Lutherse Kerk
St. Nicolaas-kerk
Anne Frankhuis
Westerkerk
Oude Kerk
Nieuwe Kerk
Koninklijk Paleis
Dam
Munttoren
Zuiderkerk
Stadhuis
Scheepvaart-museum
OOSTER-DOK
MR. VISSER PLEIN
Blauwbrug
Rembrandt-plein
Magere Brug
Theater Carré
Leidse-plein
Rijksmuseum
FREDERIKS-PLEIN

Allgemeine Informationen über Amsterdam

Amsterdam ist nicht nur die Hauptstadt der Niederlande, sie ist auch die bevölkerungsreichste Stadt des Landes. Amsterdam wird auch „Mokum" genannt. Das ist jiddisch und bedeutet „Stadt". Amsterdam liegt in der Provinz Noord-Holland, am Fluss Amstel und am Gewässer IJ. Ihren Namen verdankt die Stadt dem im 13. Jahrhundert in der Amstel errichteten Damm. Aktuell leben hier 812.000 Menschen 180 unterschiedlicher Nationalitäten. Damit ist Amsterdam die multikulturellste Stadt der Welt. Die Kombination aus besonderer Schönheit und ihren Bewohnern ist es, was Amsterdam so einzigartig macht. Die Mentalität der Amsterdamer mit ihrem geschäftstüchtigen Geist und ihrer sprichwörtlichen Toleranz hat die Geschichte der Stadt entscheidend beeinflusst. In den kommenden Jahren erwartet diese einzigartige Stadt ein sprunghaftes Wachstum.

Zu den wichtigsten Sehenswürdigkeiten gehören der Grachtengürtel, das Anne-Frank-Haus, das Rotlichtviertel, das Rijksmuseum und das Van-Gogh-Museum (beide Museen wurden kürzlich renoviert). Auch die Architektur der Stadt ist sehenswert. Hohe, schlanke Grachtenhäuser mit hübschen Giebeln wechseln sich mit malerischen Häusern ab, die von Bäumen gesäumt sind. Nicht verpassen sollten Sie das Haus an der Oude Hoogstraat 22. Es ist nur 2,02 m breit und damit das schmalste Haus der Welt!

Besuchen Sie auch unbedingt den Vondelpark. Dort befinden Sie sich in guter Gesellschaft, denn jedes Jahr spazieren über 10 Millionen Touristen durch diesen malerischen öffentlichen Park.

Darüber hinaus gibt es noch die unzähligen Coffeeshops, reizvollen Restaurants, Bars und Geschäfte zu entdecken. In unserer schönen Stadt gibt es 1215 Bars und 36 Nachtclubs.

Im Sommer sind die Straßen und Plätze voller Tische mit Menschen, die ein Getränk im Freien genießen. Da wird es Ihnen nicht schwerfallen, einen Ort für einen netten Drink zu finden. Setzen Sie sich einfach dazu – und vielleicht sind Sie schon bald in ein Gespräch mit neuen Freunden vertieft.

Wenn Sie gerne Shoppen gehen, ist Amsterdam ein wahres Paradies für Sie. Mit ihrem kompakten und gut für Fußgänger geeigneten Zentrum ist die Stadt, die auf über 90 Inseln erbaut ist, ein großartiger Ort für Spaziergänge.
Schlendern Sie durch das Einkaufsgebiet rund um die Neun Straßen, über die Kalverstraat oder die luxuriöse PC Hooftstraat. Neben all den berühmten Sehenswürdigkeiten sind es vor allem die fantastische Atmosphäre, die charmanten, alten Kneipen und Cafés, die günstigen und fröhlichen indonesischen Restaurants, die Straßenmärkte, die skurrilen Läden und die freundlichen Einheimischen, die Amsterdam zu etwas Besonderem machen.

Die 12 Top-Sehenswürdigkeiten

Rijksmuseum

1. Die Grachten von Amsterdam (S. 114)

Die Grachten sind die herausragende Attraktion der Stadt. Am besten erleben Sie diese einzigartigen Kanäle, die es so nur in Amsterdam gibt, bei einer Rundfahrt auf einem der vielen Grachtenboote. Eine kommentierte Tour führt Sie dabei entlang der vier Hauptgrachten, der Brouwersgracht, der Herengracht, der Keizersgracht und der Prinsengracht, die alle zum UNESCO-Weltkulturerbe gehören. Vom Wasser aus besichtigen Sie die schönsten Gegenden, Gebäude und Brücken in der historischen Innenstadt.

2. Das Anne-Frank-Haus (S. 110)

Jeder kennt die Geschichte von Anne Frank. Das jüdische Mädchen hielt sich während des 2. Weltkrieges zusammen mit seiner Familie in einem durch Bücherregale getarnten Zimmer versteckt. Ihr nach dem Krieg veröffentlichtes Tagebuch ist das meistgelesene Buch über den Krieg. Das Haus an der Prinsengracht, das von der Anne-Frank-Stiftung vor dem Abriss bewahrt wurde, ist seit 1960 für Besucher zugänglich und zieht seitdem Jahr für Jahr Millionen Touristen aus aller Welt an.

3. Das Rotlichtviertel (De Wallen, S. 71)

Amsterdam ist weltberühmt für seine vielen „Freudenhäuser". Diese Luxusbordelle (die im Rotlichtviertel toleriert werden) bieten ihren Besuchern Musik, Tanz und die Gesellschaft von Prostituierten. Immer wieder haben die Behörden versucht, die Prostitution zu kontrollieren um Störungen und Ausbeutung einzuschränken. Dabei kannte jede Zeit Ihre ganz eigenen Gesetze.

4. Das Rijksmuseum (S.191)

Das kürzlich renovierte und wiedereröffnete Rijksmuseum ist das größte und wichtigste Museum der Niederlande. Seine mehr als 200 Räume sind mit über 1 Million Kunstobjekten gefüllt, unter anderem mit Werken der holländischen Meister des 17. Jahrhunderts. Außerdem können Sie die Sammlung italienischer Malereien und die umfangreiche asiatische Kunstsammlung bewundern. Auf keinen Fall verpassen: Die weltberühmte „Nachtwache", gemalt vom holländischen Meister Rembrandt.

5. Vondelpark (S. 186)
Dieser schöne Stadtpark ist nach dem niederländischen Dichter und Bühnenautor Joost van den Vondel benannt. In der Mitte des Parks befindet sich ein Denkmal, das ihm gewidmet ist. Tun Sie es den jährlich über 10 Millionen Besuchern gleich und genießen Sie einen Spaziergang im Vondelpark. Kehren Sie im Blauen Teehaus ein oder schauen Sie sich eine der vielen Performances unter freiem Himmel an.

6. Amsterdam Museum (S. 75)
Im Amsterdam Museum tauchen Sie tief in die Geschichte Amsterdams ein. Erfahren Sie mehr über die Anfänge und den Aufstieg Stadt, darüber, wie Amsterdam von einer katholischen zu einer protestantischen Stadt wurde und über die wirtschaftliche Blüte im Goldenen Zeitalter des 17. Jahrhunderts, als sich Amsterdam zu einer wichtigen Wirtschaftsmacht entwickelte. Aber auch die Entwicklung der Stadt bis in die heutige Zeit wird Ihnen hier nahegebracht. All dieses Wissen vermittelt das Amsterdam Museum auf eine sehr unterhaltsame Art und Weise.

7. Der Königspalast (S. 75)
Bei einer Besichtigung können Sie die bewegte Vergangenheit dieses Gebäudes mitsamt der Spuren, die seine verschiedenen Nutzer dort hinterlassen haben, entdecken. 150 Jahre lang diente der Palast als Rathaus von Amsterdam, dann für 5 Jahre als französischer Königspalast und in den vergangenen 200 Jahren, also damit die längste Zeit, als Palast des Hauses Oranien.

8. Leidseplein (S. 146)

Im Herzen der Stadt erwartet Sie der Leidseplein, den Sie auf jeden Fall besuchen sollten. Hier ist immer etwas los! Mit seinen zahlreichen Bars, Restaurants, ganzjährig geöffneten Straßencafés, Konzertbühnen und Theatern ist der Leidseplein das Zentrum des Amsterdamer Nachtlebens. Im Winter verwandelt sich der Platz dank schöner Dekorationen und Beleuchtung sowie außerdem einer echten Eislaufbahn in ein wahres Wintermärchen.

9. Begijnhof (S. 79)

Der Begijnhof (Beginenhof) ist ein abgeschlossener Innenhof, dessen Geschichte bis auf das frühe 14. Jahrhundert zurückgeht. Auch wenn von den ersten Gebäuden nichts erhalten geblieben ist, so hat sich der vom Verkehrslärm der Stadt abgeschirmte Begijnhof doch bis heute seine seelenruhige Atmosphäre bewahrt. Der Begijnhof wurde ursprünglich als Wohnanlage für die ordensähnliche, christliche Frauengemeinschaft der Beginen erbaut.
Unter den schönen Häusern, die rund um einen gepflegten, grünen Garten angeordnet sind, befindet sich das älteste erhaltene Haus von Amsterdam, das „Houten Huis" (Holzhaus), das um das Jahr 1428 erbaut wurde. In den Häusern am Begijnhof wohnen nach wie vor religiös gesinnte Menschen; achten Sie also während Ihres Besuches darauf, deren Privatsphäre nicht zu stören und seien Sie möglichst ruhig.

10. De Pijp (S. 217)

Das Viertel De Pijp gehört zu den angesagtesten von ganz Amsterdam. Hier wohnen nicht nur viele junge Niederländer aus allen Teilen des Landes, sondern auch zahlreiche Expats. Jeder Zentimeter dieses Viertels, das zum reicheren Süden der Stadt gehört, ist voll mit den besten Bars, Restaurants und Geschäften. Bekannt ist es auch für den Albert-Cuijp-Markt und die Heinekenbrauerei.

11. Jordaan (S. 145)

Lassen Sie sich vom Labyrinth der hübschen, schmalen Straßen und Gassen im Herzen des von Künstlern und Yuppies gleichermaßen geprägten Jordaan-Viertels verzaubern. Hier können Sie Second-Hand-Läden, Künstlerateliers, kleine Boutiquen und Galerien entdecken. Die meisten Modegeschäfte finden Sie an der Haarlemmerstraat. Diese wurde im zweiten Jahr in Folge zur besten Einkaufsstraße von Amsterdam gekürt.

12. Shopping in den Königsstraßen und den Neun Straßen (S. 105/106)

Einen Einkaufsbummel durch die im Grachtengürtel gelegenen Königsstraßen und Neun Straßen kann ich Ihnen wärmstens empfehlen. Hier können Sie nicht nur die malerische Umgebung erkunden - die Straßen kreuzen die Herengracht, Keizersgracht und Prinsengracht im inneren Grachtengürtel von Amsterdam. Es erwartet Sie auch eine vielseitige und originelle Mischung an Geschäften. Genießen Sie Ihre Streifzüge durch die per Hand gepflasterten Backsteinstraßen, die von Designerboutiquen und gemütlichen Cafés gesäumt sind.

Begijnhof

Der Flughafen Amsterdam Schiphol

Der 10 km südwestlich von Amsterdam gelegene Flughafen Schiphol ist der größte internationale Flughafen in den Niederlanden. Nach London Heathrow, Paris Charles de Gaulle, dem Frankfurter Flughafen und Madrid Barajas ist Schiphol der fünftgrößte Flughafen Europas. Für viele internationale Fluggesellschaften ist er das Eingangstor nach Europa. Sein Duty-Free-Einkaufsbereich gilt als einer der besten weltweit. Amsterdam Schiphol glänzt mit fantastischen Lounges, einem eigenen Kunstmuseum, gemütlichen Cocktailbars und unzähligen Restaurants. Es gibt Tulpen zu kaufen und Sie können Schokolade und Käse aus Holland probieren.

→ Vom Flughafen in die Stadt

In der Haupthalle des Flughafengebäudes finden Sie Treppen, die hinunter zu den Bahnsteigen der Züge führen. Diese fahren häufig, tagsüber etwa alle 10 Minuten. Dies ist der preiswerteste Weg zum Hauptbahnhof Amsterdam. Detaillierte Informationen dazu finden Sie auf S. 21.

→ Touristeninformation - Flughafen und Amsterdam

I AMSTERDAM VISITOR CENTRES - Flughafen Schiphol und Amsterdam.
Wenn Sie weitere Informationen möchten oder Ausflüge buchen wollen, besuchen Sie am besten eines der I amsterdam Visitor Centres in Amsterdam: Tel: +31 (0)20 702 60 00 (Mo-Fr 09:00-17:00 Uhr), info@iamsterdam.com, www.iamsterdam.com, http://twitter.com/Iamsterdam.

- **I AMSTERDAM VISITOR CENTRE SCHIPHOL AIRPORT** Arrivals 2, Schiphol Plaza, Öffnungszeiten: Mo-So 07:00-22:00 Uhr.
- **I AMSTERDAM VISITOR CENTRE STATIONSPLEIN** (Gegenüber vom Hauptbahnhof) Öffnungszeiten: Mo-So (Öffnungszeiten finden Sie unter iamsterdam.com/visitorcentres).
- **I AMSTERDAM STORE** Entdecken Sie hier das Beste aus Amsterdam. Sie bekommen nicht nur echte Produkte aus Amsterdam, sondern auch die besten Tipps zu allem, was Sie über Amsterdam wissen wollen. Kommen Sie doch einfach vorbei und sprechen Sie uns an! Im Bereich IJ-hal (im Hauptbahnhof Amsterdam), Öffnungszeiten Mo-Mi 08:00-19:00 Uhr, Do-Sa 08:00-20:00 Uhr, So 09:00-18:00 Uhr, www.iamsterdam.com/store #iamsterdamstore.

→ Gepäckaufbewahrung

Gepäck kann für maximal 168 Stunden (7 Tage) in den dafür vorgesehenen Schließfächern aufbewahrt werden. Schließfächer befinden sich im gesamten Terminalbereich: In den Abflughallen 1, 2 und 3, in der Abflughalle am Flugsteig D, in Ankunftshalle 3 und im Gepäckbereich im Untergeschoss -1, der sich zwischen den Ankunftshallen 1 und 2 befindet. Öffnungszeiten: Mo-So 06:00 bis 22:00 Uhr. Außerhalb der Öffnungszeiten können Sie über eine Gegensprechanlage Hilfestellung anfordern. Weitere Informationen erhalten Sie unter der Telefonnummer +31 (0)20 795 28 43. Die Gebühren für die Gepäckaufbewahrung zahlen Sie mit Debit- oder Kreditkarte. Für die ersten 7 Tage gilt ein Tarif von €7 je 24 Stunden.

→ Apotheke

Der Flughafen Amsterdam Schiphol bietet auch eine eigene Apotheke. Die Apotheke ist für die allgemeine Öffentlichkeit zugänglich. Besucher am Flughafen Schiphol können in der Apotheke die von ihrem persönlichen Arzt verschriebenen Medikamente abholen.

Der Flughafen Amsterdam Schiphol

→ Öffentliche Telefone

Überall am Flughafen Amsterdam Schiphol finden Sie öffentliche Telefone. Diese funktionieren mit Münzen, Telefonkarten oder Kreditkarten. Die genauen Standorte erfahren Sie bei den Informationsstellen im Terminal.

→ Info-Points Schiphol

Sie haben Fragen zum Flughafen Schiphol? Wenden Sie sich an die Servicepoints im Ankunfts- und Abflugbereich. Dort stehen Mitarbeiter des Flughafens bereit, um Ihre Fragen zu beantworten. Weitere Reiseinformationen erhalten Sie unter: https://www.schiphol.nl/Willkommen1.htm

→ Medizinischer Service am Flughafen

Der medizinische Service am Flughafen bietet hochwertige medizinische Betreuung für Reisende, Besucher und Mitarbeiter des Flughafens Schiphol. Es steht ein engagiertes Team von Ärzten, Krankenschwestern, Sanitätern und Assistenzkräften bereit, um schnelle, persönliche und professionelle medizinische Hilfe zu leisten. Der medizinische Service befindet sich in Abflughalle 2, oberhalb vom Check-in-Schalter 16. Öffnungszeiten: rund um die Uhr an 7 Tagen in der Woche.

→ Fundbüro auf dem Flughafen Amsterdam Schiphol und am Hauptbahnhof

Am Flughafen Schiphol wenden Sie sich bezüglich verlorener und gefundener Gegenstände, einschließlich Gepäck, an die Informationsschalter bei den Lounges oder in den Abflug- und Ankunftshallen. Fundsachen werden nur einen Tag lang am Informationsschalter aufbewahrt. Wenn Sie Ihre Suche zu einem späteren Zeitpunkt beginnen, sollten Sie daher die folgende Nummer anrufen: +31 (0) 900-0141 (0,40 € / Min).Wenn Sie aus dem Ausland anrufen, wählen Sie bitte +31 (0)20 794 08 00. Das Büro ist an 7 Tagen in der Woche ausschließlich nach vorheriger Absprache geöffnet. Gefundene Gegenstände können nach Absprache mit den verantwortlichen Stellen auch per Post zugestellt werden.

→ Service Point Schiphol Plaza / McFlek

Dies ist der beste Ort, um Post innerhalb der Niederlande und ins Ausland aufzugeben und Schuhe reparieren zu lassen. Auch eine chemische Reinigung, Telefonkarten und Reisebedarf stehen Ihnen hier zur Verfügung. **Adresse**: Ankunftshalle 4, Öffnungszeiten: Der Service Point Schiphol Plaza / McFlek ist 7 Tage die Woche von 7:00 - 22:00 Uhr geöffnet, www.mcflek.com, +31 (0)20 206 58 90.

→ Rauchen auf dem Flughafen Amsterdam Schiphol

Das Rauchen ist auf dem Flughafen nur in den ausgewiesenen Raucherbereichen gestattet. Auf Schiphol gilt das niederländische Rauchergesetz, wonach alle öffentlichen Bereiche, einschließlich gastronomischer Einrichtungen, rauchfrei sein müssen.

→ Der beste Geldwechselservice am Flughafen

Alle Banken bieten einen Geldwechselservice. Am besten gehen Sie jedoch zu GWK Travelex oder zur ABN Amro Bank (Anmerkung: in den meisten Ländern ist das Unternehmen unter dem Namen Travelex bekannt. In den Niederlanden heißt es GWK Travelex. GWK steht für „Grens Wissel Kantoor", was wörtlich übersetzt „Grenzwechselstelle" heißt).

Adresse: Arrival 23, Halle 3 / GWK
Adresse: Arrival 1 und 2 / ABN Amro Bank

→ Internet am Flughafen

Auch auf Schiphol ist Ihr Büro immer in direkter Reichweite. Mit dem drahtlosen Internet (Wi-Fi) sind Sie auf dem gesamten Flughafengelände online, wann und wo Sie wollen. Sie können außerdem mit Ihrem Handy oder einem der vorhandenen fest installierten Telefone einfach telefonieren und angerufen werden.

→ Internetnutzung

Am Flughafen Schiphol erhalten Sie ganz einfach Zugang zum kostenfreien WLAN. Es genügt, Ihr Laptop, Smartphone oder Tablet anzuschalten und das Netzwerk „KPN" auszuwählen. Öffnen Sie dann Ihren Internetbrowser und folgen Sie den Anweisungen auf der Login-Seite. Sie können entweder den Service „Free Wi-Fi" oder „Premium Wi-Fi" auswählen.

Schiphol

Vom Flughafen zum Hauptbahnhof Amsterdam

Der Amsterdamer Hauptbahnhof (Amsterdam Centraal) liegt im Zentrum des Grachtengürtels der Stadt und seine Rückseite ist dem Ufer des IJ zugewandt. Hier verkehren die meisten nationalen und internationalen Züge.

Der schnellste und bequemste Weg in die Innenstadt ist die **Direktverbindung** vom internationalen Flughafen Schiphol nach Amsterdam. Die Züge fahren alle 10 Minuten von den Gleisen 1 und 2 an der Hauptankunftshalle ab. Für eine einfache Fahrt zahlen Sie nur € 4,20 und ein Hin- und Rückticket kostet € 8,40. Sie sollten Münzgeld bei sich haben, damit Sie die Karten am Automaten kaufen können. So vermeiden Sie die langen Schlangen und den Aufpreis von € 0,50 am Schalter. Wenn Sie ohne gültige Fahrkarte in den Zug steigen, riskieren Sie ein Bußgeld in Höhe von € 50, zuzüglich zum regulären Fahrpreis. Vom Bahnhof Amsterdam Centraal können Sie Ihr Ziel entweder zu Fuß, per Bus oder mit der Straßenbahn erreichen. In den Zügen steht Ihnen kostenfreies WLAN zur Verfügung.

Vor dem Flughafenterminal fahren **Busse und Hotelshuttles** ab. Gehen Sie einfach durch die Ankunftshalle und dann sehen Sie draußen bereits die Haltebuchten. Diese sind mit den Namen der größten Hotels der Stadt gekennzeichnet, die jeweils ihren eigenen Shuttledienst betreiben. Jedes Hotel hat einen eigenen Fahrplan, der deutlich an der Haltebucht des entsprechenden Shuttles angegeben ist.

Flughafenshuttles Sie können auch die blauen Schiphol-Hotelshuttles von Conexxion nehmen. Diese fahren alle 10 Minuten ab und bedienen mehr als 100 Hotels in der gesamten Stadt. Für eine einfache Fahrt bezahlen Sie € 17 und für eine Hin- und Rückfahrt € 27. Tickets können Sie in der Hauptankunftshalle kaufen. Wenn Sie in einem der großen Hotels übernachten, sollten Sie erst im Shuttlebereich nachsehen, ob Ihr Hotel einen eigenen, kostenfreien Fahrservice anbietet. Die Tickets bekommen Sie am Schalter „Amsterdam Shuttle Desk" in Ankunftshalle 4 oder an der Bushaltestelle A7. Der Schalter ist täglich von 07:00 bis 21:00 Uhr geöffnet.

Nützliche Informationen

Wusssten Sie schon?
Amsterdam steht komplett auf Stützpfeilern. Davon werden 600 Stück benötigt, um den Hauptbahnhof zu tragen.

Hauptbahnhof Amsterdam Centraal

→ Sicherheit

Seien Sie auf dem Hauptbahnhof und im Rotlichtviertel vorsichtig, vor allem spät nachts. Achten Sie auf Taschendiebe und Betrüger. Bei Notfällen jeder Art rufen Sie die Notrufnummer 112 an. Dies ist die allgemeine Nummer für Krankenwagen, Polizei und Feuerwehr. Suchen Sie im Falle eines Diebstahls die nächste Polizeistation auf (S. 25). Hier können Sie Anzeige erstatten und Sie erhalten Hilfe bei der Blockierung Ihrer Karten sowie eine Liste mit nützlichen Telefonnummern. Weitere Fragen bezüglich eines Diebstahls werden ihnen unter +31 (0)900 8844 beantwortet (keine Notrufnummer).

→ Öffentliche Toiletten (WCs)

Überall in der Innenstadt finden Sie öffentliche Toiletten. Damen sollten lieber ein Café oder eines der großen Warenhäuser aufsuchen, um zur Toilette zu gehen, denn bei den öffentlichen Toiletten handelt es sich meist um Urinale. Öffentliche WCs finden Sie zum Beispiel in Kaufhäusern, im Einkaufszentrum Magna Plaza oder in der Lobby der meisten Hotels. In diesen Toiletten gibt es üblicherweise einen vom Reinigungspersonal genutzten Bereich, wo Sie eine kleine Gebühr von € 0,10 bis 0,50 hinterlegen.

→ Niederländische Steckdosen und Adapter

In den Niederlanden sind Steckdosen mit 220-240 Volt Wechselstrom (50 Hz) in Gebrauch, in die die üblichen Eurostecker mit zwei runden Kontaktstiften passen. Wenn Sie aus der Schweiz anreisen, sollten Sie für Ihre Geräte mit Schweizer Stecker einen entsprechenden Adapter mitbringen. Die gängigen Steckdosen in den Niederlanden gehören zum Typ C.

→ Kommunikation ins Ausland

Um zu Hause anzurufen, können Sie Ihr **Mobiltelefon** nutzen, sofern Ihr Gerät für Auslandsgespräche freigeschaltet ist und Ihr Anbieter ein Abkommen mit einem der vier Mobilnetzwerkbetreiber in den Niederlanden vereinbart hat. Prepaid-Handys erhalten Sie ab € 35. Sie können auch eine niederländische SIM-Karte für Ihr Handy kaufen. Diese kostet rund € 7. Entsprechende Telefonläden finden Sie an der Kalverstraat, am Rokin und in der Leidsestraat. SIM-Karten bekommen Sie auch im Service Point Schiphol/McFlek (Arrivals 4).

Anrufe: Gehen Sie in einen der Telefonläden, die sich überall in der ganzen Stadt verteilt befinden, um einen Anruf zu tätigen. Außerdem gibt es zahlreiche Telefonzellen, die in der Regel mit einer Karte funktionieren. Während die meisten Telefonzellen sowohl mit Münzen als auch mit Karten funktionieren, akzeptieren die grünen KPN-Zellen nur Karten. Ländervorwahl: Um von den Niederlanden **ins Ausland telefonieren** zu können, müssen Sie 00 vor dem Ländercode wählen. Um vom Ausland aus in Amsterdam anzurufen, wählen Sie vor der Telefonnummer 0031 (für die Niederlande) und 20 (für Amsterdam). Gebührenfrei: 0800-Nummern, Handy-Vorwahl: 06.

Internet: In den meisten Hotels steht Ihnen als Gast kostenfreies WiFi zur Verfügung. Dies sollten Sie im Vorfeld mit dem Hotel abklären, da einige Hotels eine Gebühr erheben und manche der preisgünstigen Hotels nicht über WiFi verfügen. In immer mehr Cafés und Fastfood-Restaurants können Sie mit Ihrem Laptop den drahtlosen Internetzugang nutzen. Denken Sie jedoch daran, vorher zu fragen, ob dafür eine Gebühr verlangt wird. Echte Internetcafés sind in der Stadt schwer zu finden. Allerdings bietet die Amsterdamer Stadtbücherei (OBA) neben dem Hauptbahnhof kostenlosen Internetzugang. Hier einige der Internetcafés im Zentrum von Amsterdam:
- Easyinternetcafe: Damrak 33 - Internet City: Nieuwendijk 76

→ Wasser
Das Trinkwasser in den Niederlanden hat eine gute Qualität. Es wird behauptet, das niederländische Kranwasser sei mindestens genauso gut und lecker, wie Mineralwasser aus Flaschen.

→ Reisen mit Behinderung
Die meisten öffentlichen Gebäude sind für Rollstuhlfahrer zugänglich. Für Fahrten durch die Stadt können Sie spezielle Rollstuhltaxis bestellen. Flughäfen, Bahnhöfe, Museen, verschiedene touristische Sehenswürdigkeiten und einige Boote verfügen über Sondereinrichtungen für Rollstuhlfahrer. Alle Busse und neuen Straßenbahnen sind rollstuhlgängig, ebenso wie die U-Bahnhöfe. Wenn Sie dennoch an einen der wenigen Orte kommen sollten, die nicht zugänglich sind, können Sie jeden Passanten um Hilfe zu bitten. Die Niederländer sind sehr hilfsbereit und kümmern sich darum, dass Sie sicher an Ihr Ziel gelangen.

→ Post aus Amsterdam verschicken
Das Hauptpostamt von Amsterdam befindet sich am Singel 250, Ecke Raadhuisstraat. Sie erreichen es mit den Straßenbahnen 1, 2, 5, 13 oder 17. Außer dem Post- und Paketservice finden Sie hier Briefmarken, Ansichtskarten, Landkarten, Faxgeräte zur Selbstbedienung, Nachschlagewerke und einen Schalter der Postbank. In der Regel sind Poststellen von Montag bis Samstag von 08:00-18:00 Uhr geöffnet.
Um Post aus Amsterdam zu verschicken, müssen Sie die entsprechenden Briefmarken erwerben. Diese erhalten Sie an den meisten Zeitungsständen und Kiosken, in Tabakwarenläden, Touristeninformationen und Albert-Heijn-Supermärken. Wenn Ihre Postsendung gewogen werden soll, müssen Sie zu einer Poststelle gehen. Ansonsten können Sie die Briefkästen in der Stadt nutzen. Wenn Sie Post ins Ausland verschicken, achten Sie darauf, diese in die Öffnung zu stecken, die mit „overige bestemmingen" gekennzeichnet ist.

→ Geld wechseln im Amsterdamer Zentrum
Es gibt eine Zweigstelle von GWK Travelex am Leidseplein, direkt gegenüber vom Amsterdam American Hotel.

→ Darauf sollten Sie achten

Geldautomaten finden Sie überall. Diejenigen, die sich innerhalb der Bank befinden, sind am sichersten. Oft bilden sich Schlangen vor Geldautomaten und am Wochenende kann schon mal das Bargeld ausgehen.

Kreditkarten: Die meisten Hotels, Bars, Restaurants und Geschäfte akzeptieren Kreditkarten, aber nicht alle. Manche Einrichtungen akzeptieren lediglich EC-Karten mit einem Sicherheitschip.

Seien Sie aufmerksam: Achten Sie auf Ihre Umgebung. Behalten Sie Personen, von denen Sie beobachtet werden, im Auge.

→ Notaufnahmen und Krankenhäuser mit rund um die Uhr geöffneten Notfalleinrichtungen.

Onze Lieve Vrouwengasthuis

+31(0)20 599 91 11, www.olvg.nl, 1ste Oosterparkstraat, in der Nähe des Tropenmuseums. Dieses Krankenhaus liegt am nächsten am Zentrum.

VU Medisch centrum

+31(0)20 444 44 44, www.vumc.com, De Boelelaan 1117, Amsterdam.

Medizinischer Dienst

Kontaktieren Sie den zentralen Ärztedienst unter +31 (0) 20 592 34 34, um Empfehlungen für einen Arzt, Zahnarzt oder eine Apotheke zu erhalten.

→ Apotheken

Diese sind von Montag bis Freitag zwischen 08:00/09:00 Uhr und 17:30/18:00 Uhr geöffnet. Nachts und am Wochenende gilt für Apotheken ein Notfalldienstplan im Rotationsverfahren. Nur wenige Meter vom Dam-Platz entfernt befindet sich die Dam Apotheek, +31 (0)20 624 43 31, Damstraat 2.

→ Gut zu wissen

Trinkgeld: Die Bedienung ist immer in der Rechnung für Bars, Restaurants und Hotels enthalten. Dennoch ist ein Trinkgeld zwischen 5 und 10 Prozent üblich.

Geschäftszeiten: Die Läden sind in der Regel montags bis freitags von 10 bis 18 Uhr und am Samstag von 10 bis 17 Uhr geöffnet. Am Donnerstagabend gelten verlängerte Öffnungszeiten bis 21 Uhr. Kaufhäuser und viele der größeren Geschäfte in der Innenstadt sind auch am Sonntag von 12 bis 17 Uhr geöffnet. Lebensmittelgeschäfte sind in aller Regel täglich offen; die meisten von ihnen bis 20 Uhr, einige sogar noch länger.

→ Polizei

Die Hauptwache der Polizei befindet sich an der Elandsgracht 117 (Zentrum) und in der Nähe des Leidseplein, an der Lijnbaansgracht 219 (Zentrum). Weitere Polizeiwachen gibt es am Nieuwezijds Voorburgwal 35 (Zentrum) und an der Ferdinand Bolstraat 190-192 (De Pijp).. Es sind Streifenpolizisten mit dem Auto oder zu Fuß unterwegs. Die Polizeibeamten tragen eine blaue Uniform und Schusswaffen. Sie können die Beamten auch ansprechen, wenn Sie eine allgemeine Frage haben oder sich nach dem Weg erkundigen möchten.

Verkehrsmittel

Munttoren
www.mendo.nl/Ewout Huibers

Öffentliche Verkehrsmittel

Die öffentlichen Verkehrsmittel der GVB bieten eine ideale Möglichkeit, die Stadt zu entdecken und ihre zahlreichen Sehenswürdigkeiten zu besichtigen. Mit 15 Straßenbahnlinien, 43 Buslinien, 4 U-Bahn-Linien und 6 Fährverbindungen bringt Sie die GVB an Ihr Ziel.

→ GVB Tickets & Info

Auf der Website www.gvb.nl finden Sie Infos zu Fahrtzeiten, Routen und Ticketpreisen der öffentlichen Verkehrsmittel in Amsterdam. Sie können sich auch die englische Version der Seite anzeigen lassen. Außerdem können Sie Tickets online erwerben und Sie finden hier Streckenkarten und Fahrpläne für alle Verbindungen der GVB in Amsterdam.

→ Nachtlinien

Die Straßenbahnen, U-Bahnen und Busse fahren täglich von 06:00 Uhr morgens bis 0:30 Uhr nachts. Zwischen 0:30 Uhr und 07:00 Uhr morgens können Sie mit Nachtbussen reisen. Für die Fahrt mit dem Nachtbus gilt ein spezieller Nachttarif. Wenn Sie allerdings eine GVB-Tages- oder Mehrtageskarte besitzen, ist der Nachtbus inbegriffen.

→ GVB-Tageskarte

Zur Nutzung der öffentlichen Verkehrsmittel in der Stadt Amsterdam benötigen Sie eine Chipkarte (OV-chipkaart). Diese Karte ist in verschiedenen Varianten erhältlich. Wenn Sie mehrere Tage in Amsterdam verbringen, ist eine Tages- oder Mehrtageskarte am praktischsten und zugleich am günstigsten. Mit dieser Karte können Sie alle Straßenbahnen, Busse und U-Bahnen der GVB in Amsterdam uneingeschränkt nutzen.

→ Wo ist die OV-Chipkarte erhältlich?

OV-Chipkarten sowie Tages- oder Mehrtageskarten des GVB können Sie beim GVB Tickets & Info Büro kaufen. Tageskarten für 1-4 Tage (für 24 bis 96 Stunden gültig) sind auch an den Verkaufsautomaten in allen U-Bahnhöfen erhältlich.

Radfahren

Für die meisten Niederländer ist Radfahren ein Lebensgefühl und es ist nach wie vor die beste Art der Fortbewegung in Amsterdam. In der ganzen Stadt gibt es ausgewiesene Fahrradwege und Sie müssen nur wenige Anhöhen bezwingen.

Bei zahlreichen Anbietern bekommen Sie ein Leihfahrrad für € 8 pro Tag; bei längerer Mietdauer erhalten Sie zudem Ermäßigungen.

Macbike Amsterdam www.macbike.nl, Macbike Hauptbahnhof (Ostseite), Stationsplein 12, täglich 09:00 – 17:45 Uhr.
Mac Bike Waterlooplein 199, täglich von 09:00 bis 17:45 Uhr.
Mac Bike Leidseplein, Weteringschans 2, täglich von 09:00 bis 17:45 Uhr.
Bike City Bloemgracht 68-70, www.bikecity.nl, täglich von 09:00 bis 17:30 Uhr.
Rent a bike Damstraat 20, www.rentabike.nl, täglich von 09:00 bis 18:00 Uhr.

Wussten Sie schon?

Die Gesamtlänge aller Radwege in den Niederlanden beträgt rund 15.000 km.

Taxis in Amsterdam

Wenn Sie ein Taxi benötigen, finden Sie diese vor der Haupthalle am Flughafen Schiphol, am Amsterdamer Hauptbahnhof, am Leidseplein und vor einigen Hotels. Ansonsten rufen Sie sich ein Taxi.
Am sichersten sind TCA (+31 (0)20 777 77 77, www.tcataxi. nl).

Mietwagen

Auch wenn von Autofahren in Amsterdam generell abzuraten ist, finden Sie Autovermietungen am Flughafen Schiphol und im Stadtzentrum am Overtoom in der Nähe des Vondelpark. Alle großen Anbieter, darunter Budget Rent a Car, Hertz und Europacar sind vertreten. Autofahren und Parken in der Stadt können sich zu einem wahren Alptraum entwickeln, aber ein Mietwagen kann sich dann lohnen, wenn Sie die Landschaft der Umgebung erkunden möchten.
Hier eine Liste mit Autovermietern:
Budget Rent a car, Flughafen Amsterdam Schiphol, Ankunftshalle, täglich von 06:30 - 23:30 Uhr geöffnet.
Budget Rent a car Nassaukade 380, +31 (0)88- 2847020, www.budget.nl
Hertz Overtoom 333, +31 (0)20 612 2441, www.hertz.com
Europcar Overtoom 197, +31 (0)20-683 21 23, www.europcar.nl

So erreichen Sie Ihr Ziel: Amsterdam ist eine touristenfreundliche Stadt. Fast jeder spricht Englisch und wenn Sie jemanden fragen, er- klären Ihnen die Menschen gerne den Weg. Im Allgemeinen können Sie unbesorgt und sicher Ihrer Wege gehen. Rund um den Hauptbahnhof ist allerdings etwas mehr Aufmerksamkeit geboten, da dieser Taschen- und Gelegenheitsdiebe anzieht. Auch im Rotlichtviertel sollten Sie Ihre Tasche im Auge behalten. Ganz besonders gut sollten Sie auf Radfahrer achten. Diese sind oft sehr schnell unterwegs. Schauen Sie vor allem an den Kreuzungen entlang der Grachten in alle Richtungen! Beachten Sie auch die Straßenbahnen.

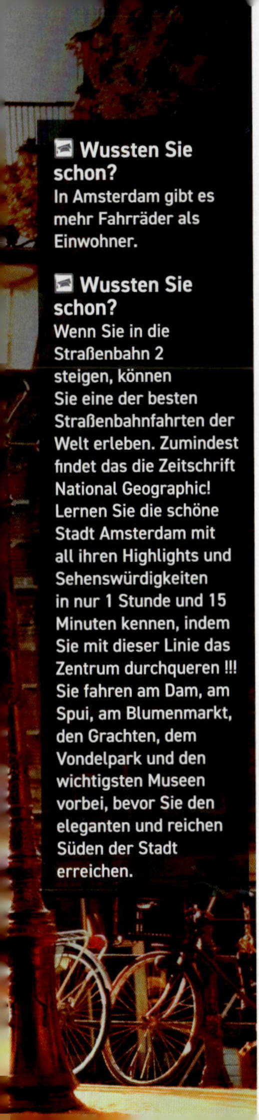

Wussten Sie schon?

In Amsterdam gibt es mehr Fahrräder als Einwohner.

Wussten Sie schon?

Wenn Sie in die Straßenbahn 2 steigen, können Sie eine der besten Straßenbahnfahrten der Welt erleben. Zumindest findet das die Zeitschrift National Geographic! Lernen Sie die schöne Stadt Amsterdam mit all ihren Highlights und Sehenswürdigkeiten in nur 1 Stunde und 15 Minuten kennen, indem Sie mit dieser Linie das Zentrum durchqueren !!! Sie fahren am Dam, am Spui, am Blumenmarkt, den Grachten, dem Vondelpark und den wichtigsten Museen vorbei, bevor Sie den eleganten und reichen Süden der Stadt erreichen.

→ Orientierung

Das Stadtzentrum sieht zunächst verwirrend aus, denn eine Gracht ähnelt der anderen sehr. Zudem verlaufen die meisten Grachten auch noch hufeisenförmig um das Stadtzentrum, sodass Sie schnell den Sinn für die Richtung, in die Sie sich bewegen, verlieren können. Davon abgesehen befinden sich die meisten Sehenswürdigkeiten an einer Gracht oder in unmittelbarer Nähe. Wenn Sie also einfach dem Verlauf der jeweiligen Gracht folgen, gelangen Sie meist an Ihr Ziel und lernen die Stadt dabei auf eine einfache und angenehme Art und Weise kennen.

Basilika St. Nikolaus (gegenüber vom Amsterdamer Hauptbahnhof)

→ Wann Sie Amsterdam besuchen sollten

Amsterdam ist das ganze Jahr über schön, hat aber wie jede Stadt auf der ganzen Welt Spitzenzeiten. „In der Saison" bedeutet in Amsterdam von Mitte April bis Mitte Oktober. Die meisten Touristen planen ihre Reise im Juli und im August, wenn das Wetter am schönsten ist. Das Klima ist allerdings das ganze Jahr über recht mild. Wenn Sie also lieber außerhalb der Saison verreisen, ist die Stadt in dieser Zeit mindestens genauso attraktiv. Nicht nur, dass Hotels und Restaurants günstiger und weniger voll sind (inklusive entspannterem und persönlicherem Service), auch finden einige sehr interessante Veranstaltungen statt. Im Sommer steigt das Thermometer in Amsterdam selten über 24°C, was für ein angenehm mildes Klima sorgt (außer im vergangenen August, als es sich hier wie in der Wüste anfühlte). Juli und August sind die Monate, an denen Sie am besten im Vondelpark inlineskaten können und die zum Sonnenbaden in einem der vielen Straßencafés, zu einem Abendessen unter freiem Himmel oder zu einem Strandausflug nach Zandvoort einladen. Auch im September und Oktober können Sie für gewöhnlich noch einige Wochen lang das schöne Spätsommerwetter genießen.

→ Kleidung

Wenn Sie nach Amsterdam fahren, sollten Sie immer verschiedene Arten von Kleidung mitbringen. Das gilt auch für Reisen im Sommer, wenn es theoretisch warm sein sollte. Bringen Sie auf jeden Fall immer eine regendichte Jacke und einen Regenschirm mit! Auch bequeme Wanderschuhe sind unerlässlich, egal zu welcher Jahreszeit Sie unterwegs sind.

Wussten Sie schon?

In Amsterdam herrscht ein maritimes Klima, das dem von London ähnelt. Von Juni bis August ist es mit 20 bis 27 Grad am wärmsten. Im Winter ist das Amsterdamer Klima vergleichsweise mild. Die Temperaturen können allerdings bis unter den Gefrierpunkt fallen.

www.mendo.nl/Ewout Huibers

Das politische System

Das politische System der Niederlande ist eine konstitutionelle Monarchie. Das ist hier, wie meist eine parlamentarische Demokratie mit einem Staatsoberhaupt (dem König, der nur zeremonielle Macht hat) und einem Regierungschef (dem Premierminister).
Seit 1815 sind die Niederlande eine konstitutionelle Monarchie. Die konstitutionelle Monarchie ist eine Regierungsform, bei der der Monarch nur innerhalb des Rahmens einer volksherrschaftlichen Verfassung als Staatsoberhaupt fungiert. Seine Richtlinien sind in der Regel kodifiziert, also im Gesetzestext festgeschrieben. Unkodifizierte Auslegungen weisen dem König auch Handlungsfelder zu, die aus Absprachen hervorgehen können.

Die Niederlande sind seit 1848 auch eine parlamentarische Demokratie. Damit bezeichnet man eine Regierungsform, bei dem die Wähler ein Parlament bestimmen, welches dann die Regierung bildet.

König Willem-Alexander von Oranien-Nassau ist das nominelle Staatsoberhaupt der Niederlande. Der König hat verschiedene, meist repräsentative Aufgaben. Die Stellung des Königs ist in der Verfassung festgelegt. Er bildet gemeinsam mit den Ministern die Regierung. König Willem-Alexander ist seit 2013 Staatsoberhaupt des Königreichs der Niederlande.

Premierminister ist Mark Rutte, Parteichef der liberalen VVD. Die Partei mit den meisten Wählerstimmen stellt den Regierungschef.

Aktuell setzt sich die niederländische Regierung aus einer Koalition zwischen der rechtsliberalen VVD (Volkspartei für Freiheit und Demokratie) und der sozialdemokratischen PvdA (Partei der Arbeit) zusammen. In den Niederlanden gibt es ein Mehrparteiensystem. Alle vier Jahre wird ein neues Parlament gewählt. Das Parlament besteht aus einem Senat und einem Abgeordnetenhaus. Das niederländische Parlament, das sich im Binnenhof in Den Haag versammelt, wird auch als Generalstaaten (Staten-Generaal) bezeichnet. Die Generalstaaten und die Minister entwerfen Gesetze und überwachen deren Einhaltung, während der Senat die Aufgabe hat, das Abgeordnetenhaus zu kontrollieren.

Im März 2017 finden in den Niederlanden Parlamentswahlen statt. Dadurch kann sich die Zusammensetzung der Koalition möglicherweise verändern.

Die Geschichte der Niederlande

Niederländische Windmühlen von Kinderdijk

Die Geschichte

→ Die Niederlande in der Antike und im Mittelalter

Amsterdam ist die Hauptstadt der Niederlande. Die Geschichte der Niederlande ist die Geschichte eines Volkes von Seefahrern, die sich in der Flussdeltalandschaft der nordwesteuropäischen Tiefebene an der Nordseeküste ansiedelten. Um 4.500 v. Chr. entwickelte sich auf dem heutigen Gebiet der Niederlande die früheste Landwirtschaft. Zunächst stellten die Bauern ihre Werkzeuge und Waffen aus Stein her. Nach 1.900 v. Chr. setzte der Gebrauch von Bronze ein. In der Zeit um 750 v. Chr. erlernten die Einwohner der Niederlande die Verarbeitung von Eisen. Als die Truppen von Julius Caesar in die Niederlande einzogen, war das Land von den germanischen Stämmen der Bataver, Nervier und Friesen besiedelt. Um 50 v. Chr. eroberten die Römer das Gebiet der heutigen Staaten Niederlande, Belgien und Luxemburg. Sie bauten Straßen und Siedlungen und sie gründeten die ersten Städte in den Niederlanden, von denen Utrecht, Nijmegen und Maastricht die wichtigsten sind. Mit dem Zerfall des römischen Reiches zogen sich die Römer gegen Ende des 4. Jahrhunderts aus den Niederlanden zurück.

Mit der zunehmenden Schwäche des römischen Staates begannen germanische Stämme mit Angriffen auf das Land. Der mächtigste dieser Stämme war der der Franken. Diese eroberten das Territorium im 5. Jahrhundert und führten das Christentum ein. Im Jahre 768 wurde Karl der Große Herrscher der Franken und baute ein mächtiges Reich in Europa auf. Mit dem Sieg Karls des Großen über Widukind im Jahre 785 eroberten die Franken das Gebiet östlich des Flusses Lauwers. Unter der Herrschaft Karls des Großen wurden die Niederlande in verschiedene Grafschaften eingeteilt, die jeweils von einem eigenen Grafen regiert wurden. Im Verlaufe des 9. und 10. Jahrhunderts hatten die Niederlande unter den Angriffen der Wikinger zu leiden. Während des Mittelalters bestanden die niederen Lande an der Nordseeküste von Calais bis ins heutige Deutschland (Ostfriesland) hinein aus verschiedenen Grafschaften und Diözesen, die zu den Herzogtümern von Brabant und Burgund und zum Heiligen Römischen Reich gehörten. Im Mittelalter begannen das städtische Leben und der Handel in den Niederlanden zu florieren. Im 13. Jahrhundert herrschte in den holländischen Städten verhältnismäßig große Freiheit. Über die Jahrhunderte hinweg hat Amsterdam dabei immer eine besondere Rolle in der niederländischen Gesellschaft gespielt. Aufgrund ihrer Lage in der Provinz Nordholland entwickelte sich die Stadt zum wichtigsten Zentrum für Handel und Politik.

→ Die Niederlande 1500-1800

Das Gebiet der heutigen Benelux-Länder gelangte unter die Herrschaft der mächtigen Familie von Habsburg. Im Jahre 1555 übergab Karl V. von Habsburg die Herrschaft über die Niederlande an seinen Sohn, Philipp II, König von Spanien. Trotz rigoroser Verfolgung verbreitete sich indes die Reformationsbewegung in den Niederlanden. Der auf den Lehren von John Calvin basierende Calvinismus entwickelte sich in vielen Städten der Niederlande zu einer populären Bewegung. Der Calvinismus spielte im Unabhängigkeitskampf gegen König Philipp II. von Spanien eine wichtige Rolle. Mit Unterstützung der spanischen Inquisition setzte

Philipp II. grausame Verfolgungskampagnen in Gang. Die Calvinisten reagierten auf die Verfolgung mit Aufständen. Als Folge wurden beim Bildersturm im Jahre 1566 religiöse Darstellungen in Kirchen zerstört.
Im Jahre 1567 entsandte Philipp II. den grausamen Fernando Álvarez de Toledo, Herzog von Alba, mit 12.000 Soldaten in die Niederlande, um den Aufstand niederzuschlagen. Er begann einen wahren Feldzug, um den Calvinismus auszuradieren und den Niederlanden seinen Willen aufzuzwingen. Der „Eiserne Herzog", wie er später genannt wurde, installierte ein 6 Jahre andauerndes Schreckensregiment. Álvarez setzte ein Sondergericht, den so genannten Blutrat, ein, der über 12.000 Menschen für ihre Teilnahme an den Aufständen von 1566 zum Tode verurteilte und hinrichten ließ.
Der von König Philipp geächtete Wilhelm von Oranien sammelte in der Hoffnung, die Spanier aus den Niederlanden vertreiben zu können, eine Armee um sich. Damit begann der 80-jährige Krieg für die Unabhängigkeit (1568-1648). Die Kriegsjahre fallen mit dem Beginn des Goldenen Zeitalters in den Niederlanden zusammen. In dieser Ära, die grob das gesamte 17. Jahrhundert umfasst, erlebte das Land eine besonders reiche wirtschaftliche und kulturelle Blüte, die von einer starken Migrationsbewegung vom Süden, hin in den Norden begleitet wurde.
Im Jahre 1572 eroberten holländische Freibeuter die Kleinstadt Brielle an der Mündung der Maas. Vom Meer aus fuhren Sie flussaufwärts und nahmen weitere holländische Städte ein. Die Bevölkerung schloss sich dem Aufstand in Scharen an. Als die Spanier zurückschlugen, entfachte ein furchtbarer Krieg.
Sieben der niederländischen Provinzen schlossen sich im Jahre 1579 zur Utrechter Union zusammen. Die sieben vereinigten Provinzen, zu denen auch Amsterdam gehörte, erklärten ihre Unabhängigkeit von Spanien. Ab 1588 waren die vereinigten Provinzen auch als Republik der Niederlande bekannt. Die Spanier setzten die Kämpfe fort, um die Kontrolle über die Region zu behalten. 1584 wurde Wilhelm von Oranien in Delft von einem katholischen Fanatiker ermordet, der dafür von den Spaniern eine Belohnung erhielt. Die Engländer sandten Hilfe aus und Spanien wurde mit dem Sieg über die Spanische Armada im Jahre 1588 geschwächt. König Philipp II. starb 1598.
Im Laufe des 17. Jahrhunderts entwickelten sich die Niederlande zu einer wohlhabenden Handelsnation. Diese Entwicklung wurde durch einen 12 Jahre andauernden Waffenstillstand mit Spanien von 1609 bis 1621 vorangetrieben. Die Niederländische Ostindien-Kompanie (Verenigde Oostindische Compagnie: VOC) wurde 1602 gegründet. Das Handelsunternehmen besaß das Monopol auf den Seehandel mit dem fernen Osten und Indien. 1621 folgte die Westindien-Kompanie, um den Handel mit Amerika und der afrikanischen Westküste zu organisieren. Aus den Kolonien Brasilien und Neu-Amsterdam (dem heutigen New York) wurden verschiedene Handelsgüter exportiert. Der Handel mit Tulpen, der niederländischen Nationalblume, sorgte im Jahre 1637 für den ersten Börsencrash. „Niederländische Kolonien" lautet die Sammelbezeichnung für die verschiedenen Territorien, die sich im Verlauf des 17. bis 20. Jahrhunderts unter der Herrschaft oder Kontrolle der Niederlande befanden. Die Niederländer folgten dem Beispiel der

Der Binnenhof in Den Haag – politsches Zentrum der Niederlande

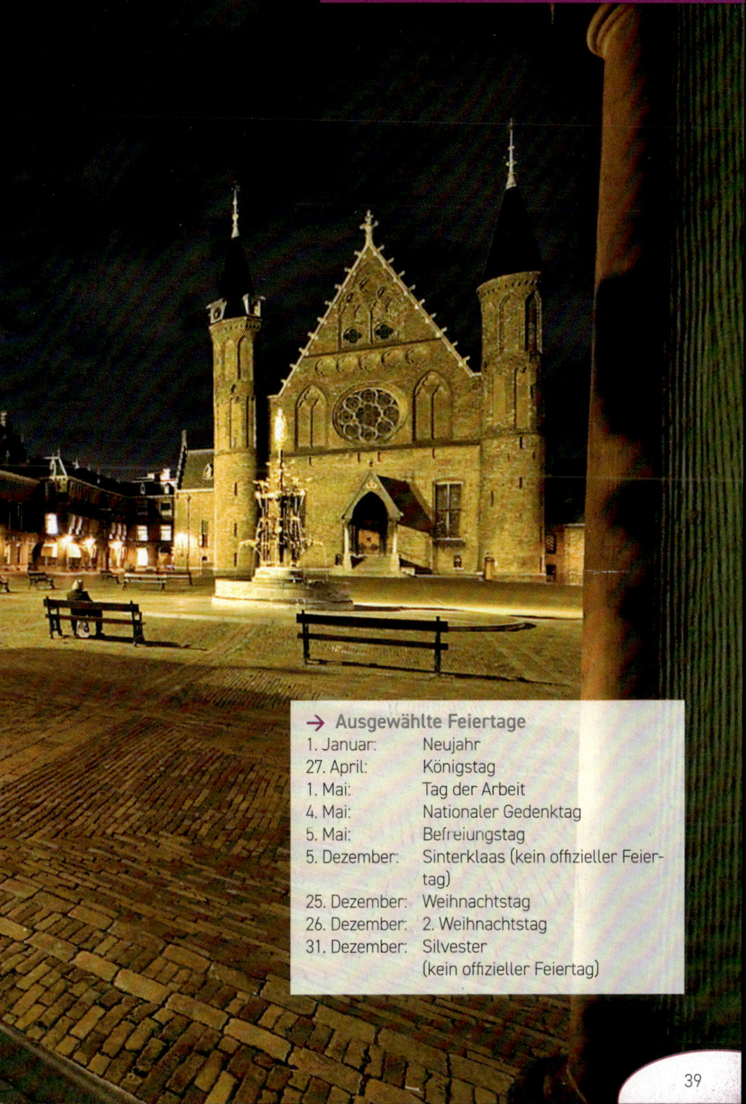

→ Ausgewählte Feiertage

1. Januar:	Neujahr
27. April:	Königstag
1. Mai:	Tag der Arbeit
4. Mai:	Nationaler Gedenktag
5. Mai:	Befreiungstag
5. Dezember:	Sinterklaas (kein offizieller Feiertag)
25. Dezember:	Weihnachtstag
26. Dezember:	2. Weihnachtstag
31. Dezember:	Silvester (kein offizieller Feiertag)

Spanier und Portugiesen, indem sie ein großes Kolonialreich außerhalb Europas errichteten. Dazu besaßen die Niederländer die entsprechenden Fähigkeiten und sie hatten genügend Zeit, die Welt zu erkunden. Einige der größten Seefahrer und Geschäftsleute stammten aus den Niederlanden. Zu den berühmtesten niederländischen Persönlichkeiten der Kolonialzeit zählen Henry Hudson, Abel Tasman, Willem Janzoon und Willem Barents.
Nachdem die Aufstände über 80 Jahre lang angedauert hatten, warfen die Spanier schließlich das Handtuch und unterzeichneten den Westfälischen Frieden von 1648. Damit erkannten sie die Unabhängigkeit der Niederlande an. In den Niederlanden des späten 17. Jahrhunderts erlebten Wissenschaft, Kunst und Philosophie eine Blütezeit. Der politische und wirtschaftliche Abstieg des Landes begann im 18. Jahrhundert. Die Niederlande waren in den Spanischen Erbfolgekrieg gegen Frankreich verwickelt. Dieser langandauernde Konflikt zehrte an den Kräften des Landes. Zunehmend dominierten die Briten und Franzosen den Welthandel.

→ Die Niederlande im 19. Jahrhundert

Am Ende des 18. Jahrhunderts löste die Französische Revolution Aufruhr in ganz Europa aus. Im Jahre 1795 wurde die Republik der Sieben Vereinigten Provinzen von den Franzosen besetzt und zur Batavischen Republik umgewidmet. Von 1806 bis 1810 bestand das von Napoleon Bonaparte als Satellitenstaat Frankreichs ausgerufene Königreich Holland. Regierender König war Napoleons Bruder, Louis Bonaparte. Damit sollte die Kontrolle über das Gebiet erhöht werden. Der Name der Hauptprovinz Holland wurde stellvertretend für das ganze Land verwendet. Der König nahm seinen Wohnsitz in Amsterdam ein, das so zur Hauptstadt der Niederlande wurde. Konflikte zwischen den Brüdern sorgten dafür, dass Louis Bonaparte im Jahre 1810 abdanken musste. In der Folge wurden die Niederlande vollständig von Frankreich annektiert.
Im Jahre 1813 stand Napoleon vor der Niederlage und im selben Jahr kehrte Wilhelm von Oranien in die Niederlande zurück. Im Jahr 1814 wurde er als König Wilhelm I. gekrönt. 1815 vereinte er Belgien und die Niederlande zu einem einzigen Land, doch die beiden Länder erwiesen sich als zu unterschiedlich für eine Zusammenführung. Im Jahre 1830 organisierten die Belgier einen Aufstand und zwangen Wilhelm I. schließlich dazu, Belgien 1839 in die Unabhängigkeit zu entlassen. Wilhelm I. starb im Jahre 1840 und im Jahre 1848 verabschiedete sein Sohn eine neue, liberale Verfassung. Das verbleibende 19. Jahrhundert überdauerten die Niederlande als wohlhabende und stabile Nation. Ebenso wie die übrigen Länder Europas wandelten sich die Niederlande im Verlauf des 19. Jahrhunderts Stück für Stück zu einer modernen, von einer starken Mittelschicht geprägten Industriegesellschaft. Die Zahl der Beschäftigten in der Landwirtschaft nahm ab. Gleichzeitig unternahm das Land große Anstrengungen, seine Stellung in den umkämpften Wirtschaftszweigen Schifffahrt und Handel zurückzuerobern. Rotterdam stieg zu einem wichtigen Seefahrts- und Produktionszentrum auf.

NETHERLANDS
Amsterdam
avenhage
Rotterdam
Bruxelles
Lille
BELGIUM
Aachen
Bielefeld
Hannover
G E R
Essen
Düsseldorf
Köln
Bonn
Rhein
(Rhine)
LUXEMBOURG
Luxembourg

→ Die Niederlande im 20. Jahrhundert

Obwohl die Niederlande im 1. Weltkrieg neutral blieben, waren die Auswirkungen des tobenden Krieges auch hier zu spüren. Die Niederlande litten unter gewaltsamen Unruhen und unter Nahrungsmittelknappheit, sodass Lebensmittel über Gutscheine verteilt werden mussten. In den 1930er Jahren zeigte die Weltwirtschaftskrise auch in den Niederlanden ihre Folgen und verursachte Massenarbeitslosigkeit. Doch trotz der Depression stieg der Lebensstandard der Bevölkerung im Laufe der 1920er und 1930er Jahre. Im 2. Weltkrieg (1939- 1945) blieben die Niederländer zunächst neutral. Trotzdem überfielen die Deutschen das Land am 10. Mai 1940. Die schlecht ausgerüstete niederländische Armee hatte den Deutschen wenig entgegenzusetzen. Nach nur fünf Tage andauernden Kämpfen entschied sich Hitler, Rotterdam zu bombardieren und die gesamte Innenstadt dem Erdboden gleichzumachen. Die niederländische Armee kapitulierte und die Besetzung wurde zur Tatsache. Mit dem 2. Weltkrieg brach schreckliches Leid über die Niederlande herein. Tausende niederländischer Männer wurden zur Zwangsarbeit nach Deutschland deportiert. 23.000 Menschen, die Widerstand gegen die Besetzer geleistet hatten, wurden erschossen. Am meisten hatte die Bevölkerung im Hungerwinter 1944-1945 zu leiden, als die Deutschen die niederländischen Nahrungsmittelvorräte plünderten und viele Menschen beinahe verhungerten.

→ Die Niederlande im 21. Jahrhundert

Bis zum Jahr 2017 wuchs die Bevölkerung auf 17 Millionen Menschen an, so dass die Niederlande heute zu den am dichtesten besiedelten Ländern der Welt gehören. Die kleine Nation hat sich erfolgreich zu einem der offensten, dynamischsten und wohlhabendsten Länder weltweit entwickelt. In der zweiten Hälfte des 20. Jahrhunderts machten die Niederlande durch ihre liberale Sozialpolitik, wie etwa der Duldung von Prostitution und der teilweisen Legalisierung von Marihuana und Haschisch auf sich aufmerksam. Gleichgeschlechtliche Ehen und Sterbehilfe wurden gesetzlich zugelassen. Die niederländische Gesellschaft gehörte zu den am meisten durchgeplanten und regulierten in der westlichen Welt, wenn auch im Laufe der 80er und 90er Jahre Anstrengungen unternommen worden waren, die Rolle des Staates zu reduzieren. Die Niederlande sind ein Land mit einem wahrhaft kosmopolitischen Charakter und es sind zahlreiche internationale Organisationen und Institutionen hier angesiedelt. Zu den bekanntesten zählt der Internationale Strafgerichtshof in Den Haag. Die Wirtschaftskrise im Jahr 2009 traf die Niederlande ebenso wie den Rest der Welt, aber das Land erholte sich schnell. Gegenwärtig sind die Niederlande eine wohlhabende Nation mit einer florierenden Wirtschaft.

Ein niederländisches Sprichwort besagt: „Gott schuf die Erde - und die Niederländer die Niederlande." Diese Redensart bezieht sich auf die Tatsache, dass die Niederländer viele Seen, Sümpfe und sogar Teile des Meeres trocken gelegt haben, um große neue Landflächen zu gewinnen.

Die Flagge der Niederlande ist eine waagerechte Trikolore in den Farben Rot, Weiß und Blau. Am 19. Februar 1937 wurde die heutige Version der Flagge offiziell angenommen. In früheren Zeiten zeigte die Flagge die Farben Orange, Weiß und Blau, die Farben der Livree des niederländischen Prinzen Wilhelm von Oranien.

Im 17. Jahrhundert wurde der orange Streifen durch einen roten ersetzt, weil sich die orange Farbe des Stoffes in der Sonne mit der Zeit zu Rot verfärbte.

Wissenswertes über die Niederlande

1. Die Bezeichnung Niederlande ist durchaus wörtlich zu nehmen. Nur die Hälfte des Landes liegt mehr als 1 Meter oberhalb des Meeresspiegels, während sich 27 % der Fläche darunter befindet. Der höchste Punkt liegt auf einer Höhe von nur 321 Metern.

2. „Niederlande" ist nicht gleichzusetzen mit „Holland"! Holland ist die Bezeichnung für die westliche Küstenregion der Niederlande, in der die Städte Amsterdam, Rotterdam, Haarlem, Leiden und Den Haag liegen. Bei der Gründung des niederländischen Staates war Holland unter den Provinzen, die sich dem neuen Land anschlossen. Oft wird der Begriff „Holland" verwendet, wenn eigentlich die Niederlande gemeint sind. Es ist allerdings wichtig zu wissen, dass Holland und Niederlande nicht zwei verschiedene Namen für ein Land sind.

3. Die Niederlande grenzen an Belgien und Deutschland.

4. Zum niederländischen Staat gehören auch die Karibikinseln Bonaire, Sint Eustatius und Saba.

5. Indonesien war bis 1948 eine niederländische Kolonie. Die Hauptstadt Jakarta hieß bis dahin „Batavia", in Anlehnung an die lateinische Bezeichnung für die Niederlande. Eine Minderheit der indonesischen Bevölkerung spricht bis heute Niederländisch.

6. Außer in den Niederlanden ist Niederländisch auch auf Aruba, Curacao und Sint Maarten sowie in Belgien und Suriname offizielle Landessprache.

7. Die Niederländer haben die älteste Nationalhymne der Welt. Der Wilhelmus wurde im Jahre 1568 geschrieben und uraufgeführt. Zur offiziellen Nationalhymne wurde die Komposition allerdings erst 1932.

8. In der englischen Sprache werden die Niederländer als „the Dutch" und ihre Sprache als „Dutch" bezeichnet. Das Wort „Dutch" stammt vom altniederländischen Wort „Dietsch" und vom deutschen Wort „deutsch".

9. Als ursprünglich niederländische Kolonie lautete der Name von New York zuerst Nieuw Amsterdam. Die historische Bezeichnung für Australien ist Neuholland und der niederländische Entdecker Abel Tasman benannte Neuseeland nach der niederländischen Provinz Zeeland.

10. Tulpen werden im Allgemeinen mit den Niederlanden in Verbindung gebracht, auch wenn die Blume ursprünglich aus dem Ottomanischen Reich (Türkei) stammt. Im 16. Jahrhundert wurden Tulpen erstmalig aus der Türkei nach Europa importiert und auch in die Niederlande gebracht.

Wenn Sie Tulpen sehen möchten, sollten Sie die Niederlande zwischen dem 25. April und dem 5. Mai besuchen. Das ist die Hauptblütezeit der Blume, die von Jahr zu Jahr ein wenig variieren kann.

11. Holzschuhe, die so genannten „Klompen“ waren in den Niederlanden über 700 Jahre lang beliebte Arbeitsschuhe. Bauern, Fischer, Fabrikarbeiter, Handwerker und viele andere trugen sie, um ihre Füße vor Verletzungen zu schützen und sie trocken zu halten.

12. In den Niederlanden gibt es acht UNESCO-Welterbestätten. Dazu zählen Schokland, das Dampfschöpfwerk Woudagemaal, das Wattenmeer, die Befestigungslinie von Amsterdam, der Beemster-Polder, das Rietveld-Schröder-Haus, die Mühlen von Kinderdijk und die Grachten von Amsterdam.

13. Auf den niederländischen Straßen gilt Rechtsverkehr.

14. Einer der beliebtesten Snacks der Niederländer sind Pommes frites (frites/patat) mit Mayonnaise.

15. In den Niederlanden lieben auch Erwachsene Butterbrote mit Streuseln (die Kinder essen sie auch gern auf ihrem Eis).

16. Eingelegter Hering mit rohen Zwiebelwürfeln und sauren Gurken ist ein Nationalgericht.

17. Die Niederländer lieben Lakritze (drop). Niederländisches „drop“ gibt es in vielen verschiedenen Geschmacksrichtungen und Formen. Man unterscheidet vier verschiedene Hauptsorten: weich & süß, weich & salzig, hart & süß, hart & salzig.

18. Fußball ist ein Lieblingssport der Niederländer. Auch wenn die Niederländer noch nie Weltmeister geworden sind, standen Sie 1974, 1978 und 2010 im Finale. Damit stehen sie in der Bestenliste des Turniers auf Platz 9. 1988 gewannen die Niederländer die Fußball-Europameisterschaft.

19. Außer Fußball sind bei den Niederländern auch Sportarten wie Schwimmen, Volleyball, Golf, Tennis, Eislaufen und (Feld-) Hockey sehr beliebt.

20. Die Niederländer geben nicht gerne Geld aus. Sie können hier Freunde fürs Leben gewinnen, wenn Sie jemandem etwas gratis geben. Das könnte auch den großen Erfolg von McDonald's und IKEA in den Niederlanden erklären.

21. Mit 487 Einwohnern pro Quadratkilometer sind die Niederlande das am dichtesten besiedelte Land von allen europäischen Ländern mit mehr als 1 Million Einwohnern.

Sitten und Gebräuche in den Niederlanden

Die Niederländer sind für ihre direkte, unverblümte Art bekannt, die oft so weit geht, dass sie unhöflich wirkt. Trotzdem gibt es in den Niederlanden auch so etwas wie Sitten und Gebräuche. Auf diese Dinge sollten Sie achten:

- Die Niederländer tendieren eher zu einem sportlichen, schlichten, konservativen und zurückhaltenden Kleidungsstil.
- Viele Ausländer sind davon überrascht, wie sich die Niederländer zu Hause unter guten Freunden oder in der Familie begrüßen. Die Damen beginnen und küssen jeden der Anwesenden drei Mal – diese Anzahl ist wichtig - auf die Wangen (rechts – links – rechts). Das Kennenlernen: Bei Treffen mit Familie, Freunden und Bekannten küssen sich in der Regel alle anwesenden Personen gegenseitig je drei Mal abwechselnd auf die Wangen. Die Herren begrüßen sich für gewöhnlich mit einem Händeschütteln.
- Nehmen Sie Ihre Hände aus Ihren Taschen, wenn Sie mit jemandem sprechen oder ihm die Hand schütteln.
- Kauen Sie kein Kaugummi in der Öffentlichkeit.
- Beginnen Sie erst mit dem Essen, nachdem Ihr Gastgeber Sie dazu aufgefordert hat.
- Essen Sie alles auf Ihrem Teller auf. In den Niederlanden wird es als anstößig empfunden, Essen wegzuwerfen.
- Nachdem Sie mit dem Essen fertig sind, legen Sie Messer und Gabel nebeneinander auf die 5:25-Position auf Ihren Teller.
- Die Herren bleiben im Allgemeinen so lange stehen, bis sich alle Damen gesetzt haben.

- Es gelten kontinentale Tischregeln. Beim Essen halten Sie die Gabel in der linken und das Messer in der rechten Hand.
- Sie sollten Ihre Hände sichtbar oberhalb der Tischplatte halten.
- Die Niederländer mögen keinen unangemeldeten Besuch. Gute Freunde und Bekannte können Sie morgens anrufen und nachfragen, ob Sie später am Tag oder abends vorbeikommen dürfen.
- Die Niederländer sind für ihre Direktheit bekannt. Es gibt kein einziges Thema, dass in einer informellen Runde nicht diskutiert werden dürfte.
- Trotzdem sollten Sie Geld und Preise nicht diskutieren und keine persönlichen Fragen stellen.
- In den Niederlanden ist es Brauch, ein Gastgeschenk mitzubringen, wenn Sie bei jemandem zu Hause zum Abendessen eingeladen sind. Das gilt nicht nur für Geburtstage.

Die niederländische Küche

Die Anzahl der niederländischen Nationalgerichte ist begrenzt. Dennoch kann ein Restaurantbesuch in Amsterdam zu einem der Höhepunkte Ihrer Reise werden. Die traditionelle niederländische Küche ist einfach und unkompliziert, enthält viel Gemüse und wenig Fleisch. Frühstück und Mittagessen sind einfache Mahlzeiten mit Brot, Obst und Milchprodukten. Zum Abendessen gibt es üblicherweise zwischen 18 und 19 Uhr eine warme Mahlzeit. Beachten Sie, dass die meisten Amsterdamer Restaurantküchen in der Regel zwischen 21.00 und 22.00 Uhr schließen. Ebenso wie Sie in Amsterdam alle möglichen Nationalitäten antreffen, können Sie hier Gerichte aus der ganzen Welt genießen. Ob Sie nun Lust auf indonesische, chinesische, japanische, thailändische, surinamische, französische, italienische oder irgendeine andere internationale Küche haben: Sie können sicher sein, dass Sie ganz in der Nähe ein entsprechendes Restaurant finden.

Was aber, wenn Sie sich für „traditionell niederländisch" entscheiden? Machen Sie sich bereit und probieren Sie einheimische Erbsensuppe mit Würstchen, Hering mit Zwiebeln oder eingelegte Heringe. Seit vielen Generationen gehört Fisch zu den Hauptbestandteilen der niederländischen Küche. Probieren Sie Heilbutt, Kabeljau oder Schellfisch. Diese Fischsorten werden allesamt in der Nordsee vor der niederländischen Küste gefangen. Überall in der Stadt finden Sie viele Fischstände, wo Sie diese typisch niederländischen Spezialitäten kaufen und genießen können. Bestellen Sie dort ein Fischbrötchen oder werfen Sie den Kopf in den Nacken und lassen Sie sich den glitschigen Hering direkt in den Rachen gleiten.

Das ultimative niederländische Wintergericht ist auf jeden Fall „Stamppot" (Untereinander, Eintopf). Das eher einfache Gericht besteht aus gestampften Kartoffeln, die mit entweder rohem oder gekochtem Gemüse und (meist) Fleisch gemischt werden. Es gibt mehrere Varianten - am verbreitetsten sind Hutspot (mit Karotten und Zwiebeln) und Stamppot mit Endivien, Sauerkraut oder Kohl.

Sie haben eher eine Vorliebe für Süßes? Testen Sie „Poffertjes": Das sind kleine Pfannkuchen mit ganz viel Puderzucker und Butter. Wenn Sie zum Jahreswechsel in Amsterdam sind, müssen Sie unbedingt „Oliebollen" essen. Diese Krapfen werden traditionell zu Silvester gemacht. Sie sind ein Fan von Snacks? Dann sind Sie hier genau am richtigen Ort! Wir Niederländer lieben Snacks und Sie können überall internationale oder eher traditionelle Snacks wie Kroketten und „Bitterballen" bekommen. Halten Sie nach den FEBO-Schnellrestaurants Ausschau und probieren Sie all die verschiedenen Snacks aus, die Sie hier aus der Selbstbedienungswand ziehen können!

Im 16. Jahrhundert, zur Blütezeit des Gewürzhandels, gelangten die Niederländer bei ihrer Suche nach Nelken, Muskatnuss und Pfeffer nach Indonesien. Als die Niederländische Ostindien-Kompanie (VOC) im Jahre 1800 Konkurs ging, wurde

Indonesien eine geschätzte Kolonie der Niederlande.
Bei Niederländern im In- und Ausland war die köstliche indonesische Küche zu dieser Zeit sehr beliebt. Sehr zu empfehlen ist die „rijsttafel" (wörtlich: Reistafel), eine Auswahl aus 12 oder mehr Gerichten mit Rindfleisch, Meeresfrüchten und Gemüse, die zusammen mit Reis serviert werden. Indonesische Restaurants, die es überall in Amsterdam in großer Zahl gibt, bieten auch viele Gerichte ohne Fleisch an. Der beste Indonesier ist wahrscheinlich das Restaurant Indrapura am Rembrandtplein.

In der Chinatown rund um den Zeedijk haben Sie ausgiebig Gelegenheit, authentische, chinesische Küche zu genießen.
Und selbstverständlich sind die Niederlande für ihren Käse berühmt. Käse wird zum Frühstück oder Mittagessen serviert. Es gibt hunderte Käsesorten. Von jungem bis altem Käse und allem, was noch dazwischen liegt. Einige dieser Sorten sind in der ganzen Welt bekannt. Eine einzigartige Käse-Verkostung können Sie im Zentrum der Amsterdamer Altstadt im Reypenaer Proeflokaal erleben. Dort haben Sie die Möglichkeit, selbst den Geschmack, das Aroma und andere Eigenschaften des Reypenaer-Käses zu kosten und zu bewerten. Bei einem Bummel über den Albert-Cuyp-Markt kommen Sie an vielen Käseständen vorbei und in der ganzen Stadt finden Sie zahlreiche Käsegeschäfte.

Bars und Kneipen

Die traditionelle niederländische Kneipe konzentriert sich vor allem auf zwei Produkte: auf Bier und den Wacholderschnaps Genever. Wenn es ein Getränk gibt, das die Niederländer lieben, ist es ihr Bier. In jeder Kneipe können Sie das weltbekannte Heineken-Bier bestellen, ebenso wie das aus derselben Brauerei stammende Amstel-Bier. Im Sommer sollten Sie es auch mal mit einem Weizenbier (witbier) versuchen, das Ihnen in Amsterdam mit einer Zitronenscheibe serviert wird. Außerdem warten die vielen verschiedenen Genever-Sorten darauf, von Ihnen entdeckt zu werden.

Wenn Sie besondere Biersorten oder Spirituosen probieren möchten, müssen Sie unbedingt in einem Proeflokaal (Verkostungslokal) einkehren. Dort präsentieren die Hersteller selbst ihre Waren in einer gemütlichen Atmosphäre. Seit dem 1. Januar 2014 gilt: Sie müssen mindestens 18 Jahre alt sein, um Alkohol trinken zu dürfen. Neben Bier und Genever servieren die meisten Kneipen auch Wein, Kaffee und alkoholfreie Getränke.

Verhaltensregeln in Amsterdam

→ **Was Sie tun sollten**

- Halten Sie die Stadt sauber und nutzen Sie die Mülleimer. Wenn Sie diese Regel brechen, droht strafrechtliche Verfolgung.
- Ignorieren Sie Bettler und Drogendealer, die Sie ansprechen und tragen Sie Ihre Wertsachen immer nahe bei sich (Es kommt selten vor, es ist aber gut, darauf vorbereitet zu sein).
- Beachten Sie, dass das Rotlichtviertel und andere Bereiche der Stadt mit Videokameras überwacht werden. Um Ärger zu vermeiden, sollten Sie die Prostituierten in den Schaufenstern nicht fotografieren.
- Tragen Sie immer einen Lichtbildausweis bei sich. Wenn Sie sich nicht ausweisen können, verstößt das gegen das Gesetz. Sie riskieren, zur nächsten Polizeistation gebracht zu werden und ein Bußgeld zahlen zu müssen.

→ Was Sie lassen sollten:

- Gehen Sie nicht darauf ein, wenn Ihnen Drogen angeboten werden.
- Fahren Sie in Fußgängerbereichen nicht mit dem Fahrrad.
- In Bars und Restaurants dürfen Sie nicht rauchen.
- Konsumieren Sie keinen Alkohol auf öffentlichen Plätzen; das ist verboten.
- Kaufen Sie weiche Drogen nirgendwo anders als im Coffeeshop.
- Nutzen Sie die Straße nicht als Abort.
- Vermeiden Sie es im öffentlichen Raum, Störungen durch etwa Lärm, Geschrei oder laute Musik zu verursachen.
- Campen Sie nicht wild, sondern nur auf den dafür vorgesehenen Campingplätzen.

Replik: Das Schiff Amsterdam der Niederländischen Ostindien-Kompanie im Schifffahrtsmuseum.

Die Stadt Amsterdam blickt auf eine lange und ereignisreiche Geschichte zurück. Die Anfänge der Stadt liegen im 13. Jahrhundert. Damals bauten Fischer, die am Ufer der Amstel wohnten, eine Brücke über den Wasserweg nahe des IJ, das zu dieser Zeit noch ein großer, mit Salzwasser gefüllter Meeresarm war. Hölzerne Türen an der Brücke dienten als Damm und schützten die Stadt vor dem IJ, das die frühe Siedlung oft überschwemmt hatte. Die ersten menschlichen Siedlungen an jener Stelle, an der der Fluss Amstel ins Meer mündet, gehen auf das Jahr 1000 zurück. Der Ort eignet sich ideal für die Seefahrt. Wo sich heute die Straße Damrak befindet, formte die Mündung der Amstel einen natürlichen Hafen. Dieser war eine wichtige Voraussetzung für den Handel in der bis heute beständig wachsenden Stadt.

Das älteste Dokument, in dem die damals als Aemstelledamme (Damm auf der Amstel) bezeichnete Siedlung erwähnt wird, stammt aus dem Jahre 1204. Um das Jahr 1306 verlieh der Bischof von Utrecht Gwijde van Henegouwen das Stadtrecht an Amsterdam. Damals lebten hier nur rund 1000 Menschen. Im Laufe von zwei Jahrhunderten entwickelte sich Amsterdam zu einem geschäftigen Hafen. Im 13. Jahrhundert war die Stadt ein blühendes Handelszentrum und die ersten Grachten wurden angelegt. Brandkatastrophen zerstörten in den Jahren 1421 und 1452 große Teile der Stadt. Infolge des zweiten Stadtbrandes wurde der Bau von Holzhäusern gesetzlich verboten, sodass Backstein zum bevorzugten Baumaterial wurde. Heute sind nur wenige Bauten aus Holz erhalten, die noch aus der Zeit vor den Bränden stammen. Man geht davon aus, dass das „Houten Huys" (Holzhaus) im Begijnhof das älteste von ihnen ist.

Im 17. Jahrhundert erlangten Holland und die Stadt Amsterdam zunehmend an Bedeutung. Eine Reihe von Einwanderern aus dem flämischen Antwerpen

waren von den Amsterdamern herzlich empfangen worden. Diese machten sich den Elan und die Geschäftskenntnisse der Neuankömmlinge zunutze, sodass sie sich schnell zu wertvollen und prominenten Mitgliedern der Gesellschaft aufschwingen konnten.
In dieser Zeit, die auch als „Goldenes Zeitalter" bezeichnet wird, erlebte Amsterdam ein sprunghaftes Wachstum. Die Zunahme der Handelsaktivitäten bescherte eine Ära des Wohlstands und des Reichtums. Wichtige Kaufleute gründeten die Niederländische Ostindien-Kompanie VOC (Vereenigde Oost-Indische Compagnie). Diese privilegierte Kompanie wurde 1602 gegründet, als die niederländischen Generalstaaten ihr ein 21 Jahre andauerndes Monopol auf Kolonialaktivitäten in Asien erteilten. Die VOC gilt im Allgemeinen als weltweit erstes multinationales Unternehmen das außerdem als erstes Aktien herausbrachte. Darüber hinaus kann man sie auch als erstes Mega-Unternehmen bezeichnen, das quasi Regierungsmacht besaß. So konnte die VOC Kriege führen, Strafgefangene ins Gefängnis sperren und hinrichten lassen, Abkommen aushandeln, Münzen prägen und Kolonien errichten.

Statistisch gesehen ließ die VOC den größten Teil des 17. Jahrhunderts alle ihre Konkurrenten im asiatischen Handel hinter sich und verbuchte dank ihres Monopols auf den Handel mit Gewürzen, Zucker, Tee, Opium, Tabak und Sklaven riesige Gewinne. Die Stadt Amsterdam war Miteigentümerin der Kolonie Suriname, wo Sklaven auf Plantagen arbeiteten. Das Wachstum der Stadt in den Jahren von 1613 bis 1663 ist bis heute sichtbar, denn in dieser Zeit wurden die wichtigsten Baudenkmäler errichtet. Dazu gehören das Rathaus, die schönen Kirchen Westerkerk und Zuiderkerk und viele der atemberaubenden Bauwerke entlang der Grachten.

In dieser Zeit entwickelte sich Amsterdam zu einer der wichtigsten Handelsstädte der Welt und zum Finanzzentrum Europas. Die Kaufleute ließen nicht nur schöne Gebäude an den Grachten bauen; sie investierten auch in Kunst. Dadurch zog es viele Künstler und Architekten in die Stadt. Von den vielen bekannten Malern, die nach Amsterdam kamen, ist Rembrandt sicher einer der berühmtesten.
Amsterdam war eine dynamische Stadt und das Zentrum aufstrebender Entwicklung. Das geschäftige Treiben in der Stadt beeindruckte Besucher aus dem Ausland tief. Dazu gehörte auch der französische Gelehrte Descartes, der seine Beobachtungen sorgfältig aufzeichnete. Der Philosoph besuchte Amsterdam im Jahre 1617 zum ersten Mal und sollte später mehr als 10 Jahre lang in der Stadt leben. Sein erster längerer Aufenthalt dauerte von 1629 bis 1632. Er war von den Einrichtungen, die ihm für seine Studien zur Verfügung gestellt wurden, begeistert. So lebte er in absoluter Zurückgezogenheit und widmete sich abstrusen Spekulationen und wissenschaftlicher Forschung. Einen ganzen Winter lang beschäftigte er sich mit Anatomie und sein Metzger versorgte ihn mit Körperteilen von Tieren, damit er „nach seinem Belieben sezieren" konnte. Der Wohlstand verän-

derte Amsterdam zusehends. Wie die meisten mittelalterlichen Städte hatte auch Amsterdam Verteidigungsanlagen für den Fall eines Angriffes angelegt. Mit der Entwicklung des Handels ergaben sich neue Erfordernisse. Anstatt sie zu zerstören, wurden die Türme und Stadttore der alten, inneren Befestigungsmauern im Rahmen der schrittweisen Gebietserweiterungen von 1585, 1593, 1609 und 1612 in die Stadt integriert. Amsterdam war ein Magnet für Einwanderer, unter denen sich auch politisch und religiös Verfolgte befanden. Juden war es erlaubt, Synagogen zu bauen und in der liberalen Atmosphäre Amsterdams florierte die Wirtschaft.

Unter diesen Umständen entstand ein Bedarf an fundierten Informationen über Politik, Märkte und andere Themen von öffentlichem Interesse. Das war die Geburtsstunde des Journalismus und mit der Zeitung Gazzette d'Hollande, die in ganz Europa kursierte, wurde die Macht der Presse begründet.
Die Amsterdamer mit ihrem Sinn fürs Praktische wandelten nicht mehr genutzte katholische Kirchen und Klöster in Weihestätten des reformierten Glaubens um. In verschiedenen Stadtteilen wurden außerdem speziell für die neue Konfession gestaltete Gebäude errichtet. In der Regel handelte es sich um einfache, rechteckige Hallen mit einer gleichmäßigen Konstruktion und einem Glockenturm. Beispiele hierfür sind die Zuyderkerk im Südosten der Stadt, die zwischen 1607 und 1614 errichtet wurde, die Noorderkerk, deren Inneres die Form eines griechischen Kreuzes mit einer Kanzel in der Mitte hat und die im Jahre 1620 begonnen und drei Jahre später vollendet wurde, sowie die Westerkerk, ein dreischiffiges Gebäude mit einem Querschiff, an dem 18 Jahre lang gebaut wurde (1620-1638).
Mit der Hilfe von Revolutionären in Amsterdam konnten 1795 französische Truppen in die Stadt eindringen. Es wurde eine Verfassung verabschiedet, die allen gleiche Rechte gewährte. Auch wenn diese Verfassung in der Praxis vielleicht noch unvollkommen war, markierte sie den Beginn der Demokratie in den Niederlanden.

Im Laufe des 18. und frühen 19. Jahrhunderts nahm der Wohlstand in Amsterdam ab. Die Kriege der niederländischen Republik gegen Großbritannien und Frankreich forderten auch in Amsterdam ihren Tribut. Während der Napoleonischen Kriege erreichte das Vermögen von Amsterdam seinen Tiefstand. Mit der Gründung des Königreichs der Niederlande im Jahre 1815 setzte langsam eine Verbesserung der wirtschaftlichen Lage ein. Als sich die Franzosen im Jahre 1813 zurückzogen, wurde das verarmte Amsterdam Hauptstadt des neuen Königreichs der Niederlande.

Am Ende des 19. Jahrhunderts erreichte die industrielle Revolution auch Amsterdam. Mit dem Bau des Amsterdam-Rhein-Kanals wurde
der Hafen von Amsterdam direkt an den Rhein und den 1876 eröffneten Nordseekanal angebunden. Eisenbahnlinien verbanden die Hauptstadt mit dem Rest des Landes und Zielen in ganz Europa. Im Jahr 1916 eröffnete der Flughafen Schi

Diese Infrastrukturprojekte waren es, die nicht nur für eine wesentliche Verbesserung der Kommunikation mit dem übrigen Europa und der ganzen Welt sorgten, sondern auch für einen kräftigen Wirtschaftsaufschwung.
Während des 1. Weltkrieges blieben die Niederländer neutral. Dennoch bekam Amsterdam die Folgen des Krieges zu spüren, denn Nahrungsmittel wurden knapp. Unter der Besetzung durch deutsche Truppen während des 2. Weltkrieges hatte die Bevölkerung von Amsterdam schwer zu leiden. Die große jüdische Gemeinschaft wurde mit der Deportation von über 100.000 Juden fast vollständig ausgelöscht. Am 8. Mai 1945 wurde Amsterdam schließlich befreit. Die wenigen Juden, die wieder zurückkehrten, fanden ihre Häuser ausgeplündert vor.

Wussten Sie schon?

Die Stadt Amsterdam wird vom Gemeinderat und einem Kollegium von Bürgermeister und Beigeordneten regiert. Der Rat ist die höchste Instanz der Stadtregierung und trifft alle wichtigen Entscheidungen. Der Bürgermeister von Amsterdam, zurzeit Eberhard van der Laan, wird von der Krone eingesetzt. Der 45 Mitglieder zählende Gemeinderat wird alle vier Jahre von den sieben Stadtteilen Amsterdams gewählt. Seine Mitglieder erhalten eine Aufwandsentschädigung, jedoch kein Gehalt für ihre Arbeit, da diese auf Freiwilligenbasis geleistet wird. Jeder einzelne Stadtteil hat wiederum einen eigenen Rat mit einer eigenen politischen Zusammensetzung.

Vondelpark

Das jüdische Viertel, einst ein Symbol für die in Amsterdam herrschende Toleranz, war für immer zerstört. Vor dem Krieg war Amsterdam das Zentrum des internationalen Diamantenhandels gewesen. Weil sich dieser im Wesentlichen in den Händen jüdischer Kaufleute befunden hatte, verschwand auch der Diamanthandel größtenteils aus der Stadt.

Während der kulturellen Revolution der 60er und 70er Jahre wurde Amsterdam zum magischen Zentrum Europas. In den Sechzigern stellte sich hier eine junge Protestgruppe, die sich Provo nannte, den Autoritäten entgegen. Anders als in Paris und Berlin, wo die Proteste gewalttätig verliefen, setzten die Aktivisten hier spielerische Aktionen ein. Eine Zeit lang war Amsterdam die internationale Hippiehauptstadt. Weil der Konsum weicher Drogen toleriert wurde, lockte die Stadt viele Hippies an. Die 80er Jahre begannen in Amsterdam mit Turbulenzen. Während der Krönung von Königin Beatrix 1980 kam es bei Demonstrationen zu Krawallen, bei denen das Militär eingreifen musste. Das Jahrzehnt war auch von einem Einwandererzustrom aus Marokko und der Türkei gekennzeichnet. In der Folge zogen viele Menschen in die Nachbarstädte von Amsterdam, zum Beispiel Almere oder Purmerend.
Mit Ende des 20. Jahrhunderts begann für Amsterdam eine neue Ära des Wohlstands. Ehemalige Arbeiterviertel wie De Pijp und der Jordaan entwickelten sich zu äußerst begehrten Wohngegenden für neureiche Yuppies und Studenten.

Amsterdam war lange Zeit eine für niederländische Verhältnisse relativ arme Stadt gewesen. Doch die Verschiebung von einer Industriewirtschaft zu einer Dienstleistungswirtschaft bescherte der Stadt ökonomischen Wohlstand. Zu Beginn des neuen Jahrhunderts nahmen soziale Probleme wie ethnische und sexuelle Diskriminierung zu. Es kamen religiöse Spannungen auf, wie sie sich in multiethnischen Gemeinschaften mit verschiedenen Glaubensrichtungen entwickeln können. Trotz des starken Widerstands fundamentalistisch-religiöser Gruppen wurde die Homo-Ehe im Jahre 2001 legalisiert. Mit der Ermordung des bekannten Filmemachers Theo van Gogh durch einen jungen, radikalen Marokkaner wurde Amsterdams berühmte Toleranz und multikulturelle Gesinnung auf eine harte Probe gestellt. Gleichzeitig reagierten Stadtverwaltung und nationale Regierung auf den wachsenden Druck der Öffentlichkeit, die die Bekämpfung von organisierter Kriminalität und Drogentourismus forderte. Folglich wurden Beschränkungen für das Rotlichtviertel und die Coffeeshops eingeführt. In den vergangenen Jahren ist es in Amsterdam ruhiger geworden und die Stadt zieht mit ihrer Schönheit, ihrer Architektur, ihren Grachten und vor allen Dingen ihrer fortschrittlichen Einstellung nach wie vor zahlreiche Touristen an.Das moderne Amsterdam zeichnet sich durch eine wahrhaft kosmopolitische Atmosphäre mit einem einzigartigen Bevölkerungsmix aus Arabern, Afrikanern, Homosexuellen, Hippies, Intellektuellen, armen Arbeitern, reichen Geschäftsleuten und nicht zuletzt den Bewohnern des Rotlichtviertels aus. Für ihre Toleranz und ihren Liberalismus ist die Stadt auf der ganzen Welt bekannt und sie ist damit ein freundlicher und einladender

Ort für viele verschiedene Menschen. Mit ihrem historischen Zentrum und ihrem Reichtum an Kunstsammlungen ist Amsterdam zu einer der führenden Touristenstädte weltweit geworden. Heutzutage gründet der Reichtum der Stadt auf sehr ähnlichen Faktoren, wie während des Goldenen Zeitalters: Bankwesen, Handel und moderne „Pilger" (Touristen) sorgen für einen florierenden Wohlstand.

Touristenkarten für Amsterdam

→ I amsterdam City Card

Die I amsterdam City Card bietet Ihnen viele Vorteile. Sie fahren damit unbegrenzt kostenfrei mit den öffentlichen Verkehrsmitteln, erhalten freien Eintritt zu den besten Museen und Sehenswürdigkeiten von Amsterdam und bekommen jede Menge Rabatte und spezielle Angebote. Ihre Vorteile:

- Freier Eintritt zu Amsterdams besten Museen und Sehenswürdigkeiten
- Eine kostenlose Grachtenrundfahrt - die schönste Art, das historische Stadtzentrum zu entdecken
- Kostenfreie, unbegrenzte Nutzung der öffentlichen Verkehrsmittel des GVB (Bus, Straßenbahn und U-Bahn)
- Tolle Rabatte und besondere Angebote in der ganzen Stadt
- Ein kostenfreier, detaillierter Stadtplan

www.iamsterdam.com

→ Last Minute Ticket Shop

Im Last-Minute-Ticket-Shop (LMTS) können Sie Eintrittskarten für Veranstaltungen in Amsterdam erstehen – und zwar mit kräftigen Rabatten auf den regulären Preis! An jedem Tag der Woche steht Ihnen hier eine neue Auswahl an Tickets für Konzerte, Theateraufführungen und andere Veranstaltungen in allen möglichen Spielstätten in der Stadt zur Verfügung! Ab 10:00 Uhr finden Sie die Angebote des Tages auf www.lastminuteticketshop.nl. Kaufen Sie Ihre Tickets direkt online (Sie müssen diese dann ausdrucken).

→ Holland Pass

Der Holland Pass ist ein Prepaid-City-Pass und eine Rabattkarte, mit der Sie freien Zugang zu vielen Top-Museen, Sehenswürdigkeiten, Aktivitäten und Stadtrundfahrten in Amsterdam sowie anderen großen Städten in den Niederlanden erhalten. Mit dem Amsterdam Holland Pass haben Sie die Wahl zwischen drei Paketen: 2, 5 oder 7 Tickets. Mit diesen Tickets erhalten Sie freien Eintritt zu Museen und Sehenswürdigkeiten sowie ein spezielles Ticket für den Stadtverkehr. Damit können Sie entweder die öffentlichen Verkehrsmittel 24 Stunden lang kostenfrei nutzen oder an einer 1-stündigen Grachtenrundfahrt teilnehmen.
Ein Reiseführer für Amsterdam und die Niederlande ist im Preis inbegriffen.

Einkaufen in Amsterdam

Für die Shop-a-holics unter Ihnen ist Amsterdam ein wahres Paradies mit der größtmöglichen Warenvielfalt. Hier gibt es alles, was Ihr Herz begehrt. Das wichtigste Einkaufsgebiet befindet sich zwischen dem Hauptbahnhof und dem Leidseplein. Hier finden Sie die Kalverstraat, die Leidsestraat, den Nieuwendijk und den Heiligeweg. Die bekannteste und damit auch die belebteste der Einkaufsstraßen ist die Kalverstraat, die nur für Fußgänger zugänglich ist. In der Kalverstraat ist es in der Regel sehr voll und hier finden Sie Geschäfte, die preisgünstige Waren verkaufen. Hier gibt es auch zwei große Einkaufszentren. Direkt an der Kalverstraat befindet sich der Kalvertoren und hinter dem Königspalast am Dam liegt das Magna Plaza. In diesen beiden Einkaufszentren sind große Markenlabels vertreten.
Wenn Sie allerdings auf der Suche nach mehr Exklusivität sind, werden Sie in der PC Hooftstraat fündig. Dies ist die teuerste und exklusivste Einkaufsstraße im ganzen Land. Hier werden alle berühmten Designer- und Spitzenlabels angeboten. Weitere angesagte Modeboutiquen finden Sie in der Cornelis Schuytstraat und in der Van Baerlestraat (beide liegen im südlichen Teil von Amsterdam).
Im östlichen Teil des Grachtengürtels, nahe dem Rembrandtplein, befindet sich die Utrechtsestraat. Diese lange Straße führt über mehrere Grachten. Sie ist wegen ihrer Boutiquen und Fachgeschäfte beliebt. Wenn Sie gerne in Kaufhäusern stöbern, sollten Sie sich das in einem schönen, historischen Gebäude am Dam gelegene Warenhaus Bijenkorf nicht entgehen lassen. Darüber hinaus gibt es noch etwas kleinere, typisch niederländische Kaufhäuser wie Vroom & Dreesman und Hema. Sie mögen es eher trendig und außergewöhnlich? Bummeln Sie dann durch die hübschen, kleinen Second-Hand-Läden oder Juweliergeschäfte im Jordaan. Seit Jahrzehnten ist dieses historische und atmosphärische Viertel ein angesagter Ort für Künstler. Hier sind Sie auch schon ganz in der Nähe der „Neun Straßen", wo Sie ein schöner Laden neben dem anderen erwartet. Stöbern Sie im bunten Warenangebot, das alles zu bieten hat, was das Herz begehrt: Raumdekoration, Kerzen, besondere Puppen, Vintage-Mode, Musik, Bücher und noch so viel mehr. Sie sind ein Liebhaber von Antiquitäten? Machen Sie dann auf jeden Fall einen Abstecher zur Nieuwe Spiegelstraat und zur Spiegelgracht. Wer historische Gegenstände oder interessante Kuriositäten sucht, wird hier ganz sicher fündig. Auch wenn diese Gegend relativ klein ist, bin ich mir sicher, dass Sie absolut begeistert sein werden.
Und dann noch etwas, womit Sie wahrscheinlich nicht gerechnet haben: hochwertiges Design im Rotlichtviertel. Diese Kombination hat bereits die internationale Presse auf den Plan gerufen. Bei einem Spaziergang durch die Straßen des Viertels können Sie neben den berühmten Freudenmädchen in den Schaufenstern auch niederländische Designermode bewundern.
Sie möchten authentische Amsterdamer Atmosphäre schnuppern und dabei ein tolles Einkaufserlebnis genießen? Besuchen Sie dann einen der typischen Märkte von Amsterdam. Hier erwarten Sie großartige Schnäppchen!! Der Albert-Cuyp-Markt ist der größte und bekannteste der 33 Märkte von Amsterdam. Er ist von Montag bis Samstag geöffnet. Ich würde Ihnen auch einen Besuch des Flohmarktes auf dem Waterlooplein oder auf dem Dappermarkt im Osten von Amsterdam empfehlen.

Café Americain

Im berühmten Amsterdam American Hotel - Hampshire Eden befindet sich das älteste Grand-Café der Niederlande. Es stammt aus dem Jahre 1902. Schöne Wandmalereien, Möbel und Tiffanylampen schaffen eine Atmosphäre, die Sie in die Jugenstilzeit des frühen 20. Jahrhunderts zurückversetzt.

Leidseplein

Amstel

Die Stadt Amsterdam

Route 1

Amsterdam Hauptbahnhof, Rotlichtviertel, Dam und Spui

Königlicher Palast (Paleis op de Dam)/ Dam

Unser erster Spaziergang beginnt am Hauptbahnhof. Mit diesem sind die meisten Reisenden vertraut, denn hier beginnt und endet die Reise für viele. Das Gebäude des Hauptbahnhofs bietet bereits selbst einen bemerkenswerten Anblick. Vom Hauptbahnhof gehen Sie einige Minuten in Richtung Süden und schon sind Sie am Zeedijk. Diese Gegend gehört, ebenso wie der Nieuwmarkt (Route 4), zu den ältesten der Stadt. Auf beiden Routen durchstreifen Sie die Chinatown. Der chinesische Tempel ist auf alle Fälle einen Besuch wert, denn der He-Hua-Tempel am Zeedijk ist der größte buddhistische Tempel Europas.

Von hier aus ist es nur ein Katzensprung bis zum berühmten Rotlichtviertel, das Sie unbedingt erleben müssen, wenn Sie in Amsterdam sind. Dieser Teil der Stadt ist auf der ganzen Welt berühmt und berüchtigt. Die „Rossebuurt" (Niederländisch für „rosa" oder „rotes" Viertel) gehört tatsächlich zu den ältesten und schönsten Teilen von Amsterdam. In den Niederlanden ist Prostitution legal. Der größte Teil des Angebots in Amsterdam konzentriert sich auf das Rotlichtviertel. Hier wird Prostitution schon seit langem toleriert. Das Rotlichtviertel besteht aus einem Labyrinth von Gassen mit über 300 winzigen Kabinen, deren Zimmer von Prostituierten angemietet werden. Hier bieten die Damen ihre Dienste an, indem sie hinter Fenstern und Glastüren posieren. Darüber hinaus kann ich Ihnen auf dieser Route einen Besuch in der Oude Kerk (Alte Kirche), im Hanfmuseum und im Museum „Ons Lieve Heer op Solder" wärmstens empfehlen. Und wenn Sie Lust haben, können Sie auch in einem der vielen Coffeeshops hier einkehren. Nachdem wir das Rotlichtviertel hinter uns gelassen haben, setzen wir unseren Weg über die Warmoesstraat in Richtung Dam weiter fort. Die Warmoesstraat ist eine der ältesten Straßen von Amsterdam. Sie war im 16. und 17. Jahrhundert eine Einkaufsstraße. Heute ist die Warmoesstraat, zusammen mit dem Zeedijk, ein Zentrum der LGTB-Szene, mit entsprechenden Läden, Bars, Restaurants, Cafés und Sexboutiquen. Wenn Sie vom Hauptbahnhof aus für etwa 750 Meter dem Damrak folgen, gelangen Sie zum Dam, dem berühmtesten Platz von Amsterdam. Rund um den Dam finden Sie den Königspalast, die Kirche Nieuwe Kerk und für die „Shopaholics" unter Ihnen die Warenhäuser Bijenkorf und Magna Plaza.

Gehen Sie vom Dam aus nach rechts oder links. So gelangen Sie auf die Haupteinkaufsstraßen: die Kalverstraat und den Nieuwendijk. Diese beiden Straßen verlaufen von Norden nach Süden durch das Zentrum von Amsterdam. Wenn Sie sich für Geschichte interessieren, ist das Amsterdam Museum genau das Richtige für Sie. Nur einen Häuserblock von der belebten Kalverstraat und dem Spui-Platz entfernt finden Sie den Begijnhof (Beginenhof). Dieser geschlossene Innenhof aus dem frühen 14. Jahrhundert ist eine Insel der Ruhe im Zentrum von Amsterdam. Hier stehen auch einige interessante Sakralbauten, darunter eine kleine Kirche.

Gehen Sie weiter in Richtung des Radweges (entlang der Geschäfte H&M und Esprit). Jetzt können Sie entscheiden, ob Sie der Kalverstraat bis zum Muntplein weiter folgen und dann die Route 4 in Richtung Rembrandtplein, Utrechtsestraat und De Pijp aufnehmen möchten, oder ob Sie rechts auf den Spui-Platz abbiegen. Dort können Sie in einem der vielen Restaurants und Cafés zu Mittag essen oder ein Getränk bestellen. Vom Spui können Sie dann über die Leidsestraat weiter in Richtung Koningsplein und schließlich zum Leidseplein gehen (Route 3). Wenn Sie zur Leidsestraat gehen, sollten Sie auch einen Halt auf dem Bloemenmarkt einlegen, dem weltweit einzigen schwimmenden Blumenmarkt. An diesem ungewöhnlichen Ort werden alle angebotenen Waren auf schwimmenden Lastkähnen ausgestellt. Die Leidsestraat ist eine der wichtigsten Einkaufsstraßen. Hier ist immer viel los, denn sie führt zum Leidseplein, einem der größten Plätze der Stadt.

Essen & Trinken:

1 Grand Café Restaurant 1e Klas Hauptbahnhof Amsterdam Gleis 2B
2 Mata Hari
3 Cannibale Royale
4 Metropolitan-the pastry room
5 Broodbar
6 Vlaamsche Friteshuis Vleminckx
7 Het Pakhuis
8 Bierfabriek
9 Humphrey's Restaurant
10 Kantjil & de Tijger
11 Haesje Claes
12 Lucius Seafood

Einkaufsstraßen:

1 Zeedijk
2 Warmoesstraat
3 Damrak
4 Nieuwendijk
5 Kalverstraat
6 Rokin
7 Nieuwezijds Voorburgwal
8 Spui

Shopping:

1 Tip de Bruin
2 Les Deux Frères
3 The Mill Diamonds
4 United Nude
5 Bijenkorf
6 Magna Plaza
7 Kalverpassage

Das müssen Sie sehen:

1 Hauptbahnhof Amsterdam
2 Basilika St. Nikolaus
3 Schreierstoren
4 Zeedijk
5 Das Rotlichtviertel
6 Museum Ons' Lieve Heer op Solder
7 Hash, Marihuana & Hemp Museum
8 Oude Kerk
9 Damrak
10 Beurs van Berlage
11 Königspalast
12 Nationalmonument
13 Nieuwe Kerk
14 Madame Tussauds
15 Allard Pierson Museum
16 Amsterdam Museum
17 Der Begijnhof - Begijnhof

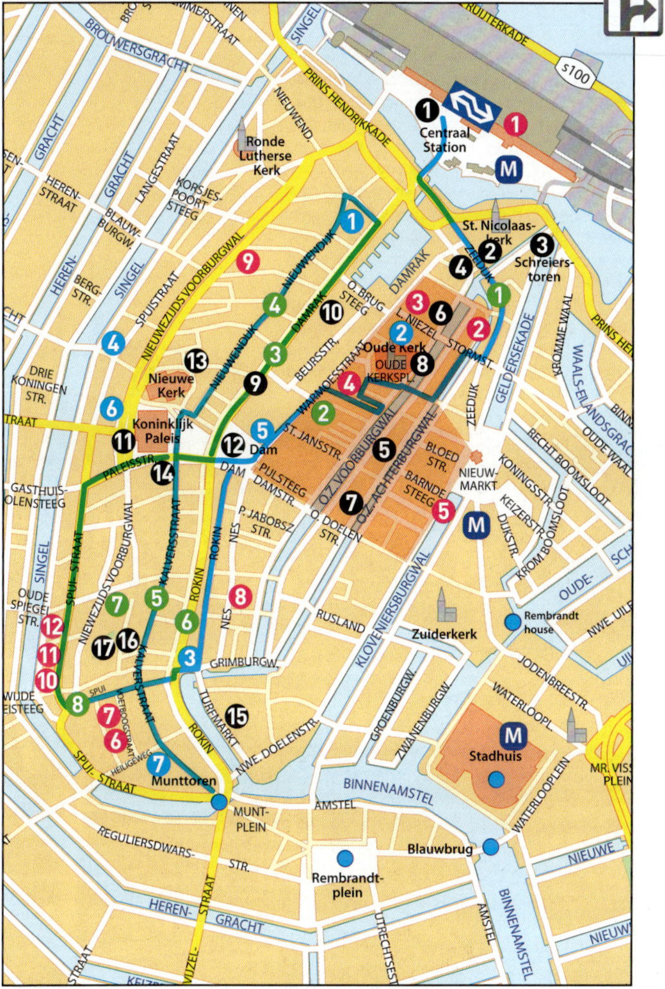
Centraal Station
Ronde Lutherse Kerk
St. Nicolaaskerk
Schreierstoren
Oude Kerk
Nieuwe Kerk
Koninklijk Paleis
Dam
Nieuwmarkt
Zuiderkerk
Rembrandt house
Stadhuis
Munttoren
Muntplein
Blauwbrug
Rembrandtplein
Prins Hendrikkade
Ruijterkade
Damrak
Nieuwendijk
Nieuwezijds Voorburgwal
Spuistraat
Singel
Kalverstraat
Rokin
O.Z. Voorburgwal
O.Z. Achterburgwal
Kloveniersburgwal
Zeedijk
Geldersekade
Warmoesstraat
Binnenamstel
Amstel
Reguliersdwarsstr.
Herengracht
Vijzelstraat
Utrechtsestr.
Spui
Brouwersgracht
Waterlooplein
Jodenbreestr.

Schreierstoren

Dieser markante Backsteinturm, der aus der Zeit um 1480 stammt, ist der älteste bis heute erhalten gebliebene seiner Art. Früher gehörte er zu den Verteidigungsanlagen der Stadt. Der Name es Turms soll auf das Wort „schreien" zurückgehen, was soviel wie „weinen" bedeutet. Denn hier nahmen früher die Frauen der Seeleute tränenreich Abschied von ihren Männern, ohne zu wissen, ob sie sich jemals wiedersehen würden. Der Turm ist vor allem deshalb berühmt, weil der englische Kapitän Henri Hudson hier 1609 seine Überfahrt begann, bei der er das heutige New York entdeckte. Eine Gedenktafel erinnert an seine Reise von Amsterdam in die Neue Welt. Heute wird das Gebäude vor allem als Café genutzt.

Basilika St. Nikolaus

Schon vom Hauptbahnhof Amsterdam aus kann man die herrliche Kuppel und die Neorenaissance-Türme der wichtigsten katholischen Kirche der Stadt bewundern. Die Fassade mit ihrer Fensterrose wird von zwei Türmen flankiert. Die im Jahre 1887 vollendete Kirche ersetzte die vielen Geheimkapellen, in denen während der Katholikenverfolgung Gottesdienste gefeiert worden waren. Die Basilika ist mit zahlreichen religiösen Wandmalereien geschmückt.

So gelangen Sie ins Rotlichtviertel, zum Dam und zum Spui

Rotlichtviertel: Das Herz des Rotlichtviertels befindet sich 5 Gehminuten vom Hauptbahnhof entfernt . Sie können auch mit den Straßenbahnlinien 4, 9, 16 oder 24 bis zum Dam fahren (erste Haltestelle nach dem Hauptbahnhof).
Dam: Gehen Sie vom Hauptbahnhof weiter auf der Straße Damrak . Nach 750 m erreichen Sie den Dam . Sie können auch mit den Straßenbahnlinien 4, 9, 16 oder 24 bis zum Dam fahren (erste Haltestelle nach dem Hauptbahnhof).
Spui: Nehmen Sie am Hauptbahnhof Amsterdam die Straßenbahn 4, 9, 16 oder 24 und steigen Sie an der Haltestelle Spui/Rokin aus. Mit den Straßenbahnen 1, 2 und 5 fahren Sie bis zur Haltestelle Spui.

Der Hauptbahnhof: Amsterdam Centraal Station

Mitten im Herzen der Stadt befindet sich der Hauptbahnhof von Amsterdam. Er ist nicht nur ein wichtiger Verkehrsknotenpunkt, sondern auch selbst eine Sehenswürdigkeit. Der Bahnhof ist eines der beeindruckendsten Beispiele für die Architektur des späten 19. Jahrhunderts in Amsterdam. Täglich wird er von über 250.000 Reisenden genutzt. Das Gebäude wurde, ebenso wie das Rijksmuseum, vom Architekten Pierre Cuypers entworfen. Der 1889 eröffnete Hauptbahnhof war zunächst umstritten, weil das Gebäude erstmals für eine Trennung zwischen Stadt und Fluss sorgte. Aber was für viele andere kontroverse Gebäude gilt, trifft auch auf ihn zu: Inzwischen haben die Bewohner der Stadt ihren Hauptbahnhof ins Herz geschlossen. Wegen der neuen Nord-Süd-Linie der U-Bahn finden am Bahnhofsgebäude zurzeit großangelegte Renovierungsarbeiten statt. Trotz der Bauarbeiten ist der Hauptbahnhof wie gewohnt geöffnet und Endhaltestelle für Straßen- und U-Bahnen.

Zeedijk

Der Zeedijk ist eine Straße im historischen Zentrum von Amsterdam. Er bildet eine Grenze zum Rotlichtviertel und ist das Herz der „Chinatown". Die Gegend rund um den Zeedijk ist auch als Seemannsviertel bekannt, weil hier in der Vergangenheit viele Seeleute wohnten. Wegen seiner vielen Geschäfte, Boutiquen, Nachbarschaftsläden, Restaurants und Imbisslokale ist der Zeedijk sowohl bei Touristen als auch bei Einheimischen sehr beliebt. In der Umgebung des Zeedijks sind die Straßenschilder zweisprachig sowohl Niederländisch als auch Chinesisch bedruckt. In diesem Bereich der Stadt finden Sie viele ursprüngliche Gebäude mit original erhaltenen oder restaurierten Fassaden. Sogar eines der beiden noch erhaltenen Holzhäuser von Amsterdam steht am Zeedijk Nummer 1. Es stammt aus dem Jahre 1528. Das andere Holzhaus befindet sich am Begijnhof. Am Zeedijk können Sie auch den für Besucher zugänglichen buddhistischen Tempel Fo Guang Shan He Hua besichtigen. Dieser Tempel im traditionellen chinesischen Palaststil ist der größte seiner Art in ganz Europa.

Museum Ons' Lieve Heer op Solder (ehemals Museum Amstelkring)

Das Museum Ons' Lieve Heer op Solder (Unser Lieber Herr auf dem Dachboden) gehört zu den ältesten und außergewöhnlichsten Museen Amsterdams. Hinter der typischen Fassade einer Grachtenvilla findet sich eine fast komplett original erhaltene

Wohnung aus dem 17. Jahrhundert und eine vollständige, verborgene Kirche. Diese Geheimkirche auf dem Dachboden wurde während der Reformationszeit eingerichtet, da Katholiken damals ihren Glauben nicht öffentlich praktizieren durften.
Adresse: Oudezijds Voorburgwal 40, www.opsolder.nl/eng, Eintritt: Erwachsene € 10, Kinder (5-18) € 5, freier Eintritt mit Iamsterdam-Card, Straßenbahnen: 4, 9, 16, 24 bis Dam, von dort gehen Sie nur 5 Minuten zu Fuß bis zum Museum. Auch der Hauptbahnhof ist nur 5 Gehminuten entfernt; der U-Bahnhof Nieuwmarkt liegt sogar noch näher. Dorthin fahren alle U-Bahnlinien.

Oude Kerk (Alte Kirche)

Die Oude Kerk ist die älteste Kirche und das älteste Gebäude in Amsterdam. Sie stammt aus dem Jahr 1250 und befindet sich im heutigen Rotlichtviertel.
Adresse: Oudekerksplein 23, direkt am Oudezijds Voorburgwal, www.oudekerk.nl, Öffnungszeiten: Mo - Sa 10:00 bis 18:00 Uhr, So 13:00 bis 17:30 Uhr, geschlossen am 1. Januar, 27. April (Königstag) und 25. Dezember. Straßenbahnen: 4, 9, 16, 24 bis Dam, U-Bahn: Nieuwmarkt. Eintritt € 10 für Erwachsene, für Kinder bis 13 Jahre sowie mit Iamsterdam-Card ist der Eintritt frei.

Das Rotlichtviertel

Nur ein paar Straßen von der Oude Kerk entfernt erwartet Sie dieses Viertel mit jeder Menge hedonistischer Highlights. In den Niederlanden ist Prostitution legal und so werben hier die Sexarbeiter(-innen) hinter rot beleuchteten Fenstern entlang der Straßen um Kundschaft. Live-Sexshows, Sexshops, ein Sexmuseum, ein Prostitutionsmuseum, Nachtclubs und andere Partylocations warten drauf, von Ihnen erkundet zu werden. Trotz alledem: Im Jahr 2007 erlebte das Rotlichtviertel einschneidende Veränderungen. Aufgrund des Anstiegs krimineller Aktivitäten sorgte die Stadt Amsterdam für die Schließung von 51 Prostitutionsfenstern im Rotlichtviertel..

→ Geschichte

Die Ursprünge des Amsterdamer Rotlichtviertels liegen im 14. Jahrhundert. Bis zum Ende des 17. Jahrhunderts florierten hier Edelbordelle. Als Napoleon im frühen 19. Jahrhundert Holland regierte, mussten sich Prostituierte zweimal wöchentlich einer Gesundheitsuntersuchung unterziehen. Damit sollte sichergestellt werden, dass sie keine Syphilis an Soldaten übertrugen. Im Jahr 1911 wurden Bordelle in den Niederlanden verboten. Trotzdem ging das Geschäft weiter, verborgen hinter Fassaden angeblicher Massagesalons und ähnlicher Ladenfronten. Mehr dazu lesen Sie auf der Seite „Amsterdam Red Light" (amsterdamredlight.com). Es zeigte sich also recht bald, dass Gesetze nichts gegen die Prostitution ausrichten konnten. Die Stadt erlaubte den Prostituierten daraufhin, Ihre Dienste anzubieten, so lange sie dies nicht in Hauseingängen taten. So entstand das Geschäft hinter den Glasscheiben, denn die Mädchen begannen, hinter Fenstern mit Vorhängen um Kunden zu werben. Seit den 60er Jahren toleriert die Stadt Amsterdam die Prostitution im Rotlichtviertel und das Geschäft mit dem Sex entwickelte sich zur Touristenattraktion.

→ Die Fenster des Rotlichtviertels

Technisch gesehen gibt es in Amsterdam drei Rotlichtviertel: Sowohl im „Singelgebied", in der Nähe der Singelgracht und der Ruysdaelkade, als auch im südlich des Zentrums gelegenen Viertel De Pijp gibt es kleine Bereiche, in denen einige Prostituierte ihre Dienste hinter Fenstern an der Straße anbieten. Am meisten ist hier gegen 23 Uhr los. Wenn das Ausgehpublikum durch die Straßen schwärmt, gehen die roten Neonlichter an und spiegeln sich in den tiefschwarzen Grachten. Als das Rotlichtviertel von Amsterdam bezeichnen die meisten Leute jedoch das Gebiet „De Wallen" im historischen Zentrum von Amsterdam. In diesem Viertel, das von mehreren Grachten durchzogen ist, gibt es über 200 der kleinen Kabinen. Hinter den rot beleuchteten Fenstern bieten spärlich bekleidete Frauen (und selten auch Männer) den Passanten ihre Dienste an. Der Webseite Amsterdam.info zufolge einigen sich Kunde und Prostituierte vorab auf einen Preis. Dieser wird dann vor der Verrichtung der Dienstleistung gezahlt. Es ist verboten, die Prostituierten zu fotografieren.

Die niederländische Drogenpolitik

Die Niederlande sind bekannt für ihre tolerante Drogenpolitik. Was viele jedoch nicht wissen: faktisch gesehen sind Drogen in den Niederlanden illegal!! Sie können sich eine Menge Ärger ersparen, wenn Sie sich ein wenig mit der niederländischen Drogenpolitik auskennen. Sämtliche Drogen sind in den Niederlanden verboten. Gesetzeswidrig sind die Produktion, der Besitz, der Verkauf, der Import und der Export von Drogen. Dennoch hat die Regierung die Gesetze so gestaltet, dass der Konsum von Cannabis unter strengen Bedingungen erlaubt ist.

→ Coffeeshops

Coffeeshops dürfen ausschließlich weiche Drogen und nicht mehr als fünf Gramm Cannabis pro Person und Tag verkaufen. Für Coffeeshops gelten strenge Bestimmungen. So werden die Menge der zulässigen weichen Drogen und die Bedingungen, unter denen diese vertrieben und verwendet werden, kontrolliert. Coffeeshops dürfen keine Werbung mit Drogen machen. Personen unter 18 Jahren ist der Kauf von Drogen nicht erlaubt und sie erhalten keinen Zutritt zu Coffeeshops.

→ Drogenpolitik

Die Drogenpolitik in den Niederlanden zielt darauf ab, die Nachfrage und das Angebot an Drogen und damit die Risiken für Drogenkonsumenten sowie deren direkte Umgebung zu reduzieren. Damit erkennen die Niederländer die Tatsache an, dass es unmöglich ist, Drogenkonsum komplett zu verhindern.

Quelle: Gesundheitsministerium

RICT
www.mendo.nl/Ewout Huibers

Hash, Marihuana & Hemp Museum
Das Hash, Marihuana & Hemp Museum gibt es seit 1985. Es befindet sich mitten im Rotlichtviertel. Im Museum werden Sie ausführlich über die Hanfpflanze informiert. Dank der zahlreichen Abbildungen und Poster erhalten Sie einen guten Überblick über die kulturellen, medizinischen und religiösen Aspekte der Pflanze. Außerdem können Sie die Sammlung traditioneller Pfeifen bewundern. **Adresse**: Oudezijds Voorburgwal 148, www.hashmuseum.com, Öffnungszeiten: täglich von 10:00 bis 22:00 Uhr, Eintritt: € 9, freier Eintritt für Kinder unter 13 Jahren in Begleitung eines Erwachsenen.

Wussten Sie schon?
In den Niederlanden gibt es einen wichtigen Unterschied zwischen einem „Coffee Shop" und einem „Koffiehuis".

Ein Coffeeshop ist ein Ort, an dem Sie legal weiche Drogen (wie Marihuana und Haschisch) und Spacecakes kaufen können. Es gibt hier auch Kaffee, Tee und manchmal frisch gepresste Säfte und Sandwiches.

Ein Koffiehuis (Kaffeehaus) ist ein ganz gewöhnliches Café, in dem Sie keine weichen Drogen oder Spacecakes bekommen.

Dam (Dam-Platz)
Der Dam befindet sich im Herzen der Stadt. Viele wichtige Ziele und Sehenswürdigkeiten liegen in der direkten Umgebung, darunter der Königspalast, die Nieuwe Kerk, das Nationalmonument und das luxuriöse Warenhaus Bijenkorf. Der Platz befindet sich an der Stelle des ursprünglichen Damms über den Fluss Amstel, der im 13. Jahrhundert errichtet wurde. Diesem verdankt der Platz auch seinen Namen. Der Dam ist von markanten Gebäuden umgeben und ein beliebter Ort für Veranstaltungen. Somit gehört er zu den bekanntesten und wichtigsten Punkten der Stadt. Der Platz im historischen Zentrum von Amsterdam liegt rund 750 Meter südlich vom Hauptbahnhof. Die belebten Straßen Nieuwendijk, Kalverstraat und Damstraat münden alle im Dam aus. Wenige Schritte hinter der nordöstlichen Ecke des Platzes beginnt das Rotlichtviertel.

Nationaal Monument (Nationalmonument)
Das Amsterdamer Nationalmonument steht Jahr für Jahr im Mittelpunkt der Feierlichkeiten zum 4. Mai. An diesem Gedenktag wird traditionell der niederländischen Opfer des 2. Weltkrieges gedacht. Heute wird an diesem Tag im ganzen Land auch an die Opfer anderer Kriege erinnert. Am Amsterdamer Nationalmonument findet jährlich um 20 Uhr die größte Gedenkfeier der Niederlande statt. König Willem Alexander legt dabei einen Kranz nieder und es werden 2 Schweigeminuten gehalten.

Paleis op de Dam (Königspalast)

Der Königspalast wurde im 17. Jahrhundert nach einem Entwurf von Jacob van Campen ursprünglich als Rathaus von Amsterdam gebaut. Später nutzten es erst Louis Napoleon und dann das niederländische Königshaus als Palast. Im 17. Jahrhundert war es das größte weltliche Gebäude in ganz Europa. Heute zählt der Königspalast zu den drei Palästen, die der Staat auf Parlamentsbeschluss dem Königshaus zur Verfügung gestellt hat. Gegenwärtig finden hier Veranstaltungen statt, die mit dem Königshaus in Verbindung stehen, zum Beispiel Empfänge, Präsentationen und verschiedene Preisverleihungen. Die Räume des Palastes sind mit Kunstwerken aus der Stiftung Historische Sammlungen des Hauses Oranien-Nassau dekoriert. **Adresse**: Nieuwezijds Voorburgwal 14, www.paleisamsterdam.nl/en, Öffnungszeiten: 11:00 bis 17:00 Uhr, Eintritt: Erwachsene € 10, freier Eintritt unter 18 Jahren. Auf der Webseite des Königspalastes finden Sie Informationen zu Ausstellungen. Straßenbahnen: 16 und 24 bis Dam und mit den Straßenbahnen 1, 2, 5, 14 und 17 bis Dam/Raadhuisstraat.

Nieuwe Kerk (Neue Kirche)

Die Nieuwe Kerk in Amsterdam ist eine spätgotische Stadtkirche aus dem 14. Jahrhundert. Die mittlerweile protestantische Kirche liegt direkt neben dem Königspalast und ist die Krönungskirche der niederländischen Monarchen, in der auch Eröffnungen und besondere Ausstellungen stattfinden, darunter die Ausstellung World Press Photo, die in Amsterdam jedes Jahr ihre Welttournee beginnt. Die Nieuwe Kerk wurde gebaut, weil ihr Gegenstück, die Oude Kerk auf der anderen Seite des Dam, die Menge der Gläubigen nicht mehr aufnehmen konnte. In der Nieuwe Kerk haben niederländischen Seehelden wie Admiral Michiel de Ruyter und Kommodore Jan van Galen ihre letzte Ruhestätte. Auch der Dichter und Theaterautor Joost van Vondel ist in dieser Kirche begraben. **Adresse**: Gravenstraat 17, www.nieuwekerk.nl/en, Öffnungszeiten: von 10:00 bis 17:00 Uhr, geschlossen am 29. November, 25. Dezember und 1. Januar. Eintritt: nähere Informationen finden Sie auf der Website der Nieuwe Kerk. Vom Hauptbahnhof aus gehen Sie 5 Minuten zu Fuß. Straßenbahn: 1, 2, 5, 13 und 17 bis Dam/Raadhuisstraat oder 16 und 24 bis Dam.

Amsterdam Museum

Im Amsterdam Museum erfahren Sie alles über die Geschichte von Amsterdam: von den Anfängen, dem Aufstieg der Stadt, dem Übergang vom katholischen zum protestantischen Glauben und von der wirtschaftlichen Blütezeit im Goldenen Zeitalter des 17. Jahrhunderts. Verfolgen Sie hier die Geschichte der Stadt weiter bis in die Gegenwart. Die Informationen sind auf sehr unterhaltsame Weise präsentiert.

Adresse: Das Amsterdam Museum besitzt 2 Eingänge: an der Kalverstraat 92 und am Sint Luciensteeg 27. www.amsterdammuseum.nl/de, Öffnungszeiten: 10:00 bis 17:00 Uhr, geschlossen am 27. April (Königstag) und 25. Dezember. Eintritt: Erwachsene € 12,50, Kinder (5-18) € 6,50, freier Eintritt für Kinder bis 4 Jahre sowie mit Iamsterdam-Card, Straßenbahn: 1, 2 und 5 (bis Spui).

Beurs van Berlage

Beurs van Berlage

Der mächtige Bau der Beurs van Berlage nimmt fast ein Viertel der Gesamtlänge der Straße Damrak ein. Das markante Gebäude aus dem Jahre 1903 ist nach seinem Architekten, HP Berlage, benannt und war einst die führende Aktien- und Rohstoffbörse. Bald jedoch war das Gebäude zu klein für die wachsenden Handelsaktivitäten, und so fand ein Umzug in die nahe gelegene Effectenbeurs statt. Heute dient es als Veranstaltungsort für Konzerte, Ausstellungen und Konferenzen. In der Beurs van Berlage gibt es auch ein Café mit einer Terrasse am Beursplein.

Damrak

Der Damrak ist die breite Verbindungsstraße zwischen Hauptbahnhof und Dam. Über diese Hauptstraße gelangen die Reisenden vom Hauptbahnhof ins Zentrum von Amsterdam. Dieser Boulevard war früher eine wichtige Anlegestelle für Schiffe aus den Kolonien. Heutzutage kennt man den Damrak vor allem wegen seiner Restaurants, Bars, Souvenirläden und der Beurs van Berlage.

Munttoren

Der Munttoren gehört zu den bekanntesten Wahrzeichen von Amsterdam. Im 17. Jahrhundert wurden in diesem Turm Münzen geprägt - daher der Name. Er wurde im 17. Jahrhundert nach den Entwürfen von Architekt Hendrick de Keyser erbaut und nimmt die Stelle des ehemaligen Stadttores Regulierspoort ein, das zur mittelalterlichen Stadtmauer gehörte. Adresse: Muntplein.

Munttoren

Madame Tussauds Amsterdam

Die meisten Menschen wissen, was sie bei Madame Tussauds erwartet: Wachsfiguren von Prominenten, Staatsoberhäuptern und anderen Berühmtheiten.
Adresse: Dam 20, www.madametussauds.com/Amsterdam/de, Eintritt: Erwachsene € 22, Kinder € 18, **TIPP:** Kaufen Sie Ihre Tickets online. Öffnungszeiten: täglich 10:00 bis 19:00 Uhr, geschlossen am 27. April. Straßenbahn: 4, 9, 16 und 24 bis Dam.

Begijnhof

Der Begijnhof ist einer der ältesten Innenhöfe der Stadt und gehört zu den berühmtesten Sehenswürdigkeiten von Amsterdam. Im Laufe des 14. Jahrhunderts wurde er für die Beginen, eine ordensähnliche, christliche Lebensgemeinschaft für Frauen, angelegt. Unter den hübschen Häusern, die rund um einen gepflegten Garten liegen, ist auch das älteste noch erhaltene Haus von Amsterdam, das „Houten Huis" (Holzhaus) mit der Nummer 34. Untersuchungen aus dem Jahr 2010 zufolge wurde es 1528 erbaut. Die Kapelle im Begijnhof (Nr. 29 und 30) wurde 1680 vollendet und diente als Geheimkirche. Hier sind viele Erinnerungen an die katholische Vergangenheit erhalten geblieben. In den Häusern am Begijnhof wohnen bis heute religiös gesinnte Frauen.
Adresse: Der Begijnhof hat 2 Eingänge, einen an der Straße Gedempte Begijnensloot, abseits der Kalverstraat, den anderen an der Nordseite des Spui. Öffnungszeiten: täglich 09:00 bis 17:00 Uhr, www.begijnhofamsterdam.nl, Eintritt frei. Straßenbahn: 1, 2 und 5 (bis Spui).

Allard Pierson Museum

Das Allard Pierson Museum ist das archäologische Museum der Universität von Amsterdam. Es erweckt die alten Kulturen Ägyptens, des Nahen Ostens, der griechischen Welt, Etruriens und des Römischen Reiches zu neuem Leben.
Adresse: Oude Turfmarkt 127, www.allardpiersonmuseum.nl/english, Eintritt: Erwachsene: € 10, Kinder (4-16) € 5, für Kinder von 0 bis 3 oder mit der Iamsterdam-Card freier Eintritt. Öffnungszeiten: Di - Fr von 10:00 bis 17:00 Uhr, Sa, So und Feiertage: 13:00 bis 17:00 Uhr, geschlossen am 1. Januar, 20. April (Ostersonntag), 27. April (Königstag), 25. Dezember. Straßenbahn: 16 und 24 bis Spui/Rokin.

Spui

Direkt an der Haupteinkaufsstraße Kalverstraat liegen ein Platz und eine kleine Straße mit dem Namen „Het Spui". Hier schlägt das Herz der Amsterdamer Buchszene. Sie finden hier das American Book Center und den Buchhandel Athenaeum, der (inter-) nationale Tageszeitungen und Zeitschriften verkauft. An der Ecke Spui/Kalverstraat, einer der belebtesten Stellen der Stadt, gibt es eine vierstöckige Filiale der großen britischen Buchhandelskette Waterstone's. **TIPP:** Am Spui findet jeden Freitag ein Buchmarkt und immer sonntags ein Kunstmarkt statt.

→ Bijenkorf

In zentraler Lage am Dam erwartet Sie das Traditionswarenhaus Bijenkorf. In Sachen Mode und Stil ist der Bijenkorf eine wahre Institution in den Niederlanden. Hier finden Sie nicht nur Qualität und ein exklusives Warenangebot mit zum Teil gehobenen Preisen. Das Kaufhaus verfügt auch über ein Restaurant, eine Café-Bar, eine Kunstgalerie und einen Trendfriseur. Der Bijenkorf organisiert darüber hinaus Feiern, Konzerte, Shows, Kulturreisen und Ausstellungen. **Adresse**: Dam 1, www.debijenkorf.nl/amsterdam.

→ P.G.C. Hajenius

Hajenius ist seit 1826 der „Altmeister" unter den holländischen Zigarrenläden. Das Geschäft ist seit 1914 in einem prachtvollen Jugendstilbau am Amsterdamer Rokin beheimatet. **Adresse**: Rokin 96, www.hajenius.com.

→ United Nude

Es ist das Spannungsfeld zwischen Design und Architektur, das United Nude so aufregend macht: Gewagt, modern, schnittig und innovativ. Jeder einzelne Schuh ist ein Statement. Schuhe von United Nude werden in mehr als 40 Ländern verkauft. Flagship-Stores gibt es außer in Amsterdam noch in London und New York. **Adresse**: Spuistraat 125, www.unitednude.com.

→ Hema

Die Kaufhauskette, die einst als das „Woolworth" der Nation galt, zieht heute gleichermaßen viele Designliebhaber und Schnäppchenjäger an. Hier dürfen Sie günstige Preise, zuverlässige Qualität und eine breite Produktpalette erwarten, darunter preiswerte Weine und Delikatessen.
Adresse: Nieuwendijk 174, www.hema.nl

→ By Popular Demand

Sie sind auf der Suche nach dem perfekten Geschenk? In diesem Design- und Geschenkshop finden Sie ganz bestimmt, wonach Sie suchen. Hier wird eine große Auswahl der unterschiedlichsten Dinge angeboten – perfekt, wenn Sie ein tolles Geburtstagsgeschenk oder ein Andenken an Ihre Reise nach Amsterdam kaufen möchten. Alle Produkte von By Popular Demand sind ein bisschen ironisch und witzig, so dass hier das Stöbern besonders viel Spaß macht. **Adresse**: Raadhuisstraat 2

Einkaufen im Zentrum

Amsterdam inspiriert auch die erfahrensten Shoppingexperten. Im Stadtzentrum finden Sie alles, was das Herz begehrt - von großen Kaufhäusern mit mehreren an Etagen bis hin zu kleinen Spezialboutiquen. Auch sind die verschiedensten Stilrichtungen zu haben, von Jugendstil bis hin zu modernem Design aus den Niederlanden. Die beiden wichtigsten Einkaufsstraßen im Zentrum von Amsterdam sind die Kalverstraat und die Leidsestraat mit ihren exklusiveren Geschäften. Entlang der Kalverstraat finden Sie alle Modeketten, die in jeder Großstadt vertreten sind, darunter WE, Zara, H&M und Mexx. Der nordöstliche Teil der beliebten Amsterdamer Einkaufsmeile befindet sich an der anderen Seite des Dam. Dort heißt die Straße dann Nieuwendijk.

Tip de Bruin
In der ältesten Einkaufsstraße von Amsterdam, dem Nieuwendijk, finden Sie eines der bekanntesten Herrenmodegeschäfte der Stadt. Tip de Bruin befindet sich in vier nebeneinander gelegenen, denkmalgeschützten Häusern aus dem 15 Jahrhundert. Durch die charakteristischen Giebel und Friese erhalten die Gebäude eine ganz besondere, historische Ausstrahlung.

Nieuwendijk

Tip de Bruin

Nur 3 Gehminuten vom Hauptbahnhof Amsterdam entfernt finden Sie eines der bekanntesten Herrenmodegeschäfte von Amsterdam. Tip de Bruin ist landesweit für seine umfangreiche Kollektion von Jacken, Jeans, Anzügen und Schuhen bekannt. Dies ist die richtige Adresse für Männer, die Mode der besten Marken mögen. Tip de Bruin ist seit 1953 ein Begriff in den Niederlanden. Das Angebot ist qualitativ besonders hochwertig und vielfältig, sowohl was die Stilrichtungen als auch den Preis betrifft. Diese Vielseitigkeit findet sich in den internationalen Marken wieder, die hier verkauft werden:

von Armani und Woolrich über Canada Goose, Moncler, Boss und Burberry bis hin zu Versace, Phillip Plein, Dsquared, Kenzo und Stone Island. Neben den Topmarken im Angebot von Tip de Bruin sorgen die sehr professionellen und serviceorientierten Mitarbeiter dafür, dass Ihr Besuch zu einem großartigen Erlebnis wird.

Öffnungszeiten:
Mo-Mi und Fr 09:30 bis 18:00 Uhr, Do 09:30 bis 21:00 Uhr, Sa 09:00 bis 18:00 Uhr
So: 12:00 bis 18:00 Uhr.

Nieuwendijk 82-90
+31(0)20 624 94 02
www.tipdebruin.nl

Folgen Sie uns:
Facebook: tipdebruin
Instagram: tipdebruin

Oude Kerk (Alte Kirche)

Les Deux Frères

Am Fuße der Oude Kerk finden Sie Les Deux Frères, eine der besten Herrenmodeboutiquen in Amsterdam. Dieser vierte und neueste Laden der beiden Brüder Matthieu und Alain besitzt, genau wie die anderen, eine fast nostalgische Atmosphäre. Die sorgfältig ausgewählte Kollektion ist dagegen absolut aktuell. Sie finden hier Marken wie Drykorn, Goosecraft, Atlantic Stars, Secrid und viele andere. Hier fühlen sich selbst solche Herren wohl in Ihrer Haut, die eigentlich gar nicht gerne shoppen. Die entspannte Atmosphäre, die persönliche Beratung und das ansprechende Dekor werden Sie aufatmen lassen.

Öffnungszeiten:
Mo 12:00 bis 18:30 Uhr,
Di-Fr 10:30 bis 18:30 Uhr,
Sa 10:30 bis 18:00 Uhr,
So 12:00 bis 17:00 Uhr.

Oudezijds Voorburgwal 74
+31(0)20 846 46 13
www.lesdeuxfreres.nl

Folgen Sie uns:
www.facebook.com/
LesDeuxFreresAmsterdam

→ Kalverpassage Shopping Center
Das Einkaufszentrum Kalverpassage liegt an der Kalverstraat. Das beliebte, moderne Zentrum beherbergt neben Filialen von Vroom & Dreesman und Hema auch Läden großer Modeketten und Marken wie H&M, America Today, Mango, Replay, Quiksilver, Levi's, Timberland und DKNY. Außerdem fehlt es hier nicht an Möglichkeiten, ein Getränk oder einen Imbiss zu genießen.
Adresse: Kalverstraat 212-220, www.kalvertoren.nl.

→ Rituals
Im Flagship-Store dieser himmlischen Marke schwelgen Sie in großartigen Produkten, die erfrischen, entspannen und alltägliche Routinen wie ein Schaumbad oder den Abwasch in besondere, energiespendende Momente verwandeln. **Adresse**: Kalverstraat 73, www.rituals.com.

→ Condomerie
Die Condomerie ist das erste auf Kondome spezialisierte Fachgeschäft der Welt. Seitdem die Condomerie am 1. Mai 1987 ihre Türen geöffnet hat, zieht dieser Laden weltweit Aufmerksamkeit auf sich. Stöbern Sie im vielseitigen Kondomangebot der Condomerie und lassen Sie sich von Experten zu Farben, Geschmacksrichtungen, Größen und Allergien beraten.
Adresse: Warmoestraat 141, www.condomerie.com

→ Ivy & Bros
Eine Flutwelle des guten Geschmacks im berühmten Amsterdamer Rotlichtviertel! Jede Stadt ist mit ganz besonderen Orten gesegnet, an denen Sie sich herrlich selbst verlieren können. Ivy & Bros gehört auf alle Fälle zu dieser Kategorie: eine Mischung aus Conceptstore und Café, wo sich alles um Liebe, Design, Schönheit und Genuss dreht.
Adresse: Oudezijds Voorburgwal 86a.

→ Urban Outfitters
Dieser brandneue Laden mit 3 Etagen voller Kleidung, Accessoires, Büchern und Gadgets gehört zu den trendigsten Läden an der Kalverstraat.
Adresse: Kalverstraat 31-33, www.urbanoutfitters.com.

→ Magna Plaza

Direkt hinter dem Königspalast am Dam erwartet Sie das Magna Plaza in einem eleganten Gebäude aus dem 19. Jahrhundert. Das Magna Plaza ist ein hübsches, kleines Einkaufszentrum. Hier finden Sie Designerkleidung und modische Accessoires.

Adresse: Nieuwezijds Voorburgwal 182, www.magnaplaza.nl

Amsterdam: Die Diamantenstadt

Amsterdam gilt als eine der wichtigsten Diamantenstädte in Europa. Die Geschichte der Amsterdamer Diamanten hat viele Facetten und geht vor allem auf die jüdische Bevölkerung zurück. Als um das Jahr 1600 zahlreiche Juden aus Portugal nach Amsterdam zogen, kam die Stadt mit dem Diamanthandel in Berührung. Schnell entwickelte sie sich zum europäischen Diamantenzentrum. Die jüdischen Einwanderer waren erfahrene Diamantenhändler und bearbeiteten die Edelsteine auch selbst, was traditionell als Teil ihres Berufes galt.

Als im Jahre 1727 ein riesiger Diamantenfund in der damals von Portugal kontrollierten Kolonie Brasilien gemacht wurde, gelang es den niederländischen Händlern, sich das alleinige Verkaufsrecht zu sichern. Später zeigten die europäischen Monarchen immer mehr Interesse an Schmuckdiamanten. Dies führte zu einer neuen Blüte des Diamantengewerbes und einer wachsenden Nachfrage nach Diamanten aus Amsterdam.
Bis etwa 1820 wurden Diamanten hauptsächlich in Heimarbeit bearbeitet. Im Jahre 1822 fingen die Diamantschleifer damit an, Maschinen zu entwickeln, mit denen die Diamanten in Fabriken geschliffen werden konnten. Diese Maschinen wurden unter anderem von Pferden angetrieben. Das steigerte die Kapazitäten enorm. Ab 1840 wurden Dampfmaschinen eingesetzt, um die Produktion noch weiter zu erhöhen.
Infolge dieser Entwicklungen wurde in Amsterdam die Diamantslijperij-Maatschappij (Diamantschleifer-Gesellschaft) gegründet, die bis 1873 ein Monopol besaß. Nach dem 2. Weltkrieg verlor das Diamantengewerbe an Bedeutung. Heute finden Sie vor allem spezialisierte Juweliere wie zum Beispiel The Mill Diamonds in der Stadt. Wenn Sie sich für die Geschichte der Amsterdamer Diamanten interessieren oder wenn Sie sich Diamanten in allen möglichen Formen ansehen möchten, ist das Diamantenmuseum das Richtige für Sie. (Route 5, Adresse: Paulus Potterstraat 8, www.diamantmuseum.nl).

Öffnungszeiten:
Di-Sa 10:00 bis 18:00 Uhr,
So 12.00 bis 17.00 Uhr.

Rokin 123, zwischen Dam
und Munttoren
+31(0)20 627 26 25
info@milldiamond.nl
www.milldiamond.nl

Instagram: mill_diamonds
Skype: the Mill Diamonds,
Amsterdam

The Mill Diamonds kombiniert das jahrhundertealte Goldschmiedehandwerk mit neuester Technologie. Die Goldschmiede formen die Schmuckstücke zu maßgefertigten Kreationen, die perfekt zu jedem einzelnen Kunden passen.
Sie haben selbst eine Idee für ein besonderes Design? Es tut Ihnen leid, dass Sie zu Ihrem Ring nicht gleich auch die passenden Ohrringe gekauft haben? Die Goldschmiede bei The Mill Diamonds können für Sie fotorealistische Entwürfe am Computer erstellen. Der hauseigene 3D-Drucker erzeugt dann ein Modell aus Wachs, das Sie anprobieren können. Die umfangreiche Kollektion mit einzelnen Diamanten, Edelsteinen und Schmuckstücken lässt keine Wünsche offen.
Der Schmuck kann in die ganze Welt verschickt werden. Wenn Sie also Ihre Frau zu Weihnachten überraschen möchten, wird The Mill Diamonds dafür sorgen, dass Sie das allerbeste Geschenk haben!

Essen und Trinken in der Innenstadt und dem Rotlichtviertel

Auf der Suche nach einem hübschen Lokal zum Mittag- oder Abendessen im Zentrum von Amsterdam? Wenn Sie gutes Essen mögen, werden Sie sich in Amsterdam rundum wohl fühlen! Im Stadtzentrum finden Sie hunderte Restaurants und Imbisslokale in allen möglichen Geschmacksrichtungen und mit dem unterschiedlichsten Ambiente. Gemütlich nach Amsterdamer Art, trendy, klassisch oder international - für jeden Geschmack ist etwas dabei. Die Auswahl ist sehr vielfältig. Haben Sie Lust auf Meeresfrüchte, Fleisch, traditionelle holländische oder indonesische Küche? Hier ein paar wahre Perlen für Sie:

Metropolitan- the pastry room

Wie wäre es damit: Beginnen Sie Ihren Tag mit dem gesunden Schokoladenfrühstück und runden Sie das Erlebnis mit einer Linie Schnupf-Kakao ab!

Treten Sie ein in die Welt des Metropolitan! Lassen Sie sich hausgemachte Schokolade, Gelato und frisches Gebäck bei einer Tasse echtem italienischen Kaffee auf der Zunge zergehen.

WELCOME AT THE PASTRY ROOM

→ **Preiskategorie €**

Öffnungszeiten:
Mo-So 09:00 bis 22:00 Uhr.

Warmoesstraat 135
+31 (0)20 330 19 55
www.metropolitan.nl

Folgen Sie uns:
www.facebook.com/
Metropolitan.Amsterdam

Darüber hinaus gibt es hier noch viel mehr Köstlichkeiten zu entdecken. Das Metropolitan ist von 9 Uhr morgens bis Mitternacht oder länger geöffnet (informieren Sie sich bitte über die Öffnungszeiten).

→ Blauw aan de Wal € € €

Dieses Lokal ist fantastisch! Das Blauw aan de Wal befindet sich in einer schmalen Gasse in Amsterdams berühmtem Rotlichtviertel. Es liegt im Innenhof eines ehemaligen Klosters und hat seine ruhige Atmosphäre bewahrt. Für die modernen, mediterranen Gerichte werden nur die frischesten Zutaten verwendet. **Adresse**: Oudezijds Achterburgwal 99, www.blauwaandewal.com, +31 (0)20 330 22 57, Öffnungszeiten: Mo - Sa 18:00 bis 23:30 Uhr.

→ Restaurant Anna € € € In zwei spektakulär renovierten, historischen Gebäuden empfängt Sie das Restaurant ANNA im ältesten und schönsten Teil von Amsterdam. Hier können Sie ein hochwertiges Abendessen zu extrem günstigen Preisen in einer entspannten, informellen Atmosphäre genießen. Dazu haben Sie eine tolle Aussicht auf die mittelalterliche Oude Kerk. **Adresse**: Warmoesstraat 111, www.restauruntanna.nl, +31 (0)20 428 11 11, Öffnungszeiten: Mo - Sa 17:00 bis 00:00 Uhr.

→ Nam Kee Chinatown € €

Dieses kleine, chinesische Restaurant in Amsterdams Chinatown ist eine wahre Institution. Bestellen Sie köstliche Gerichte wie Pekingente mit Pfannkuchen und Frühlingszwiebeln oder gedämpfte Riesenaustern mit einer Sauce aus schwarzen Bohnen. Nam Kee wurde im Jahr 2013 zum besten chinesischen Restaurant der Niederlande gewählt. **Adresse**: Zeedijk 111-113, www.namkee.nl, +31 (0)20 624 34 70, Öffnungszeiten: täglich von 12:00 bis 23:00 Uhr.

→ Bubbles & Wines € €

An einer der malerischsten Gassen von Amsterdam erwartet Sie die Champagner- und Weinbar Bubbles & Wines. Hier stehen Ihnen über 50 Weine zur Auswahl, die auch pro Glas serviert werden. Auf der umfangreichen Wein- und Chanpagnerkarte finden Sie Weine aus der Alten und der Neuen Welt. **Adresse**: Nes 37, www.bubblesandwines.com/uk, Öffnungszeiten: Mo-Sa 15:30 bis 01:00 Uhr und So 14:00 bis 21:00 Uhr.

→ Restaurant d'Vijff Vlieghen € € €

Wenn Sie eine ausgezeichnete Mahlzeit und ein gutes Glas Wein in einer einzigartigen Atmosphäre genießen wollen, ist das Restaurant d'Vijff Vlieghen die richtige Wahl für Sie! Wo sonst kann man schon unter vier originalen Radierungen von Rembrandt zu Abend essen und dabei die antiken Delfter Fliesen sowie seltene Glaswaren aus dem 17. Jahrhundert bewundern? **Adresse**: Spuistraat 294-302, www.vijffvlieghen.nl/en/home, +31 (0)20 530 40 60, Öffnungszeiten: Mo - So von 18:00 bis 22:00 Uhr.

Grand Café Restaurant 1e Klas Hauptbahnhof Amsterdam Gleis 2B

Ein verstecktes Juwel für Touristen, Einheimische und Geschäftsleute. Dieses überraschende, historische Restaurant von 1885 finden Sie an Gleis 2B des Amsterdamer Hauptbahnhofes.
Dieses bekannte, monumentale Restaurant wurde vom weltberühmten niederländischen Architekten P. Cuypers gestaltet, der auch das Rijksmuseum entworfen hat. Die britische Zeitung The Guardian erklärte das

geschichtsträchtige Lokal sogar zum besten Bahnhofsrestaurant von ganz Europa!

- 3-Gänge-Menü €29,50
- Die älteste 1e Klas Heineken-Bar von Amsterdam
- Frühstück
- Mittag- & Abendessen
- Holländisches Gebäck
- Kleine Gerichte & Salate

→ **Preiskategorie €**

Öffnungszeiten:
Mo-So 08:30 bis 23:00 Uhr.

Reservieren:
info@restaurant1eklas.nl
+31(0)20 625 01 31
www.restaurant1eklas.nl

Mata Hari

Im Herzen von Amsterdam erwartet Sie das Bar-Restaurant „Mata Hari". Es begrüßt Sie mit einer ausgefallenen Einrichtung im Vintage-Stil und einer gemütlichen, heimeligen Atmosphäre. Tauchen Sie in das bunte Treiben in diesem Lokal ein, während Sie Ihr Mittagessen, Ihren Kaffee, Drinks oder ein Abendessen genießen. Das Mata Hari verwendet für alle Gerichte ehrliche, nachhaltige Produkte aus der Region.

An der Cocktailbar können Sie erlesene Weine und verschiedene Biersorten vom Fass bestellen, zum Beispiel "Zatte" von der lokalen

Brauerei 't IJ, Erdinger Weißbier, de Koninck und La Chouffe.

Legen Sie einen Halt in diesem gemütlichen, warmen Restaurant im Herzen des Rotlichtviertels ein.

→ **Preiskategorie €**

Öffnungszeiten:
So - Do 12:00 bis 01:00 Uhr,
Fr - Sa 12:00 bis 03:00 Uhr.

Oudezijds Achterburgwal 22
+31(0)20 205 09 19
www.matahari-amsterdam.nl/en/

Folgen Sie uns:
www.facebook.com/MataHariAmsterdam

Cannibale Royale

Das Rotlichtviertel, einer der ältesten Teile von Amsterdam, ist ein Anziehungspunkt für Menschen aus der ganzen Welt. Neben den vielen offensichtlichen Gründen für seine Popularität ist dieses Viertel auch als kulinarischer Hotspot bekannt. Wenn Sie

Fleisch, einheimisches Bier und wunderbare Weine lieben, ist das Cannibale Royale in der Gasse „Lange Niezel" genau Ihr Ding. Diese besondere Filiale ist eine „Brasserie Extraordinaire" im ehemaligen Haus von Jan Pieterszoon Sweelinck. Dieser niederländische Komponist, Organist und Pädagoge markiert mit seiner Arbeit den Übergang von der Renaissance zur Barockzeit. Und damit ist es bereits ein kulturelles Erlebnis, hier die berühmten Rippchen und das einheimische Bier des Hauses zu genießen. Wenn Sie das auf keinen Fall verpassen wollen, sollten Sie auf jeden Fall vorher reservieren!

Un Bisou de Cannibale

→ **Preiskategorie €**

Öffnungszeiten:
So-Do 12:00 bis 01:00 Uhr,
Fr-Sa 12:00 bis 03:00 Uhr.

Lange Niezel 15
www.cannibaleroyale.nl
+31(0)20 218 21 20
Folgen Sie uns:
www.facebook.com/
CannibaleRoyale

Broodbar

Diese Brotbar ohne Schnickschnack ist ein sicherer Treffer, vor allen Dingen, wenn man bedenkt, dass 85% der Niederländer jeden Tag mindestens ein Sandwich essen. Dieses Lokal lockt mit einem fröhlichen, rot-grünen Innenbereich mit Neo-Vintage-Atmosphäre, historischen Reklamepostern und einer hübschen Aussicht auf die Gracht. Stellen Sie Ihr ultimatives

niederländisches Broodje selbst zusammen. Dazu stehen Ihnen 5 verschiedene Brotsorten, 15 Beläge und 10 Aufstriche zur Auswahl. Oder versuchen Sie das köstliche niederländische Rosinenbrot, frisch gebackenen Karottenkuchen oder die vegetarische Quiche. Nicht zu vergessen: Die heiße Schokolade mit Marshmallows, der Eistee und die Limonde (beide hausgemacht).

→ **Preiskategorie €**

Öffnungszeiten:
Mo-Sa 08:00 bis 18:00 Uhr,
So 10:00 bis 18:00 Uhr.

Kloveniersburgwal 18
+31(0)20 320 63 33
www.broodbar.nl
info@broodbar.nl

Folgen Sie uns
www.facebook.com/Broodbar

Vlaams Friteshuis Vleminckx

→ **Preiskategorie €**

Öffnungszeiten:
So - Mo 12:00 bis 19:00 Uhr,
Di - Sa 11:00 bis 19:00 Uhr
und Do bis 21:00 Uhr.

Voetboogstraat 33

Seit 1957 gibt es Vleminckx „der Sausmeester" (Saucenmeister), mitten in der Innenstadt von Amsterdam. Dieser winzige, in einer kleinen Nische untergebrachte Laden liegt nur wenige Schritte vom Spui entfernt und verkauft die besten Pommes frites in ganz Amsterdam. Seit über 57 Jahren steht der Sausmeester mit seinen hausgemachten Pommes für Qualität. Das macht ihn heutzutage einzigartig. Das Vlaams Friteshuis Vleminckx ist für die große Auswahl an verschiedenen Saucen bekannt, die Sie sich hier zu Ihrer frischen Portion belgischer Pommes in die dreieckige Papiertüte füllen lassen können. Viele Einheimische und Touristen sind hier Stammkunden.

Het Pakhuis

→ **Preiskategorie €**

Öffnungszeiten:
Mo - Sa 11:00 bis 24:00 Uhr,
So: 12:00 bis 17:00 Uhr.
Voetboogstraat 10-12

+31 (0)20 625 08 56
www.eetcafehetpakhuis.nl

Seit seiner Eröffnung im Jahre 1975 ist „Het Pakhuis" bei Einheimischen, Studenten und Touristen gleichermaßen beliebt. Dieses Lokal ist für seinen authentischen Amsterdamer Stil und seine Atmosphäre bekannt. Das „Pakhuis" bezeichnet sich selbst mit Stolz als echtes „braunes Café", im typisch niederländischen Stil: mit alten Bildern an den Wänden, Holzböden und einfachen, dunkelbraunen Holzmöbeln. Hier sind Sie genau richtig, wenn Sie eine gemütliche Atmosphäre zu schätzen wissen. Meine persönlichen Lieblingsgerichte hier sind Steak mit Knoblauchbutter, auf jeden Fall das Satay mit Erdnuss-Sauce und die Spareribs mit Pommes und Salat. Lassen Sie sich von der täglich wechselnden Tageskarte überraschen. Hier bekommen Sie tolles Essen zu sehr günstigen Preisen im Zentrum von Amsterdam. Die Speisekarte ist mehrsprachig.

Bierfabriek

Die Bierfabriek ist Brauerei und Restaurant in einem und liegt mitten im Zentrum von Amsterdam. Hier genießen Sie hausgebrautes Bier und köstliches burgundisches Essen in ungezwungener Atmosphäre. Die Spezialität des Hauses ist das Hähnchen vom Holzkohlengrill. Außerdem gibt es spezielle Selbstbedienungstische, an denen Sie sich das hausgebraute Bier selbst zapfen können! Am Freitag und Samstag legen die DJs des Hauses funkige Musik zum Tanzen auf.

Die Bierfabriek eignet sich auch sehr gut für größere Gruppen.

→ **Preiskategorie € €**

Öffnungszeiten:
Mo-Do 15:00 bis 01:00 Uhr,
Fr 15:00 bis 02:00 Uhr,
Sa 13:00 bis 02:00 Uhr,
So 13:00 bis 01:00 Uhr.
Nes 67
+31 (0)20 528 99 10
www.bierfabriek.com

Folgen Sie uns
www.facebook.com/
bierfabriek

Humphrey's Restaurants

Seit über 50 Jahren ist Humphrey's die Topadresse für burgundischen Genuss. Die saisonalen Drei-Gänge-Menüs (25,95 €) bieten Fleisch, Meeresfrüchte und vegetarische Gerichte. Die beiden Lokale in Amsterdam eignen sich sowohl für ein romantisches Abendessen zu zweit als auch für ein entspanntes Abendessen mit größeren Gruppen. Das Humphrey's hat sich mit hoher Qualität und seiner gemütlichen Atmosphäre einen Namen gemacht.

→ **Preiskategorie € €**

Öffnungszeiten:
Mo-Do 17:00 bis 22:00 Uhr,
Fr-Sa 17:00 bis 22:30 Uhr,
So 16:30 bis 21:30 Uhr.

Nieuwezijds Kolk 23
+31 (0)20 422 12 34

Spuistraat 267
+31 (0)20 624 35 55
www.humphreys.nl

Folgen Sie uns
www.facebook.com/
HumphreysNL

Das Houten Huys (Begijnhof 34) ist das älteste Haus von Amsterdam. Es wurde um 1428 erbaut. Bei verheerenden Stadtbränden in den Jahren 1421 und 1452 brannten große Teile von Amsterdam bis auf die Grundmauern nieder. Danach wurde der Bau von Holzhäusern verboten. Das Houten Huys überstand die Feuerkatastrophe und ist heute das älteste Holzhaus von Amsterdam. Es ist eines der beiden letzten Holzhäuser, die in Amsterdam erhalten geblieben sind. Das zweite befindet sich am Zeedijk 1 im chinesischen Viertel der Stadt. Dieses Haus stammt aus der Zeit um 1475.

Der Begijnhof

Kantjil & de Tijger

Machen Sie im Kantjil & de Tijger Bekanntschaft mit der indonesischen Küche! Dieses Restaurant befindet sich in einer lebendigen Gegend, in der Nähe des Spui im Herzen von Amsterdam. Erleben Sie das Live-Cooking zum Mittagessen in der New Asian Brasserie, lassen Sie sich im „Kantjil To Go" ein leckeres Gericht mit auf den Weg geben oder probieren Sie abends im Restaurant die sorgfältig zubereitete „Rijsttafel". Seitdem die niederländischen Entdecker die Inseln erreicht haben, ist die indonesische Küche ein Teil der niederländischen Esskultur.
Die Rijsttafel repräsentiert den multiethnischen Charakter des Archipels. Nachdem die Seefahrer die indonesische Küche mit in die Niederlande gebracht hatten, konnte man sich hierzulande nicht mehr vorstellen, jemals wieder ohne indonesische Gewürze zu kochen. Deshalb gehört indonesisches Essen während Ihres Amsterdam-Abenteuers unbedingt auf Ihre Speisekarte.

→ **Preiskategorie €**

Öffnungszeiten:
Mittagessen von 12:00 bis 16:30 Uhr, Abendessen von 16:30 bis 23:00 Uhr an allen Tagen der Woche. Reservierungen sind nur notwendig, wenn Sie nicht warten wollen.
Spuistraat 291-293
+31 (0)20 620 09 94
www.kantjil.nl

Folgen Sie uns:
www.facebook.com/restaurantkantijl

Haesje Claes

Das Haesje Claes ist ein echtes Amsterdamer Restaurant. Es befindet sich in 6 historischen Häusern zwischen den Plätzen Dam und Spui. Die acht verschiedenen Räume strahlen alle den Charme des „Goldenen Zeitalters" aus. Hier genießen Sie im reizvollen, jahrhundertealten Ambiente typisch holländische Gerichte und saisonale Spezialitäten. Im Sommer können Sie wunderbar draußen auf der Terrasse sitzen und dabei zu Abend essen.
Vergessen Sie nicht, vor oder nach dem Abendessen in der hauseigenen „braunen" Kneipe einen Drink zu bestellen.

→ Preiskategorie €

Öffnungszeiten: 7 Tage die Woche zum Mittag- und Abendessen geöffnet. Es wird empfohlen, vorab zu reservieren.

Spuistraat 275
+ 31(0)20 624 99 98
www.haesjeclaes.nl

Folgen Sie uns auf Facebook
www.facebook.com/Haesje.Claes

Lucius Seafood

Seit über 40 Jahren ist Lucius Seafood eine zuverlässige Adresse für echte Gourmets, die Fisch und Meeresfrüchte lieben.
Das erfahrene Personal tut alles dafür, dass Sie hier einen perfekten Abend verbringen.
Die Köche sorgen mit Gerichten von höchster Qualität und kulinarischen Überraschungen für Gaumenfreuden. Das Lucius ist auf Schalen-

und Krustentiere spezialisiert und außerdem berühmt für seine Seezunge. Schon seit vielen Jahren kehren Gäste aus aller Welt hier ein. Darum gibt es die Speisekarte auch in neun verschiedenen Sprachen. Die Küche ist an sieben Tagen in der Woche von 17:00 Uhr bis Mitternacht geöffnet.

→ **Preiskategorie €**

Öffnungszeiten:
17:00 bis 00:00 Uhr.

Spuistraat 247
+31 (0)20 624 18 31
www.lucius.nl

Folgen Sie uns auf Facebook
www.facebook.com/
Lucius-seafood-
restaurant

Route 2

Grachtengürtel, Königsstraßen und Neun Straßen

Westlich des Bahnhofs Amsterdam Centraal beginnen die vier berühmten Grachten (Singel, Herengracht, Keizersgracht und Prinsengracht), die einen geschwungenen Bogen rund um das historische Zentrum von Amsterdam formen. Sie gehören zum UNESCO-Weltkulturerbe. Einstmals waren sie die Lebensadern der Stadt, über die der Großteil des Verkehrs ablief und dementsprechend hatten viele der Grachtenhäuser eine Verbindung zum Handel. Der westliche Teil des Grachtengürtels ist der erste Abschnitt, der fertiggestellt wurde, und zwar zwischen 1612 und 1625. Heute führen die Grachten rund um die Stadt bis zur Leidsestraat.

Genießen Sie diesen schönen und ruhigen Teil von Amsterdam in vollen Zügen. Das Gebiet ist recht klein und voller Sehenswürdigkeiten. Beginnen Sie Ihre Tour damit, das Haus am Singel Nr. 7 zu fotografieren. Die Fassade ist weniger als 1 Meter breit und damit die schmalste der Welt. Die Vordertür ist so breit wie die gesamte Front. Die 1648 fertiggestellte Torensluis ist eine charakteristische Bogenbrücke über den Singel und mit 42 Metern eine der breitesten Brücken von Amsterdam. „Toren" ist das niederländische Wort für „Turm" und „sluis" bedeutet Schleuse. Der Name „Torensluis" bezieht sich auf den Turm Jan Roodenpoortstoren, der von 1616 bis 1829 auf der Brücke stand. Hier befindet sich auch die überlebensgroße Büste des Autors Multatuli (Pseudonym von Eduard Douwes Dekker). Er schrieb den berühmten Roman „Max Havelaar", der von Misshandlungen und Leid in den niederländischen Kolonien handelt.

Die Anfänge des Grachtengordel (Grachtengürtel) waren von einer klaren Trennung zwischen den sozialen Schichten und zwischen Wohn- und Gewerbebereichen gekennzeichnet. Die reichen Kaufleute von Amsterdam ließen die herrschaftlichen Grachtenhäuser bauen. Gebäude, die näher am alten Stadtkern lagen, hatten einen höheren Status und waren teurer. Dieses Statusgefälle ist bis heute sichtbar geblieben, beispielsweise zwischen der Herengracht und der Prinsengracht. Erstere steht für das höchste Ansehen, die Prinsengracht für das geringste. Nutzen Sie die Gelegenheit, das Innere dieser Amsterdamer Kulturdenkmäler zu entdecken und besuchen Sie eines der in den Grachtenhäusern untergebrachten Museen. Zu diesen gehören das Huis Marseille, das Bibelmuseum oder das Grachtenhuis (Grachtenhaus).

Neben einer Entdeckungstour entlang der wunderschönen Häuser und Gebäude an den Grachten sollte auf jeden Fall ein Besuch im Anne-Frank-Haus auf Ihrer „To-Do-Liste" stehen. Kombinieren Sie diesen mit einem Abstecher zur Westerkerk. Der Turm dieser Kirche, der Westertoren, wird in vielen bekannten Liedern über Amsterdam besungen und findet auch in Anne Franks berühmtem Tagebuch Erwähnung. Im Sommer ist der Turm bis zur ersten Ebene für Besucher zugänglich. Der Maler Rembrandt van Rijn ist in der Westerkerk begraben. Wo genau sich sein Grab befindet, ist unbekannt. Vermutlich liegt es aber irgendwo an der nördlichen Kirchenmauer.

Ein weiteres Gebiet, das Sie unbedingt gesehen haben müssen, sind die Königsstraßen (Prinsenstraat/Herenstraat) und die Neun Straßen, die sich zwischen der Herengracht, der Keizersgracht und der Prinsengracht befinden. Bei den Königsstraßen handelt es sich um die beiden Verbindungsstraßen zwischen der Herengracht, Keizersgracht und Prinsengracht. Sie zeichnen sich durch Ihren authentischen Charakter und die gemütliche Amsterdamer Atmosphäre aus. Hier finden Sie hübsche, kleine Boutiquen und Restaurants.

Auch die „Neun Straßen" zwischen der Raadhuisstraat und der Leidsestraat dürfen auf Ihrem Programm nicht fehlen. Seit dem Anfang des 17. Jahrhunderts ist das Gebiet rund um die Neun Straßen von Handel und Kultur geprägt. Die Straßennamen erinnern an die unterschiedlichen Handwerkstätigkeiten, die hier in den vergangenen Jahrhunderten ausgeübt wurden. Dazu gehörte besonders die Verarbeitung von Leder (Rinds-, Bären-, Wolfs- und Rehwildleder). Hier finden Sie die schönsten und außergewöhnlichsten Designerboutiquen, Galerien, Juweliere, Geschenkeläden, Modegeschäfte und tolle Restaurants, wo Sie zum Mittag- oder Abendessen einkehren oder einfach auf der Terrasse entspannen können.

Essen & Trinken:

1 Café van Zuylen
2 Bistro Brasserie Bleu
3 The Pancake Bakery
4 Verkostungsraum A. van Wees

Einkaufen:

Königsstraßen

1 Pleasurements
2 Iris Maree
3 BCKSPACE | EYEWEAR
4 Cosmania

Neun Straßen

5 Amstedam Watch Company
6 Concrete Matter
7 Marie-Stella-Maris
8 Les Deux Frères

Das müssen Sie sehen:

1 Käseverkostung im Reypenaer Proeflokaal
2 Die Grachten
3 Blue Boat Company
4 Canal Tours Amsterdam, Hop On - Hop Off und Stromma.com
5 Anne-Frank-Haus
6 Die Westerkerk
7 Huis Marseille
8 Cromhout-Häuser und Bibelmuseum
9 Grachtenmuseum

So gelangen Sie zum Grachtengürtel, zu den Königsstraßen und zu den Neun Straßen:

Wenn Sie den Grachtengürtel besichtigen möchten, nehmen Sie am Hauptbahnhof Amsterdam die Straßenbahn 1, 2, 5, 13 oder 17 und steigen an der ersten Haltestelle (Nieuwzijdse Kolk) wieder aus. Von hier aus gelangen Sie nach einem kurzen Spaziergang zur Singelgracht. Hier beginnen der Grachtengürtel und die Neun Straßen. Zu den Königsstraßen gehen Sie noch ein paar Minuten zu Fuß weiter. Sie können auch vom Dam bis zur Singelgracht laufen. Dazu nehmen Sie die Straßenbahn 4, 9, 16 oder 24 und steigen an der ersten Haltestelle am Dam aus. Zu Fuß dauert die Strecke vom Hauptbahnhof zum Dam knapp fünf Minuten.

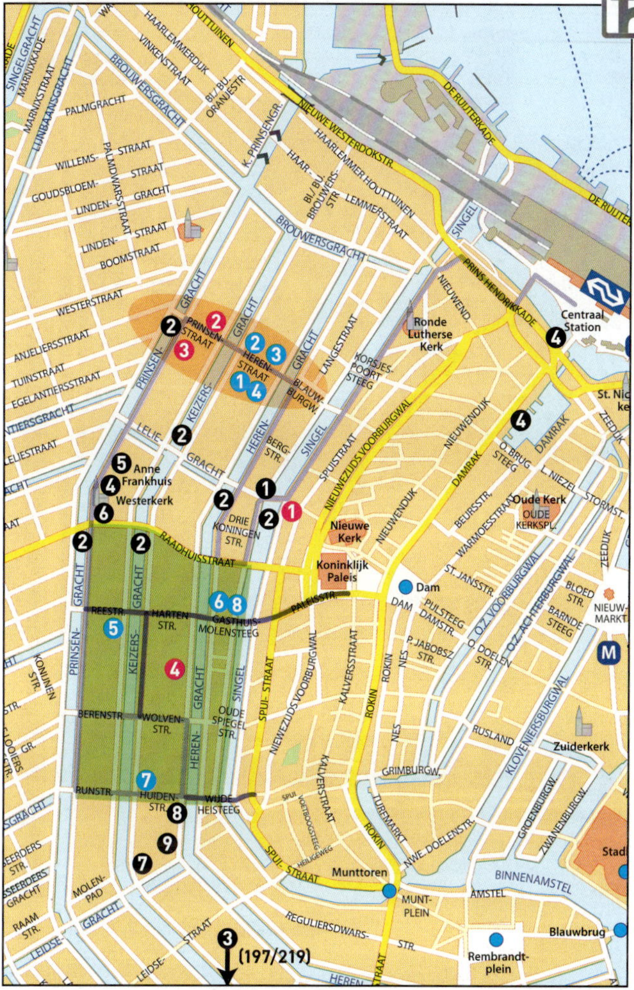
SINGELGRACHT
MARNIXKADE
MARNIXSTRAAT
LIJNBAANSGRACHT
HAARLEMMERDIJK
VINKENSTRAAT
HOUTTUINEN
BROUWERSGRACHT
BIJ/BU. ORANJESTR
PALMGRACHT
WILLEMS- STRAAT
PALMDWARSSTRAAT
GOUDSBLOEM- STRAAT
LINDEN- GRACHT
LINDEN- STRAAT
BOOMSTRAAT
K. PRINSENGR.
NIEUWE WESTERDOKSTR.
HAAR-
BIJ/BU. BROUWERS-STR
HAARLEMMER HOUTTUINEN
LEMMERSTRAAT
DE RUIJTERKADE
SINGEL
PRINS HENDRIKKADE
Centraal Station
WESTERSTRAAT
ANJELIERSSTRAAT
TUINSTRAAT
EGELANTIERSSTRAAT
PRINSEN- GRACHT
PRINSEN- STRAAT
HEREN- STRAAT
BLAUW- BURGW.
KEIZERS-
HEREN-
LANGESTRAAT
KORSJES- POORT STEEG
NIEUWEND.
Ronde Lutherse Kerk
St. Nic
LELIE- GRACHT
LELIESTRAAT
BERG- STR.
SINGEL
SPUISTRAAT
NIEUWEZIJDS VOORBURGWAL
NIEUWENDIJK
DAMRAK
O. BRUG STEEG
ZEEDIJK
Anne Frankhuis
Westerkerk
DRIE KONINGEN STR.
RAADHUISSTRAAT
Nieuwe Kerk
Koninklijk Paleis
BEURSSTR.
WARMOESSTRAAT
Oude Kerk
OUDE KERKSPL.
L. NIEZEL
STORMST.
ST. JANSSTR.
Dam
DAM
PALEISSTR.
PIJLSTEEG
DAMSTR.
O.Z. VOORBURGWAL
O.Z. ACHTERBURGWAL
BLOED STR.
BARNDE STEEG
NIEUW- MARKT
REESTR.
HARTEN STR.
GASTHUIS- MOLENSTEEG
P. JABOBSZ STR.
O. DOELEN STR.
KONINEN STR.
SPUI- STRAAT
NIEWEZIJDS VOORBURGWAL
KALVERSTRAAT
ROKIN
NES
BERENSTR.
WOLVEN- STR.
OUDE SPIEGEL STR.
RUSLAND
KLOVENIERSBURGWAL
Zuiderkerk
GRIMBURGW.
RUNSTR.
HUIDEN- STR.
WIJDE HEISTEEG
SPUI
VOETBOOGSTEEG
HEILIGEWEG
TUREMARKT
NWE. DOELENSTR.
GROENBURGW.
ZWANENBURGW.
Stad
MOLEN- PAD
Munttoren
BINNENAMSTEL
AMSTEL
MUNT- PLEIN
Blauwbrug
RAAM STR.
LEIDSE- GRACHT
LEIDSE- STRAAT
REGULIERSDWARS- STR.
Rembrandt- plein
HEREN
(197/219)

Museum Het Grachtenhuis (Grachtenmuseum)

Käseverkostung im Reypenaer Proeflokaal

Eine einzigartige Käsedegustation können Sie im Reypenaer Proeflokaal im Zentrum der Amsterdamer Altstadt erleben. Dort haben Sie die Möglichkeit, in Begleitung eines professionellen Käsesommeliers selbst den Geschmack, das Aroma und andere Eigenschaften des Reypenaer-Käses zu probieren und zu bewerten. Dieses

Familienunternehmen blickt auf eine über 100-jährige Tradition im Käsehandwerk zurück. Bei der Herstellung seiner Käsesorten ist es ständig bestrebt, einen großartigen Geschmack und eine hochwertige Textur des Käses zu erreichen. Daher wurden die Käse schon mit zahlreichen angesehenen Preisen ausgezeichnet.

Überzeugen Sie sich selbst vom Geschmack, probieren Sie ihn und nehmen Sie etwas davon mit nach Hause. Die freundlichen Mitarbeiter helfen Ihnen gerne und beraten Sie bei Ihrer Wahl. Wenn Sie diesen Käse probieren, werden Sie verstehen, warum ihn die Niederländer so lieben.

Verkostungsworkshops finden zu folgenden Zeiten statt: Montag und Dienstag: 13:00 und 15:00 Uhr, Mittwoch bis Sonntag: 12:00, 13:30, 15:00 und 16:30 Uhr.

→ **Preiskategorie €**

Singel 182
www.reypenaercheese.com

1 Minute vom Dam und 3 Minuten vom Anne-Frank-Haus entfernt.

+31(0)20 320 63 33
ron@wijngaardkaas.nl

Folgen Sie uns:
www.facebook.com/
Reypenaer

Anne-Frank-Haus

Anne Frank war ein jüdisches Mädchen, das während des 2. Weltkriegs untertauchte, um den Nazis zu entkommen. In ihrem Versteck im mittlerweile berühmten Haus an der Prinsengracht führte sie Tagebuch. Anne und die anderen im Versteck wurden entdeckt und in das Konzentrationslager Auschwitz deportiert, wo sie fast alle umkamen. Von den acht Untergetauchten überlebte nur Annes Vater, Otto Frank.
Adresse: Prinsengracht 263-267, www.annefrank.org, Preise: Erwachsene € 9, Kinder von 10 bis 17 Jahren € 4,50 (für Kinder von 0 bis 9 Jahren ist der Eintritt frei), Öffnungszeiten: 1. November bis 31. März: 09:00 bis 19:00 Uhr, 1. April bis 31. Oktober: 09:00 bis 22:00 Uhr. Kaufen Sie Ihre Eintrittskarten online auf der Website des Anne-Frank-Hauses und vermeiden Sie damit lange Wartezeiten in der Schlange. Straßenbahnen: 13, 17 bis Haltestelle Westermarkt.

Grachtenhuis (Grachtenmuseum)

Das Grachtenhuis an der Herengracht ist ein Museum, das sich der Geschichte des Grachtengürtels im 17. Jahrhundert widmet. Hier erfahren Sie, wie der Amsterdamer Grachtengürtel entstanden ist und Sie erleben 401 Jahre aus der Geschichte des Grachtengürtels in 40 Minuten. **Adresse**: Herengracht 386, www.hetgrachtenhuis.nl. Öffnungszeiten: Di bis So 10:00 bis 17:00 Uhr. Das Museum ist am 27. April (Königstag) und am 25. Dezember geschlossen. Preise: Erwachsene € 12, Kinder von 6 bis 17 Jahren € 6. Straßenbahnen 1, 2 und 5 bis Koningsplein.

Cromhout-Häuser und Bijbels Museum (Bibelmuseum)

Machen Sie in einem der schönsten Grachtenhäuser Amsterdams Bekanntschaft mit der Adelsfamilie Cromhout. Diese lebte beinahe zwei Jahrhunderte lang in vier beeindruckenden Häusern an der stilvollen Herengracht. Die Häuser sind heute noch genauso imposant und reizvoll wie im goldenen Zeitalter. Im obersten Stockwerk des Grachtenkomplexes befindet sich das Bibelmuseum. Hier erfahren Sie mehr über die Geschichte und Architektur Amsterdams, die einflussreichsten Bürger der Stadt und ihre Religion. **Adresse**: Herengracht 366-368, www.cromhouthuis.nl/ www.bijbelsmuseum.nl,. Öffnungszeiten: Di - So 11:00 bis 17:00 Uhr, montags, am 1. Januar und 27. April (Königstag) geschlossen. Preise: Erwachsene € 8,50, Kinder von 5 bis 18 Jahren € 4,25, Kinder von 0 bis 4 haben freien Eintritt. Straßenbahnen 1, 2 und 5 bis Spui.

Huis Marseille

Huis Marseille ist ein Museum für Fotografie. Es ist das erste niederländische Museum, das sich auf künstlerische Fotografie spezialisiert hat. Alle drei Monate wird eine neue Ausstellung mit Werken bekannter Künstler eingerichtet. Auch Arbeiten aus der einzigartigen Sammlung zeitgenössischer Fotokunst, in der unter anderem Werke des niederländischen Fotografen Anton Corbijn vertreten sind, werden gezeigt.
Adresse: Keizersgracht 401, www.huismarseille.nl. Öffnungszeiten: Di - So 11:00 bis 18:00 Uhr, montags, am 1. Januar, 27. April (Königstag) und 25. Dezember geschlossen. Preise: Erwachsene: € 8; Kinder bis zu 18 Jahren haben freien Eintritt. Straßenbahnen: 1, 2 und 5 bis Leidsestraat / Keizersgracht.

Die Westerkerk (Westkirche)

Die Westerkerk ist die erste Renaissancekirche in Amsterdam. Als sie im Jahre 1631 fertig gestellt wurde, war sie die größte evangelische Kirche der Welt. Mit 85 Metern ist die Westerkerk die höchste Kirche von Amsterdam. Die ehemalige Königin Beatrix hat hier am 10. März 1966 geheiratet.

Adresse: Prinsengracht 281, www.westerkerk.nl, der Besuch der Westerkerk ist kostenlos. Tickets für eine geführte Besteigung des Turmes kosten € 7. Der Turm ist von April bis Oktober für Besucher geöffnet und bis zur ersten Ebene zugänglich. Kinder unter 6 Jahren dürfen den Turm aus Sicherheitsgründen nicht besteigen. Geöffnet von 11:00 bis 15:00 Uhr an allen Tagen der Woche außer am Sonntag. Jeden Sonntag findet um 10:30 Uhr ein Gottesdienst in der Kirche statt. Veranstaltungen finden Sie auf der Website der Westerkerk. Straßenbahnen: 13, 17 oder Buslinien 170, 172 und 174 bis Haltestelle Westermarkt.

Das Tagebuch der Anne Frank

Das Tagebuch der Anne Frank wurde in über 70 Sprachen übersetzt und gehört zu den meistgelesenen Büchern der Welt. Anne schrieb das Tagebuch in ihrem Versteck, das sich im hinteren Teil eines Speicherhauses an der Prinsengracht 263 befand. Die Räume des Unterschlupfes lagen hinter einer mit einem Bücherregal getarnten Geheimtür.

Das Tagebuch der Anne Frank ist weder ein Roman noch eine fiktive Erzählung, sondern das authentische Tagebuch eines jüdischen Mädchens. Es behandelt die zwei Jahre, in denen Anne sich versteckt hielt, um der Verfolgung durch die Nationalsozialisten zu entgehen. Von Juni 1942 bis August 1944, seit ihrem 13. Geburtstag bis kurz nach ihrem 15. Geburtstag, führte Anne Frank ein Tagebuch, in dem sie nicht nur die Schrecken des Krieges sondern auch alltägliche Teenagersorgen schildert. Das Tagebuch hatte sie von ihrem Vater zum Geburtstag bekommen.

Nach zwei Jahren im Versteck wurden die Untergetauchten verraten und in Konzentrationslager deportiert. Anne Frank und ihre Schwester Margot Frank gelangten schließlich nach Bergen Belsen, wo sie im März 1945, wahrscheinlich an Typhus erkrankt, starben.

Von den acht im Hinterhaus versteckten Personen überlebte nur Annes Vater, Otto Frank. Bei der Verhaftung hinterließen die Nazis die Seiten von Annes Tagebuch auf dem Boden verstreut. Zwei junge Frauen, die die kleine Gruppe treu mit Lebensmitteln und anderen Gegenständen versorgt hatten, bewahrten die Aufzeichnungen auf. Als Otto Frank nach dem Krieg zurückkehrte, übergaben sie ihm die Seiten von Annes Tagebuch, das er schließlich veröffentlichte. Auch wenn Anne dem Willen der Nazis entsprechend starb, lebt ihr Geist durch ihr Tagebuch weiter - viel stärker und klarer, als blinder Hass und Gewalt je sein könnten.

Die Grachten von Amsterdam

Wegen seiner vielen Grachten und Brücken wird Amsterdam oft als das „Venedig des Nordens" bezeichnet. Aber warum gibt es in Amsterdam all diese Grachten und welche von diesen sind die wichtigsten? Hier können Sie eine kurze Zusammenfassung der Geschichte von Singel, Herengracht, Keizersgracht, Prinsengracht und anderer Teile der Innenstadt Amsterdams nachlesen.

→ Die Amsterdamer Grachten

In Amsterdam gibt es über 100 Kilometer Grachten, rund 90 Inseln und 1.500 Brücken. Die drei wichtigsten Grachten heißen Herengracht, Prinsengracht und Keizersgracht. Sie wurden im 17. Jahrhundert während des sogenannten goldenen Zeitalters der Niederlande angelegt. Sie bilden konzentrische Ringe um die Stadt; diese werden auch Grachtengürtel genannt. Als äußerster Ring umgibt die Singelgracht dieses gesamte Areal. Entlang der Grachten stehen 1.550 denkmalgeschützte Gebäude.

→ Die Geschichte der Grachten

Der größte Teil der Amsterdamer Grachten ist das Ergebnis einer erfolgreichen Stadtplanung. In der ersten Hälfte des 17. Jahrhunderts erreichte die Zuwanderung in die Stadt Rekordhöhe. Es wurde daher ein umfassender Plan entwickelt, der die Anlegung halbkreisförmiger Grachten vorsah, die bis an das Ufer des IJ reichten. Diese wurden als „Grachtengordel", (Grachtengürtel) bekannt. Drei der Grachten waren hauptsächlich für die Siedlungsentwicklung vorgesehen und die vierte, ganz außen gelegene Singelgracht wurde zu Verteidigungszwecken und zur Regulierung des Wassers angelegt.

Die berühmtesten Grachten im Amsterdamer Grachtengürtel

→ Der Singel

Der Singel bildete einen Halbkreis um die mittelalterliche Stadt. Von 1480 bis 1585 diente der Singel als Festungsgraben für die Stadt, bevor diese erweitert wurde. Die Gracht verläuft vom IJ nahe des Hauptbahnhofs bis zum Platz Muntplein, wo sie in den Fluss Amstel mündet. Sie ist die innerste Gracht des halbkreisförmigen Amsterdamer Grachtengürtels.

→ Die Herengracht

Die Herengracht (deutsch: „Herrengraben") ist die innerste und eleganteste der drei großen Grachten im Zentrum von Amsterdam. Der exklusivste Teil dieser Gracht wird auch als „Gouden Bocht" (goldener Bogen) bezeichnet. Hier stehen viele Herrenhäuser von doppelter Breite mit Innenhofgärten und an der Keizersgracht gelegenen Remisen.

→ Die Keizersgracht

Die Keizersgracht („Kaisergraben") ist die mittlere und breiteste der drei Hauptgrachten im Stadtzentrum von Amsterdam. Sie befindet sich zwischen Herengracht und Prinsengracht.

→ Die Prinsengracht

Die Prinsengracht („Prinzengraben") ist die vierte und längste der Hauptgrachten von Amsterdam. Sie ist nach dem Prinzen von Oranien benannt. Die Prinsengracht ist voller Hausboote, Cafés, Geschäfte, lokaler Einzelhändler und Galerien. Damit ist Sie die bei Weitem lebendigste der drei Hauptgrachten. Dieses besondere Gebiet im Westen bildet in etwa die östliche Grenze des Viertels Jordaan (Route 3).

Ausblick von der Westerkerk / Prinsengracht

BLUE BOAT

AMSTERDAM CANAL CRUISES

Eine Grachtenrundfahrt ist die beste Art, die Grachten von Amsterdam zu entdecken. Damit Sie die historischen Wasserstraßen auf unterhaltsame Weise erleben können, bietet Ihnen die Blue Boat Company verschiedene Pakete an. Bei der längsten Grachtenrundfahrt von Amsterdam, der 75-minütigen City Canal Cruise, führen Sie die Mitarbeiter gerne entlang der wichtigsten Highlights der Stadt. Sie können die geführte Rundfahrt in 21 Sprachen erleben. Bei der City Canal Cruise nehmen Sie die beiden waschechten Amsterdamer Ron & Nel mit auf die Reise durch „Mokum" und teilen gerne ihr Wissen über die Geheimnisse der Stadt mit Ihnen. Mit dieser Audiotour

voller Humor, Musik und Soundeffekte begleiten die beiden Sie durch das Amsterdam von damals und heute. Bei der Blue Boat Company können Sie auch die „Rijksrondvaart" buchen. Dabei erleben Sie all die besonderen Orte, die mit dem Rijksmuseum in Verbindung stehen. Für die jüngsten Entdecker gibt es die Piratenrundfahrt „Wanted: Freshwater Pirates".

Adresse: Zwei Ablegestellen
- Stadhouderskade, gegenüber dem Hard Rock Café
- Stadhouderskade, gegenüber Heineken Experience.

Informationen zu Preisen und Tickets finden Sie unter www.blueboat.nl.

Gray Line

canal

Canal Tours Amsterdam, Hop On - Hop Off und Stromma.com

Was könnte schöner sein, als Amsterdam vom Wasser aus kennen zu lernen? Die prächtigen Gebäude und malerischen Brücken lassen sich am besten aus der einzigartigen Perspektive entdecken, die Ihnen die historischen Wasserstraßen eröffnen. Dieses Erlebnis möchten Canal Tours Amsterdam und Hop In – Hop Off gerne mit Ihnen teilen! Diese beiden Anbieter sind zusammen mit Stromma.com Ihre Sightseeing-Experten vor Ort, mit denen Sie alle Höhepunkte von Amsterdam und in der Umgebung genießen können. Stromma.com ist außerdem Ihr Allround-Partner für Touren und Aktivitäten. Mit Hop On- Hop Off Boat gestalten Sie Ihre Besichtigungstour selbst. Oder Sie buchen die 100 Highlights Rundfahrt (in 19 verschiedenen Sprachen möglich), bei der Sie alle wichtigen Sehenswürdigkeiten der Stadt innerhalb von nur einer Stunde erleben können. Sie möchten lieber selbst aktiv werden? Mieten Sie ein Tretboot und nehmen Sie Ihre Logenplätze ein: fahren Sie unter hübschen Brücken hindurch und vorbei an wunderschönen Grachtenhäusern. Auf der Suche nach einem besonderen Ort für ein Essen? Unser Tipp: Die Dinner Cruise gilt als die beste in der ganzen Stadt.

Abfahrt:

- 100 Highlights Rundfahrt: Damrak, Pier 5
- Tretboot: verschiedene Ablegestellen (gegenüber dem Rijksmuseum, am Leidseplein, am Anne-Frank-Haus, an der Keizersgracht)
- Amsterdam Dinner Cruise: am Hauptbahnhof, Prins Hendrikkade 33a
- Hop On - Hop Off: verschiedene Ablegestellen (Westerkerk, gegenüber dem Rijksmuseum, am Leidseplein und noch sechs weitere Stellen)

www.stromma.com/amsterdam

Einkaufen in den Königsstraßen

Die Herenstraat und die Prinsenstraat werden auch Königsstraßen genannt. Diese Straßen bilden eine Verbindung zwischen Prinsengracht, Keizersgracht und Herengracht. Beide Straßen haben trotz ihres modernen Charakters viel von Ihrem ursprünglichen Charme bewahrt. Die Kulisse der Grachten, die von malerischen Gebäuden gesäumt werden, verleiht diesen Straßen einen idyllischen Charakter.

Die beiden Straßen sind voll mit unabhängigen Boutiquen, Bars und Restaurants und die großen, bekannten Ketten werden Sie hier vergeblich suchen. Die Prinsenstraat und die Herenstraat bilden das Tor zum Herzen von Amsterdam.

Pleasurements

Planen Sie einen Besuch bei Pleasurements ein, wenn Sie in Amsterdam sind. Entdecken Sie das Angebot dieser hochexklusiven Boutique für Luxusdessous und erotische Damenmode. Rebecca, die Besitzerin, ist ständig auf der Suche nach der außergewöhnlichsten und exklusivsten Erotikmode, entworfen von Designern aus der ganzen Welt, darunter Bordelle, Agent Provocateur, Chantal Thomass

und ihr eigenes Privatlabel Pleasurements. Die hinreißend eingerichtete Boutique befindet sich in einem klassischen, monumentalen Gebäude in einer der authentischsten Einkaufsstraßen von Amsterdam. Sie können bei Pleasurements auch einen Termin vereinbaren. Dann haben Sie so viel Zeit und Aufmerksamkeit, wie Sie es sich wünschen und wie Sie es verdienen. Es erwartet Sie ein luxuriöses, privates Boudoir ganz für Sie allein.

Keine Zeit? Kein Problem! Shoppen Sie einfach online. Pleasurements.com verschickt Bestellungen weltweit. Ihre Sendung wird diskret und schnell in einer schönen Geschenkverpackung geliefert. Und das auch noch steuerfrei.

Öffnungszeiten:
Mo-Sa 10:00 bis 18:00 Uhr.

Herenstraat 29
+31 (0)20 822 11 10
info@pleasurements.com
www.pleasurements.com

Folgen Sie uns
www.facebook.com/
Pleasurements

Iris Maree

Iris Maree ist ein modernes Label, das voll und ganz für eine Idee vertritt: Für Mode darf keinem Tier Leid zugefügt werden. Darum sind alle Taschen aus tierfreundlichen Materialien hergestellt, ohne dabei Kompromisse in Sachen Stil oder Qualität zu machen. Stöbern Sie durch unsere Welt der Taschen und entdecken Sie die Lieblingsstücke von Iris. Besuchen Sie den Laden von Iris Maree im Herzen von Amsterdam und erleben Sie wunderbares Einkaufen mit grünem Gewissen.

Öffnungszeiten: Mo 11:00 bis 18:00 Uhr, Di 13:00 bis 18:00 Uhr, Mi/ Do/ Sa 11:00 bis 18:00 Uhr, So 12:00 bis 18:00 Uhr.

Herenstraat 36 C
+31 (0)20 422 22 10
www.irismaree.com

BCKSPACE I EYEWEAR

Hinter jedem Brillengestell bei bckspace steht eine eigene Geschichte. Jedes einzelne der kultigen Modelle ist handgefertigt, wobei die edelsten und haltbarsten Materialien wie Leder, Titan, Chirurgenstahl, Holz, ultradünner Schiefer und Bioacetat von allerbester Qualität verwendet werden. Hier finden Sie exklusive Brillenmode abseits der Mainstream-Marken. Hinter der Brillenkollektion von bckspace steht immer eine Kombination aus einzigartigen Momenten und Geschichten. Zeitlos und tief verwurzelt – das sind die Qualitäten, die bckspace | eyewear am besten repräsentieren.

Öffnungszeiten:
Mo - Sa von 11:00 bis 18:00 Uhr.

Herenstraat 6
+31(0)20 820 44 98
info@bckspace.nl
www.bckspace.nl

COSMANIA

Kennen Sie eigentlich schon Korres, Peter Thomas Roth, Pai, Paula's Choice, Mario Badescu und Inglot? Diese und viele andere Marken aus den Bereichen Gesichtspflege, Körperpflege, Haarpflege, Parfum und Kosmetik können Sie im Beauty-Warenhaus COSMANIA an der Herenstraat 19 entdecken. COSMANIA ist die Top-Adresse

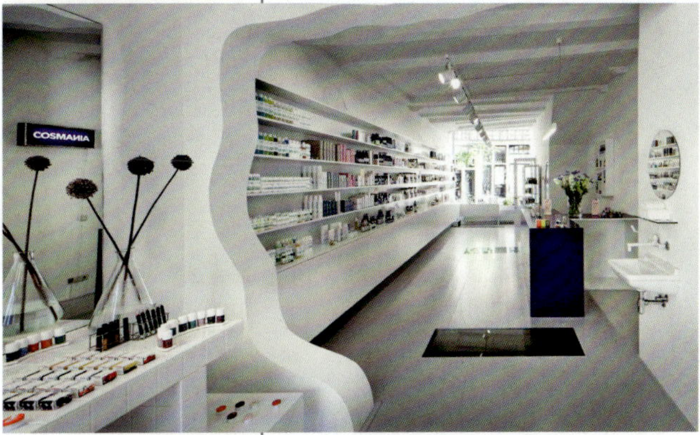

für Nischenkosmetika in Amsterdam. Die hier versammelten internationalen Marken sind in ihren Herkunftsländern preisgekrönt und sehr begehrt. Hier finden Sie Marken, deren Produkte mit Leidenschaft für Reinheit und aus nachhaltigen Inhaltsstoffen hergestellt werden. COSMANIA ist ein echtes Paradies für alle, die Kosmetik lieben.

Öffnungszeiten:
Mo-Sa 11:00 bis 18:30 Uhr
So 12:00 bis 17:00 Uhr

Herenstraat 19
+31 (0)20 718 41 19
www.cosmania.nl

Folgen Sie uns:
www.facebook.com/cosmania.nl

Mendo Amsterdam

Mendo ist ein echter Leckerbissen für Buchliebhaber! Blättern Sie hier in den neuesten Büchern zu Themen wie Mode, Fotografie, Architektur, Innenarchitektur, Reisen, Essen und Grafik. Die intime Atmosphäre, in Kombination mit den faszinierenden Publikationen von einigen der besten Verlage der Welt, macht Mendo ohne Zweifel zu einem der außergewöhnlichsten und inspirierendsten Läden in den Niederlanden. Dem einzigartigen Konzept von Mendo liegen drei Prinzipien zugrunde: eine ausgewogene Auswahl an kreativen Büchern, Service mit einer persönlichen Note und eine fantastische Umgebung. MENDO erwartet Ihren Besuch in den beliebten Neun Straßen im Herzen von Amsterdam.

Adresse: Berenstraat 11, www.mendo.nl, +31 (0)20 612 12 16, Öffnungszeiten: Mo - Sa 10:30 bis 18:00 Uhr und So 12:00 bis 17:00 Uhr.

Die Neun Straßen

Im 17. Jahrhundert wurden die historischen Amsterdamer Grachten durch neun Seitenstraßen miteinander verbunden. Diese schmalen Straßen verlaufen von der Leidsestraat bis zum Jordaan-Viertel quer über die Hauptgrachten. Dort gibt es zahlreiche Restaurants, Cafés, Kunstgalerien, Juweliere, Boutiquen und Antiquitätenläden. Hier finden Sie zugleich außergewöhnlich viele verschiedene Stilrichtungen, Trends und Produkte zu attraktiven Preisen.

Astoria

Das Astoria ist ein Jugendstilgebäude an der Keizersgracht (Ecke Leliegracht). Es wurde 1904-1905 als Sitz der Versicherungsgesellschaft Eerste Hollandsche Levensverzekerings Bank erbaut. 15 Jahre lang diente das Gebäude als internationaler Hauptsitz von Greenpeace. Seit 2001 hat es den Status "Rijksmonument" (Nationaldenkmal).

Keizersgracht
www.mendo.nl/ Ewout Huibers

Amsterdam Watch Company

Die Amsterdam Watch Company ist ein Geschäft von und für Uhrenliebhaber. Die Liebe zum Handwerk und zu den Produkten ist das Herzstück dieses Ladens. Das Team von AWCo wird durch seine unerschütterliche Leidenschaft für (Armband-)Uhren angetrieben.

Das Geschäft strahlt eine Atmosphäre längst vergangener Tage aus. Holz und Jugendstilelemente sind mit verschiedensten Vintageobjekten, zum Teil aus der Welt der Chronometrie, kombiniert.

Die Uhren im Angebot von AWco stammen entweder von echten Designermarken wie Rolex, IWC, Jaeger-LeCoultre und Omega, oder sie fallen aus anderen Gründen auf: wegen ihres besonderen Designs, besonderer Funktionen oder einer interessanten Geschichte. Amsterdam Watch Company verkauft darüber hinaus eine Reihe kleiner und exklusiver Marken, darunter die der Niederländer Christiaan van der Klaauw, Van der Gang und Roland Oostwegel, ebenso wie die hübsche deutsche Marke Dornblüth und die Bauhaus-Uhr von Max Bill by Junghans.

Öffnungszeiten:
Di-Fr 11:00 bis 18:00 Uhr,
Sa 11:00 bis 17:00 Uhr.

Reestraat 3
+31(0)20 389 27 89
www.awco.nl

Folgen Sie uns
www.facebook.com/
AmsterdamWatchCompany
+ Instagram

Concrete Matter

Concrete Matter, The Man's Supply Co. im beliebten Shoppingviertel Neun Straßen ist ein einzigartiger Laden für Männer, der nichts mit flüchtigen Trends und schnellen Moden am Hut hat. Concrete Matter konzentriert sich auf zeitlose, stilvolle, hochwertige Kleidungsstücke und Accessoires für den modernen Mann. Hier sind Männer richtig, die sich nicht von den

kurzlebigen Trends der großen Modeketten beeinflussen lassen, sondern die mit ihrem Stil auf Qualität und Originalität setzen. Dieser Laden, in dem sich Männer wie zu Hause fühlen und der ihnen ein Gefühl von Vertrautheit vermittelt, hält mit seiner wohlüberlegten Auswahl an Kleidungsstücken, Pflegeprodukten und Gebrauchsgegenständen auch jede Menge Überraschungen für Sie bereit.

Öffnungszeiten:
Mo-Di 13:00 bis 18:00 Uhr,
Wo-Sa 11:00 bis 18:00 Uhr,
So 12:00 bis 18:00 Uhr.

Gasthuismolensteeg 12,
www.concrete-matter.com

Folgen Sie uns
www.facebook.com/Concrete-MatterGasthuismolensteeg

Marie-Stella-Maris - Care for Water

Der Flagship-Store der Amsterdamer Marke Marie-Stella-Maris befindet sich in den Neun Straßen. Marie-Stella-Maris ist der festen Überzeugung, dass jeder Mensch auf der Welt Recht auf sauberes Trinkwasser hat. Bei jedem verkauften Produkt spendet Marie-Stella-Maris darum einen Teil des Geldes, um anderen zu sauberem und sicherem Trinkwasser zu verhelfen. Der eindrucksvolle Laden hat die komplette Linie mit Kosmetikprodukten, Mineralwasser und den beliebtesten Luxus-Raumdüften im Angebot. Die Körper- und Hautpflegeprodukte sind alle zu 90–100% aus natürlichen Inhaltsstoffen hergestellt. Sie versorgen Ihre Haut mit Feuchtigkeit und Nährstoffen und haben eine hauterneuernde Wirkung. Dazu stecken Sie in ästhetisch gestalteten Verpackungen. Gerne helfen Ihnen die Pflegeberater im Geschäft dabei, das richtige Produkt für Sie selbst oder ein besonderes Geschenk zu finden.

Öffnungszeiten:
Mo 12:00 bis 18:00 Uhr,
Di-Sa 10:00 bis 18:00 Uhr,
So 12:00 bis 18:00 Uhr.

Keizersgracht 357
+31 (0)85 273 28 45
www.marie-stella-maris.com

Folgen Sie uns:
www.facebook.com/MarieStellaMaris

Les Deux Frères

Diese umwerfende Boutique für Männer gehört zu den 5 besten Läden für Männer in ganz Amsterdam. In diesem Geschäft werden Sie wirklich als Gast behandelt - die zwei Brüder haben sich richtig ins Zeug gelegt, um für Sie eine besondere Kollektion zusammenzustellen. Hier finden Sie alles was Sie brauchen: neben Kleidung von internationalen Modemarken sind hier auch Schuhe und Accessoires zu haben. Wenn Sie sich einfach nicht entscheiden können, beraten Sie die beiden "Frères" gerne persönlich bei einer köstlichen Tasse Kaffee. So wird es fast unmöglich diesen Laden mit leeren Händen zu verlassen.

Öffnungszeiten:
Mo 12:00 bis 18:30 Uhr,
Di-Fr 10:30 bis 18:30 Uhr,
Sa 10:30 bis 18:00 Uhr,
So 12:00 bis 17:00 Uhr.

Gasthuismolensteeg 6
+31(0)20 370 84 86
www.lesdeuxfreres.nl

Folgen Sie uns
www.facebook.com/
LesDeuxFreresAmsterdam

→ Local Service

An beiden Ecken von Runstraat und Keizersgracht finden Sie Local Service. Dieses Modegeschäft verkauft schöne, exklusive Marken für Männer und Frauen, unter anderem Paul Smith, Missoni, Drykorn, For All Mankind, Issa London und Equipment. Neben der Kleidung bietet Local Services auch eine tolle Kollektion mit Schuhen und Accessoires an.
Adresse: Keizersgracht 400-402, Öffnungszeiten: Mo 13:00 bis 18:00 Uhr, Di-Fr 10:00 bis 18:30 Uhr, Sa 10:00 bis 18:00 Uhr und So 12:00 bis 17:00 Uhr.

→ Pretty Rings

Wenn Sie Ringe mögen, werden Sie Pretty Rings lieben! Hier finden Sie die tollsten Ringe aus Paris. Schlichte Goldringe gibt es hier ebenso wie extravagante Ringe mit schönen Halbedelsteinen. Sie können sich einfach nicht entscheiden? Kein Problem! Überraschenderweise sind die meisten Ringe relativ preiswert.
Adresse: Berenstraat 26, www.prettyrings.nl, Öffnungszeiten: Mo – So 12:00 bis 18:00 Uhr, Di – Sa 10:30 bis 18:00 Uhr.

→ Parisienne

Hier gibt es eine große Auswahl an preisgünstigen und modischen Schmuckstücken. Die ideale Adresse, um Geschenke einzukaufen...und natürlich auch etwas Schönes für sich selbst.
Adresse: Berenstraat 4, www.parisienne.nl, Öffnungszeiten: Di - Fr 10:00 bis 18:00 Uhr, Sa 10:00 bis 17:00 Uhr, So 12:00 bis 17:00 Uhr.

→ Fab

Das niederländische Accessoirelabel Fab entwirft modische, moderne, handgefertigte Ledertaschen, Geldbörsen und Clutches. Das Herz aus Leder, das zu jedem der Stücke gehört, soll dem Besitzer Glück bringen. Fab wird in über 15 Ländern verkauft und hat die Herzen von Prominenten wie Victoria's-Secret-Model Doutzen Kroes erobert.

Adresse: Hartenstraat 7, www.fab.nl, Öffnungszeiten: So und Mo 12:00 bis 18:00 Uhr, Di, Mi und Fr 11:00 bis 18:00 Uhr, Do 11:00 bis 21:00 Uhr, Sa 10:00 bis 18:00 Uhr.

→ Laura Dols

Laura Dols kann man als Institution in den Neun Straßen bezeichnen. Dieser Laden brachte als einer der ersten das Schräge und Freigeistige, das Vintagekleidung eigen ist, in diese Gegend. Bei Laura Dols finden Sie wundervolle Stücke aus den 20er bis 70er Jahren. Die herrlich altmodische Boutique folgt der Mission, die weltbeste Vintagekleidung aufzustöbern und zu neuem Leben zu verhelfen.
Adresse: Wolvenstraat 7, www.lauradols.nl, Öffnungszeiten: Mo - Sa 11:00 bis 18:00 Uhr und Do bis 21:00 Uhr, So 12:00 bis 18:00 Uhr.

→ Red Wing Shoes

Der Red Wing Store steht ganz im Zeichen der reichen Geschichte der Marke Red Wing Shoes. Diese wurde 1905 von Charles Beckman gegründet, der eine wachsende Nachfrage nach stabilen Arbeitsstiefeln bemerkt hatte. Die Lederstiefel dieser Marke sind weithin für ihre unverwüstliche Qualität bekannt. **Adresse:** Reestraat 15, www.redwingamsterdam.com, Mo und So 12:00 bis 18:00 Uhr, Di, Mi und Fr-Sa 10:00 bis 18:00 Uhr, Do 10:00 bis 20:00 Uhr.

→ Zipper

Zipper gibt es seit 1979 und damit ist dies einer der ältesten Second-Hand-Läden in Amsterdam. Die Idee dahinter besteht nach wie vor darin, geniale Sachen anzubieten.
Adresse: Huidenstraat 7, www.zipperstore.nl, Öffnungszeiten: Mo - So 11:00 bis 18:00 Uhr.

Keizersgracht/Leliegracht

Essen und Trinken in den Neun Straßen und in den Königsstraßen

The Pancake Bakery

Das Rezept ist einfach, das Ergebnis göttlich: gute, hausgemachte niederländische Pfannkuchen werden mit traditionellen Belägen wie Apfel, Zimtzucker oder Speck und Käse serviert. Probieren Sie auch die exotischeren Varianten wie mexikanische oder indonesische Pfannkuchen. Es ist kein Wunder, dass dieser Laden für die

besten Pfannkuchen der Stadt bekannt ist! Dies ist zweifellos das bekannteste und beliebteste Pfannkuchenrestaurant von Amsterdam. Es befindet sich an der Prinsengracht, nur 200 Meter vom Anne-Frank-Haus entfernt in einem ehemaligen VOC-Lagerhaus aus dem 18. Jahrhundert. Das Restaurant wurde 1973 gegründet und ist seit 1980 ein Familienbetrieb. Auf der umfangreichen

Speisekarte stehen Ihnen nicht weniger als 100 verschiedene süße und herzhafte Pfannkuchen und Omelettes zur Auswahl.

→ **Preiskategorie €**

Öffnungszeiten:
Mo - So von 09:00 bis 21:30 Uhr.

Prinsengracht 191
+31 (0)20 625 13 33
www.pancake.nl

Folgen Sie uns:
www.facebook.com/pages/The-Pancake-Bakery

Bistro Brasserie Bleu

Willkommen im Bistro Brasserie Bleu! Entdecken Sie die klassische französische Küche, die der Küchenchef hier mit seinem frischen, ganz eigenen Touch präsentiert. Auf der Speisekarte finden Sie Steak Tartare, Gambas vom Josper-Grill, saftige Fleischersteaks und köstliche Desserts wie

Crème brûlée und Profiteroles.
Lassen Sie sich „La Belle France" im lebendigen Herzen Amsterdams auf der Zunge zergehen. Lehnen Sie sich zurück, entspannen Sie sich und genießen Sie den persönlichen

Service der Bedienung im Restaurant Bleu. À bientôt!

→ **Preiskategorie €**

Öffnungszeiten:
Mo-So 10.30 bis 22.30 Uhr,

Prinsenstraat 10HS
+31 (0)20 362 13 40
info@restaurantbleu.amsterdam
www.restaurantbleu.amsterdam

→ Café het Paleis €

Das Café het Paleis hat seit über 20 Jahren einen Namen in Amsterdam. Dieser hübsche, kleine „Palast" ist dafür bekannt, dass sich hier ein bunt gemischtes Publikum tummelt. Von früh bis spät treffen Sie hier auf Studenten, Touristen und sogar Geschäftsleute, die sich zu Arbeitstreffen oder auf einen Drink mit ihren Kunden verabredet haben. **Adresse**: Paleisstraat 16, www.cafehetpaleis.nl. Öffnungszeiten: So - Do: 09:30 bis 01:00 Uhr, Fr - Sa: 09:30 bis 03:00 Uhr.

→ Brix €

Das Brix Food ,n' Drinx ist ein unverwechselbares Bar-Restaurant mit einem fabelhaften Mittagessen und einer perfekt ausgewogenen Speisekarte. Das Brix befindet sich in einer der schönsten Neun Straßen. Zweimal pro Woche gibt es hier Jazz-Auftritte. Dann herrscht eine großartige Atmosphäre und das Personal nimmt sich Zeit für die Gäste. Das Angebot ist durchweg recht preiswert.
Adresse: Wolvenstraat 16, www.cafebrix.nl, Öffnungszeiten: So - Do 11:00 bis 01:00 Uhr, Fr - Sa 11:00 bis 03:00 Uhr.

→ Restaurant Vinkeles € € € €

Restaurant Vinkeles ist ein einzigartiges Lokal im Herzen von Amsterdam. Die klassische und zugleich moderne französische Küche wird oft als spannend, einfach und raffiniert zugleich beschrieben und hat dem Restaurant einen Michelin-Stern eingebracht. **Adresse**: Keizersgracht 384, www.vinkeles.com, + 31 (0)20 530 20 10 , Öffnungszeiten: Mo - Sa 19:00 bis 22:30 Uhr.

→ Envy € € €

Dieses Restaurant erwartet Sie an der Prinsengracht. Das Envy lockt mit seiner netten Atmosphäre und einer schönen Einrichtung. Dank der wunderbar spannenden Speisekarte stehen Ihnen jede Menge Optionen zur Auswahl, unter anderem verschiedene Portionsgrößen. Freuen Sie sich auf abwechslungsreiche Gerichte! Sie können sich für eine Zusammenstellung aus 4 bis 5 Gängen entscheiden und fühlen sich anschließend nicht übermäßig vollgestopft. **Adresse**: Prinsengracht 381, www.envy.nl , +31 (0)20 344 64 07, Öffnungszeiten: Mittagessen von 12:00 bis 15:00 Uhr, Abendessen von 18:00 bis 01:00 Uhr.

→ Kagetsu € €

Uns ist aufgefallen, dass viele japanische Restaurants überteuert sind. Aber warum sollte japanisches Essen teuer sein müssen? Kagetsu bietet alles, was Sie sich wünschen können: qualitativ hochwertige Gerichte zu einem vernünftigen Preis und dazu guten Service. **Adresse**: Hartenstraat 17, www.kagetsu.nl, +31 (0)20 427 38 28, Öffnungszeiten: Mo - So von 12:00 bis 23:00 Uhr.

Café van Zuylen

In der Nähe vieler bekannter Sehenswürdigkeiten erwartet das Café van Zuylen an einer der schönsten Stellen im Zentrum von Amsterdam Ihren Besuch. Es ist bei Einheimischen und Touristen aus aller Welt bekannt. Auf der wunderschönen Terrasse können Sie den ganzen Tag lang in der Sonne sitzen. Sie befindet sich auf einer der breitesten Brücken der Stadt, der Torensluis, direkt neben dem Standbild des Multatuli am Singel. Bei den Amsterdamern ist das Café van Zuylen sehr beliebt, so dass Sie sich hier auf eine großartige, gemütliche Atmosphäre verlassen können. Genießen Sie ein leckeres Essen und ein gutes Glas Wein und beobachten Sie dabei

die vorbeifahrenden Radfahrer.

Hier können Sie den ganzen Tag über Frühstück und Abendessen bestellen. Die Preise sind gut und die Gerichte sehr originell! Sie werden es lieben!

→ **Preiskategorie €**

Öffnungszeiten:
So - Di 10:00 bis 01:00 Uhr,
Fr - Sa 10:00 bis 03:00 Uhr.

Torensteeg 4-8

Folgen Sie uns:
www.facebook.com/
Cafe-van-zuylen

Wusssten Sie schon?

Verschiedene historische Kirchen in Amsterdam, darunter die Oude Kerk (Route 1), wurden ursprünglich von Katholiken gebaut und während der Reformationszeit ab 1578 in protestantische Kirchen umgewandelt. Die Westerkerk war eine der ersten wichtigen Kirchen, die von den Protestanten gebaut wurde. Auf der Turmspitze der Westerkerk ist eine Krone platziert, weil Kaiser Maximilian I. von Österreich der Stadt im Jahre 1489 erlaubte, die Krone in ihrem Wappen zu tragen. Als Gegenleistung erhielt er politische und militärische Unterstützung.

Prinsengracht und Westerkerk

Das **Wappen von Amsterdam** ist das offizielle Symbol der Stadt. Es zeigt ein rotes Schild, über dessen Mitte ein senkrechtes, schwarzes Band verläuft. Auf dem Band prangen drei silberfarbene Keurze. Über dem Schild befindet sich die österreichische Kaiserkrone. Zwei goldene Löwen flankieren es und auf einer Schriftrolle darunter ist der Wahlspruch von Amsterdam zu lesen: „Heldhaftig, Vastberaden, Barmhartig" (Heldenhaft, Entschlossen, Mitfühlend).

Westerkerk

Proeflokaal A. van Wees

Das Proeflokaal (Verkostungsraum) A. van Wees gehört zu der einzigen noch verbliebenen Brennerei Amsterdams, der 1782 gegründeten Brennerei „De Ooievaar" (Storch). Hier können Sie über 60 verschiedene Liköre und Ginsorten aus Amsterdam verkosten. Natürlich wird auch kühles Fassbier angeboten. Zu den Getränken werden verschiedene holländische Käsesorten und besondere Snacks wie Wildschweinkroketten gereicht. Zum Abendessen können Sie hier zum Beispiel Amsterdamer Käsefondue (Spezialität des Hauses) und erstklassige Rippchen genießen. Der Verkostungsraum befindet sich in einem historischen Haus an der Herengracht. Das besondere an diesem Gebäude ist, dass es sich eigentlich um ein Stück überdachte Straße handelt. Auf dem Fußboden des Verkostungsraumes liegt noch immer dasselbe Kopfsteinpflaster wie vor 400 Jahren. Das ganze Restaurant strahlt die Atmosphäre des alten Amsterdam aus und ist gleichzeitig auch ein kleines Museum mit Wandmalereien von Van Wijngaerdt und Mesdag.

→ Preiskategorie €

Öffnungszeiten:
So-Do 12:00 bis 00:00 Uhr,
Fr-Sa 12:00 bis 03:00 Uhr.

Herengracht 319
+31 (0)20 625 43 34
www.proeflokaalvanwees.nl

Folgen Sie uns
www.facebook.com/proeflokaalvanwees

Wussten Sie schon?

Im Grachtengürtel gibt es mehrere ungewöhnlich schmale Häuser. Das Haus am Singel 7, das oft als das schmalste Haus der Welt bezeichnet wird, ist eines der bekanntesten von ihnen. Es ist nur 1 Meter breit. Immobilien wurden früher entsprechend der Größe der Straßenfront besteuert. Darum galt: Je schmaler das Haus, desto niedriger die Steuerlast, ganz egal, wie hoch es war. Auch das kleinste Haus Europas steht in Amsterdam. Sie finden es an der Oude Hoogstraat 22 in der Altstadt von Amsterdam, neben dem Oostindisch Huis (Route 4). Das Gebäude ist 2,02 m breit und 5 Meter tief.

Die Amsterdamer Grachtenhäuser

Zu den auffälligsten und ansprechendsten architektonischen Besonderheiten von Amsterdam gehören die wunderschönen historischen Grachtenhäuser. Im Jahr 2010 wurde Amsterdams malerischer Grachtengürtel in die UNESCO-Welterbeliste aufgenommen. Viele der Amsterdamer Grachtenhäuser wurden am Höhepunkt des Goldenen Zeitalters der Niederlande errichtet. Sie dienten als Wohn- und Arbeitsstätte. In dieser Zeit des Wohlstands bauten sich die reichen Kaufmannsfamilien ihre eigenen Stadtpaläste.

Die hohen, schlanken Grachtenhäuser sind bis heute das Markenzeichen der Stadt. Durch die vielen Details strahlen die Häuser Raffinesse aus. Für noch mehr romantische Atmosphäre sorgen die vielen versteckten Gässchen und Gärten hinter den Häusern.

Einige der schmalen Backsteinhäuser sind leicht eingesunken und wenn Sie genau hinsehen, wird Ihnen auffallen, dass viele von ihnen schief stehen. Das liegt daran, dass Sie wegen des sumpfigen Bodens auf Holzpfählen errichtet wurden.

Prinsengracht

Route 3

Haarlemmerstraat/-dijk, Jordaan und Leidseplein

Prinsengracht

Diese Route beginnen Sie auf der absolut angesagten Haarlemmerstraat. Hier finden Sie spezialisierte, kleine Modeboutiquen, verschiedenste, unabhängige Einzelhandelsgeschäfte, edle Schönheitssalons sowie sehr preisgünstige Bars und Restaurants. Erleben Sie einen kurzweiligen Tag und lassen Sie sich im niemals endenden Fußgängerstrom treiben. Nach Ihrem Bummel über die Haarlemmerstraat/den Haarlemmerdijk sollten Sie weiter Richtung Jordaan gehen, und zwar über die Brouwersgracht - eine der schönsten Grachten, die Sie sich vorstellen können. Die Brouwersgracht, deren Bau 1614 begann, befindet sich am nördlichen Rand des Grachtengürtels. Der Name der Gracht geht auf die vielen Brauereien zurück, die hier im 17. und 18. Jahrhundert angesiedelt waren. Die meisten von ihnen sind inzwischen zu trendigen Speicherhausapartments umgebaut worden.

Der Jordaan wurde während der großen Stadterweiterung im Jahre 1612 gebaut und liegt im westlichen Teil des Grachtengürtels. Der Verlauf der Straßen folgt dem alter Gräben und Pfade und unterscheidet sich daher komplett vom übrigen Zentrum der Altstadt. Das in der ersten Hälfte des 17. Jahrhunderts ursprünglich für Arbeiter und Einwanderer angelegte Viertel gehört heute zu den teuersten, exklusivsten Gegenden der ganzen Niederlande. Viele der Arbeiter aus dem Jordaan haben die Stadt inzwischen verlassen und sind in günstigere Gemeinden wie Almere und Purmerend gezogen.

Der Jordaan besteht aus zwei Teilen: dem nördlichen und dem südlichen Jordaan. Diese sind durch die Rozengracht voneinander getrennt. Der nördliche Teil, insbesondere oberhalb der Westerstraat, ist ein Labyrinth aus Gassen mit ruhigen Restaurants und florierenden (meist zeitgenössischen) Kunstgalerien. Hier ist noch viel vom ursprünglichen Arbeiterviertel erhalten geblieben. Der südliche Teil unterhalb der Rozengracht ist stärker gentrifiziert. In den hübschen Seitenstraßen, die an die größeren Grachten grenzen, finden Sie verschiedene Geschäfte, Märkte und viele „braune Kneipen".
Es kursieren verschiedene Theorien darüber, warum dieses Viertel „Jordaan" heißt. Eine Erklärung besteht darin, dass französische Einwanderer das Viertel „jardin" (Garten) nannten, da die meisten Straßen nach Bäumen und Blumen benannt sind. Andere wiederum meinen, dass der Name vom berühmten Fluss Jordan im Heiligen Land herrührt.

An vielen Häusern im Jordaan prangt eine steinerne Tafel, die den Beruf oder das Familienwappen der ursprünglichen Bewohner anzeigt. Am Haus eines Metzgers ist zum Beispiel ein Schwein zu sehen, das Haus eines Fischhändlers zeigt einen Hummer, das Haus eines Schuhmachers ist mit Schuhen, das eines Schneiders mit einer Schere verziert. Der Maler Rembrandt verbrachte seine letzten Lebensjahre im Jordaan, an der Rozengracht.

Im Jordaan florierte im 20. Jahrhundert eine lebendige Musikszene und das Viertel ist für sein quirliges Nachtleben mit vielen Bars, Cafés und Restaurants bekannt.

An der Ecke Prinsengracht / Elandsgracht sind einige der beliebtesten niederländischen Musiker als Statue verewigt. Kein anderes Viertel in den Niederlanden wird so häufig besungen wie der Jordaan. In traditionellen Bars wie dem Café Nol werden diese Lieder zum Mitsingen noch immer gespielt.

Zu Ihrem Ausflug im Jordaan gehört auch ein Spaziergang entlang der Bloemgracht, die zu den schönsten Grachten von Amsterdam gehört. Erkunden Sie auch die vielen engen Straßen und Gassen. Wenn Sie an einem Montag hier sind, dürfen Sie sich einen Besuch auf dem Noordermarkt nicht entgehen lassen. Nach unserer Tour durch den Jordaan begeben wir uns zum Leidseplein.

Am Leidseplein begann früher die Straße nach Leiden. Der Platz wurde im 17. Jahrhundert als Sammelpunkt für Kutschen, Pferde und andere zur damaligen Zeit gebräuchliche Transportmittel angelegt. Heute ist der Platz das Zentrum des Nachtlebens von Amsterdam.

Die vielen Bars, Cafés, Restaurants und die im Sommer zahlreichen Straßenkünstler sorgen dafür, dass keine Langeweile aufkommt. Vom Leidseplein gehen Sie nur 2 Minuten bis zum Vondelpark. Der Platz liegt nur 10 Gehminuten vom Viertel De Pijp und 5 Gehminuten von den berühmten Museen Rijksmuseum und Van-Gogh-Museum entfernt. Sie können auch einfach in der Nähe des Leidseplein bleiben und beim Shopping in den vielen Geschäften in der Umgebung zuschlagen. Für alle oben genannten Vorschläge ist der Leidseplein ein großartiger Ausgangspunkt.

Essen & Trinken:

1 Café Kobalt
2 Café Papeneiland
3 Café Winkel 43
4 Restaurant Toscanini

Einkaufsstraßen:

1 Haarlemmerstraat/ Dijk
2 Prinsengracht
3 Westerstraat
4 Rozengracht
5 Elandsgracht
6 Leidsestraat

Shopping:

1 Luba
2 Bestseller
3 About. lifestyle for men
4 Natuurlijk
5 Moooi Amsterdam
6 Baskets
7 Mark Raven Amsterdam Art

Das müssen Sie sehen:

1 Westindien-Haus
2 Noorderkerk
3 Noordermarkt
4 Die „Hofjes" im Jordaan
5 Bloemgracht
6 Tulpenmuseum
7 Hausbootmuseum

HAARLEMMERPLEIN
HAARLEMMER HOUTTUINEN
EILANDSGRACHT
GROTE BICKERSSTR.
s100
DE RUIJTERKADE
NWE. WAGENSTR.
HAARLEMMERDIJK
VINKENSTRAAT
BROUWERSGRACHT
BIJ BIJ. ORANJESTR.
K. PRINSENGR.
NIEUWE WESTERDOKSTR.
HAARLEMMER HOUTTUINEN
HAARLEMMERSTRAAT
BIJ BIJ. BROUWERSSTR.
SINGEL
PRINS HENDRIKKADE
NIEUWENDIJK
KOSTVERLORENVAART
DE WITTENKADE
DE WITTENSTRAAT
NASSAUKADE
SINGELGRACHT
MARNIXKADE
MARNIXSTRAAT
LIJNBAANSGRACHT
PALMGRACHT
WILLEMSSTRAAT
GOUDSBLOEMSTRAAT
PALMDWARSSTRAAT
LINDENGRACHT
LINDENSTRAAT
BOOMSTRAAT
WESTERSTRAAT
ANJELIERSSTRAAT
TUINSTRAAT
EGELANTIERSSTRAAT
EGELANTIERSGRACHT
NIEUWE LELIESTRAAT
BLOEMGRACHT
BLOEMSTRAAT
ROZENGRACHT
ROZENSTRAAT
LAURIERSTRAAT
LAURIERGRACHT
FREDERIK HENDRIKSTRAAT
PRINSENGRACHT
PRINSENSTRAAT
HERENSTRAAT
KEIZERSGRACHT
HERENGRACHT
BLAUWBURGW.
BERGSTR.
LANGESTRAAT
KORSJESPOORTSTEEG
Ronde Lutherse Kerk
Centraal Station
M
St. Nicolaas kerk
ZEEDIJK
DAMRAK
O. BRUGSTEEG
NIEUWENDIJK
NIEUWEZIJDS VOORBURGWAL
SPUISTRAAT
LELIEGRACHT
Anne Frankhuis
Westerkerk
DRIE KONINGENSTR.
RAADHUISSTRAAT
Nieuwe Kerk
Koninklijk Paleis
Dam
Oude Kerk
OUDE KERKSPL.
BEURSSTR.
WARMOESSTRAAT
ST. JANSSTR.
L. NIEZEL
STORMST.
GELDERSEKADE
ZEEDIJK
NIEUWMARKT
BLOEDSTR.
BARNDESTEEG
O.Z. VOORBURGWAL
O.Z. ACHTERBURGWAL
PIJLSTEEG
DAMSTR.
P. JABOBSZ STR.
O. DOELENSTR.
REESTR.
HARTENSTR.
GASTHUISMOLENSTEEG
PALEISSTR.
KALVERSTRAAT
ROKIN
NES
KOMIJNENSTR.
HAZENSTR.
ELANDSTR.
1E LOOIERSDWARSSTR.
ELANDSGR.
BERENSTR.
WOLVENSTR.
OUDE SPIEGELSTR.
SPUISTRAAT
RUNSTR.
HUIDENSTR.
WIJDE HEISTEEG
SINGEL
GRIMBURGW.
RUSLAND
KLOVENIERSBURGWAL
Zuiderkerk
LOOIERSGRACHT
PASSEERDERSSTR.
PASSEERDERSGRACHT
RAAMSTR.
MOLENPAD
LEIDSEGRACHT
SPUISTRAAT
HEILIGEWEG
TUREMARKT
NWE. DOELENSTR.
Munttoren
MUNTPLEIN
GROENBURGW.
ZWANENBURGW.
Stadhuis
BINNENAMSTEL
AMSTEL
Blauwbrug
REGULIERSDWARSSTR.
Rembrandtplein
HERENGRACHT
LEIDSESTRAAT
KERKSTRAAT
NWE. SPIEGELSTRAAT
KEIZERSGRACHT
VIJZELSTRAAT
UTRECHTSESTRAAT
REGULIERSGRACHT
KERKSTRAAT
PRINSENGRACHT
Magere Brug
KERKSTRAAT
Leidseplein
KORTE LEIDSEDWARSSTR.
LANGE LEIDSEDWARSSTR.
LEIDSEKADE
LEIDSEPL.
STADHOUDERSKADE
OVERTOOM
VONDELSTRAAT
NASSAUKADE
MARNIXSTRAAT
WETERINGSCHANS
ZIESENISKADE
SPIEGELGRACHT

Lauriergracht (Jordaan)

www.mendo.nl/Ewout Huibers

So gelangen Sie zur Haarlemmerstraat/ -dijk, zum Jordaan und Leidseplein

Den Haarlemmerdijk und die Haarlemmerstraat können Sie bequem zu Fuß erreichen. An der dem Zentrum zugewandten Seite von Amsterdam Centraal gehen Sie sofort nach rechts. Halten Sie sich bis zum Ende der Bahnhofsinsel weiter geradeaus. Hier befindet sich eine Fahrrad- /Fußgängerbrücke ins Zentrum. Überqueren Sie die Brücke und gehen Sie an der Unterführung unter der Prins Hendrikkade weiter geradeaus. So gelangen Sie zum Singel. Wenn Sie die Brücke zu Ihrer Rechten überquert haben, sehen Sie bereits die Haarlemmerstraat. Von der Haarlemmerstraat/ vom Haarlemmerdijk können Sie den Jordaan einfach erreichen. Der Leidseplein ist einfach mit der Straßenbahn zu erreichen: nehmen Sie die Linien 1, 2, 5, oder 7 bis zum Leidseplein.

West-Indisch Huis (Westindien-Haus)

Das West-Indisch Huis war einst der Sitz der niederländischen Westindien-Kompanie. Hier wurde die historische Entscheidung getroffen, 1624 einen Handelsposten am Fluss Hudson einzurichten. Dieser Posten hieß zuerst „Nieuw Amsterdam". Daraus wurde später New York. In diesem Haus wurde auch der berühmte spanische Schatz des Admirals Piet Heyn aufbewahrt. Im Innenhof befindet sich ein Standbild des ersten Gouverneurs von Nieuw Amsterdam, Pieter Stuyvesant. Dieser regierte die Stadt von 1647 bis zur Übernahme durch die Briten im Jahre 1664. Seit 2016 befindet sich im West-Indisch Huis auch die Wijnbar Stuyvesant.. Es befindet sich am Herenmarkt, einem kleinen Platz zwischen der Haarlemmerstraat und der Brouwersgracht im Zentrum von Amsterdam.

Noorderkerk (Nordkirche)

Die Noorderkerk ist eine evangelische Kirche aus dem 17. Jahrhundert. Sie wurde nach Plänen des Architekten Hendrick de Keyser und dessen Sohn Pieter errichtet. Im Jahre 1620 fiel eine wichtige Entscheidung: der Norden des Jordaan sollte eine eigene Kirche bekommen. Die Westerkerk erwies sich in mehr als einer Hinsicht als zu weit entfernt. Die Noorderkerk wurde die Kirche fürs Volk, während die Westerkerk vor allem von der Mittel- und Oberschicht besucht wurde. Von der imposanten Backsteinfassade bis zu ihrem achteckigen Grundriss symbolisiert die Kirche die Veränderungen des christlichen Glaubens während der Renaissance.

Bis heute ist die Kirche ein zentraler, lebendiger Treffpunkt in Amsterdam, der für Gottesdienste, Diskussionsrunden und auch Samstagskonzerte genutzt wird. Die Noorderkerk liegt auf dem Platz Noordermakt an der Prinsengracht.

Noordermarkt (Nordmarkt)
Der Noordermarkt ist einer der attraktivsten Märkte von Amsterdam. Auf diesem historischen Marktplatz treffen Vergangenheit und Gegenwart zusammen. Vor rund 350 Jahren hätte man hier bei einem Spaziergang vielleicht den berühmten Maler Rembrandt van Rijn getroffen. **TIPP:** Am Montag können Sie hier Antiquitäten und Second-Hand-Kleidung zu Schnäppchenpreisen ergattern. Samstags bekommen Sie auf dem Bio-Markt hochwertiges Gemüse, Obst, Milchprodukte, Brot, Delikatessen und Blumen. Während des 2. Weltkriegs veranstalteten die Organisatoren des Februar-streiks von 1941 ihre ersten öffentlichen Versammlungen auf dem Noordermarkt, um gegen die Deportation der Juden durch die Nazis zu protestieren. Vom Hauptbahnhof von Amsterdam gehen Sie 15 Minuten zu Fuß.

Die „Hofjes" im Jordaan
Im Jordaan gibt es verschiedene so genannte „Hofjes" (kleine Höfe). Diese Innenhöfe sind kostbare kleine Juwelen, die mit ihrem gemütlichen Charme und ihrer Privat-sphäre nur darauf warten, von Ihnen entdeckt zu werden. Die Hofjes sind Wohnanla-gen, die von reichen Leuten als Wohlfahrtseinrichtung für bedürftige ältere Frauen gebaut wurden. Einige der restaurierten Höfe sind für die Öffentlichkeit zugänglich, aber ziemlich schwer zu finden. Die „Hofjes" liegen hinter Türen versteckt, die wie die Vordertür eines gewöhnlichen Grachtenhauses aussehen. Im Jordaan finden Sie besonders viele dieser „Hofjes". Der Karthuizerhof an der Karthuizersstraat 89-171 im Jordaan ist ein gutes Beispiel für diese Innenhöfe. Er gehört zu den größten von ganz Amsterdam. Die Anlage wurde 1650 gebaut und auf der Innenseite des Tores sind die Namen der Spender aufgeführt, die es der Stadt ermöglichten, das Armenhaus zu errichten. Nach dem Begijnhof ist das 1614 eröffnete Sint Andrieshofje das älteste „Hofje" in Amsterdam. Das Sint Andrieshofje liegt an der Egelantiersgracht 105-141. Im Sommer sind einige dieser Höfe am Sonntag geöffnet und es werden kostenlose Konzerte veranstaltet, die sogenannten „hofjesconcerten".

Tulpenmuseum
Die Tulpe gelangte Mitte des 16. Jahrhunderts (um 1550) aus dem osmanischen Reich in die Niederlande und war bei der Oberschicht sofort sehr beliebt. Zu dieser Zeit, dem Goldenen Zeitalter der Niederlande, stiegen die Preise für die neu eingeführte Blume in schwindelerregende Höhen. Als die Preise im März 1637 den Höhepunkt erreicht hatten, wechselten einige einzelne Tulpenzwiebeln für das 10-fache Jahresgehalt eines qualifizierten Handwerkers den Besitzer. Die so genannte Tulpenmanie wird allgemein als die erste überlieferte Spekulationsblase angesehen. Im Tulpenmuseum erfahren Sie alles über die Geschichte der berühmtesten Blume der Welt. Dieses kleine Museum wird Sie begeistern, wenn Sie sich fürs Gärtnern, für Blumen und für die Geschichte der niederländischen Tulpenmanie interessieren. **Adresse:** Prinsengracht 116, www.amsterdam tulipmuseum.com, Eintritt: Erwachsene € 5, Öffnungszeiten: 10:00 bis 18.00 Uhr, geschlossen am 27. April (Königstag) und am 25. Dezember.

mark Raven
AMSTERDAM ART
Zu den bekanntesten zeitgenössischen Künstlern Amsterdams zählt Mark Raven, der die Stadt auf eine moderne Weise ins Bild bringt. Seine subtilen, abstrakten Abbildungen von Amsterdam und den Grachten sind eine ganz besondere Erinnerung an Ihren Besuch in dieser wunderschönen Stadt. In seinen Arbeiten kombiniert Mark traditionelle grafische Techniken mit digitaler Manipulation. Darin findet er eine Balance zwischen klassischer und moderner Kunst.Seine Arbeiten und originellen Drucke sind auch auf T-Shirts, Postern und Karten zu haben. Mark Raven besitzt 2 eigene Läden in der Amsterdamer Innenstadt. Einer befindet sich direkt hinter dem Königspalast, der andere an der Leidsestraat.
Öffnungszeiten:
Mo - So 10:30 bis 18:00 Uhr.
Leidsestraat 42 und Nieuwezijds Voorburgwal 174, www.markraven.nl
Folgen Sie uns: www.facebook.com/MarkRavenAmsterdamArt

Leidsestraat 42

Nieuwezijds Voorburgwal 174
direkt hinter dem Königspalast

Das Hausbootmuseum

Erleben Sie selbst, wie es ist, auf einem Amsterdamer Hausboot zu leben! Das Hausbootmuseum befindet sich auf der „Hendrika Maria", einem ehemaligen Frachtschiff mit dem Baujahr 1914. Die einzigartige Umgebung an der Prinsengracht, am Rande des Jordaan, bildet eine großartige Kulisse für dieses Museumsschiff. **Adresse:** Prinsengracht 296K, www.houseboatmuseum.nl, Eintritt: Erwachsene € 4,50 / Kinder (5-15) € 3,50, freier Eintritt mit Iamsterdam-Card. Weitere Informationen finden Sie auf der Webseite.

Bloemgracht

Bei ihrem Besuch im Jordaan sollten Sie auch einen Abstecher in die Bloemgracht (Blumengraben) machen. Diese malerische Gracht gehört zu den schönsten von ganz Amsterdam. Die Bloemgracht ist eine Seitengracht der Prinsengracht und der Keizersgracht. Sie wurde im 17. Jahrhundert während des goldenen Zeitalters von Amsterdam angelegt. Achten Sie auf die Tafeln über einigen der Haustüren, wenn Sie weiter Richtung Osten entlang der Bloemengracht gehen. Auf diesen ist häufig das Baujahr und ein Hinweis auf die Funktion des Gebäudes zu finden.

Wussten Sie schon?

Interessante Fakten über die Bloemgracht:

- hier gibt es 105 denkmalgeschützte Gebäude auf 470 Metern;
- Rembrandt van Rijn hatte hier sein Atelier;
- in der Umgebung gibt es viele Künstler und Ateliers.

About. lifestyle for men

Meine Herren – Sie sind auf der Suche nach einem Ort, wo man über die guten Dinge des Lebens ganz genau Bescheid weiß? Dann sind Sie bei ABOUT. lifestyle for men auf dem berühmten Haarlemmerdijk an der richtigen Adresse. Hier finden Sie eine Auswahl der edelsten Kleidermar-

ken, die neusten Tunes der Stadt und natürlich ein kaltes Bier, frisch aus dem Kühlschrank. Mit anderen Worten, hier gibt es alles, was der Mann von Welt für seinen Besuch in Amsterdam braucht. Jetzt aber nichts wie hin...!

Öffnungszeiten:
Mo 13:00 bis 18:00 Uhr,
Di-Sa 11:00 bis 19:00 Uhr,
So 13:00 bis 18:00 Uhr.

Haarlemmerdijk 20
www.aboutlifestyle.nl

Folgen Sie uns:
www.facebook.com/
aboutlifestyleformen/

Luba

Luba ist ein unkonventionelles Modegeschäft für Frauen jeden Alters. Zum Sortiment gehören Kleider, Jacken, Tops, Röcke, Hosen, Taschen und Schuhe. Kombinieren Sie nach Herzenslust: Verspielt, retro, schick, sportlich und basic. Bei Luba finden Sie viele verschiedene, bezahlbare Marken, die nicht überall verkauft werden. Das macht diesen Laden zu etwas Besonderem.

Lassen Sie sich von den freundlichen Mitarbeitern beraten oder stöbern Sie auf eigene Faust – ganz wie es Ihnen gefällt.

Öffnungszeiten:
Mo 11:00 bis 18:00 Uhr,
Di, Mi, Fr 10:30 bis 18:00 Uhr,
Do 10.30 bis 18:30 Uhr,
Sa 10.30 bis 18:00 Uhr,
So 12:00 bis 17:00 Uhr.

Haarlemmerstraat 12 a
www.luba-amsterdam.nl

Folgen Sie uns:
www.facebook.com/pages/Luba-Amsterdam

Natuurlijk

Das exklusive, moderne Geschäft hat sich auf Kleidung und Accessoires aus natürlichen Materialien spezialisiert. Im Sommer finden Sie bei Natuurlijk eine große Auswahl schöner Stücke aus Leinen, Baumwolle und Viskose. Im Winter können Sie sich hier mit weichen Wollsorten wie Kaschmir, Merino, Alpaka, Wolle und Kamel einkleiden. Natuurlijk bietet ein gutes Preis-Leistungs-Verhältnis. Auch wenn die Kleidungsstücke der Kollektion aus natürlichen Stoffen hergestellt sind,

entsprechen sie auf gar keinen Fall dem altbackenen, verschrobenen Image, das natürlicher Mode oft anhängt. Sie werden die gemütliche, angenehme Atmosphäre des Geschäftes und den persönlichen Service des Personals zu schätzen wissen.

Öffnungszeiten:
Mo 11:00 bis 18:00 Uhr.
Di-Fr 10:00 bis 18:00 Uhr,
Sa 10:00 bis 17:00 Uhr.

Haarlemmerdijk 113
www.natuurlijkdameskleding.nl

Folgen Sie uns:
www.facebook.com/
Natuurlijk-Dameskleding

→ Sukha Amsterdam

Sukha Amsterdam ist ein gemütlicher Shop an der Haarlemmerstraat. Auf Sanskrit, der Sprache der buddhistischen Mönche in Indien und Nepal, bedeutet Sukha „Lebensfreude". Stöbern Sie in der vielseitigen, exklusiven und überraschenden Auswahl an Kunsthandwerk und einzigartigen Geschenkartikeln. Die meisten der Produkte werden in geringer Auflage und manche auch unter Sukhas eigenem Label hergestellt. **Adresse**: Haarlemmerstraat 110, www.atelier-sukha.nl, Öffnungszeiten: Mo 11:00 bis 18:30 Uhr, Di - Sa 10:00 bis 18:30 Uhr, So 12:00 bis 17:00 Uhr.

→ Moooi Amsterdam

Begeben Sie sich mitten ins Zentrum von Moooi und entdecken Sie ein Universum voller außergewöhnlicher, verspielter Wirklichkeiten in verschiedenen Größen und Kompositionen. Der Stil der Kollektion ist exklusiv, gewagt, verspielt, ausgewählt und gründet auf der Überzeugung, dass Design eine Frage der Liebe ist. **Adresse**: Westerstraat 187, www.moooi.com, Öffnungszeiten: Di - Sa 10:00 bis 18:00 Uhr.

→ Baskèts

Der Name ist französisch und bedeutet Turnschuhe. Sie erraten es schon: in diesem Geschäft dreht sich alles um coole Sneakers und anspruchsvolle Schuhe. Die Liste der Marken im Angebot ist lang: Nike, Adidas Ransom/Originals, Common Projects, New Editions, Clark Originals, Vans California/OTW, Gourmets, Natives Fitzsimmons, Vico und viele mehr.

Adresse: Elandsgracht 57-59, www.baskets-store.com, Öffnungszeiten: So-Mo 12:00 bis 18:00 Uhr, Di - Sa 10:00 bis 18:00 Uhr.

→ Bestseller Amsterdam

Bestseller Amsterdam auf der Haarlemmerstraat ist ein geräumiger (230m2 großer), Buch-, Geschenk- und Tabakladen mit einem modernen, trendigen Interieur. Das Geschäft ist bekannt für seine große Auswahl an Büchern von Taschen/Librero (Kunst- und Fotobücher). Außerdem gibt es eine große Zeitschriftenwand mit über 1000 Titeln, zahlreiche Geschenkartikel (Souvenirs und Geschenke) und eine riesige Auswahl an Grußkarten (Postkarten und besondere Karten). Außerdem kommen die Kunden hier für die Moleskine-Notizbücher oder ein schönes, kaltes Bier beziehungsweise ein alkoholfreies Getränk aus dem großen Kühlschrank vorbei. Touristen können Grußkarten, Briefmarken, Souvenirs, Stadtpläne von Amsterdam, Amsterdam-Stadtführer, Tickets für die öffentlichen Verkehrsmittel, englische Bücher und noch vieles mehr finden. Bei Bestseller finden Einheimische und Touristen genau das, was sie suchen!

Adresse: Haarlemmerstraat 41, bestsellerhs@tabaktiefnet.com, Öffnungszeiten: Mo-Fr 08:00 bis 21:00 Uhr, Sa 08:00 bis 20:00 Uhr, So 10:00 bis 20:00 Uhr.

Traditionelle niederländische Kneipen

In den Abendstunden sollten Sie es den Einheimischen gleichtun und ein Bier in einer typischen „braunen Kneipe" (bruine kroeg) genießen. Der Name bezieht sich auf die dunkle aber gemütliche Holzeinrichtung und die vom Nikotin vergilbten Wände und Decken. Viele der braunen Kneipen in Amsterdam stammen aus dem 17. Jahrhundert, als man begann, den Genever wegen seines Geschmacks zu trinken. Die braunen Kneipen von Amsterdam tragen ebenso zum Reiz der Stadt bei, wie ihre Grachten und Architektur. Eine braune Kneipe ist den Niederländern, was den Briten ihr Pub ist. Hier können Sie sich hervorragend entspannen und erholen. Die Atmosphäre ist total „gezellig". Dieses typisch niederländische Wort lässt sich etwa mit „gesellig" ins Deutsche übersetzen, aber am besten erleben Sie dieses gemütliche Gefühl selbst. Jede braune Kneipe hat ihren eigenen Charme und Charakter und eine spezielle Kundschaft. Dieses Konzept versucht jede Kneipe, auf ihre eigene Art und Weise auszudrücken. Hier finden Sie einen ungezwungenen Ort zum Essen, Trinken und Freunde treffen. Die meisten Kneipen servieren Bier, Wein und Genever, der dem Gin ähnelt. Die meisten braunen Kneipen akzeptieren keine Kartenzahlungen. Denken Sie also daran, Bargeld mitzunehmen!

Hier eine Auswahl einiger der besten braunen Kneipen im Jordaan:
Café Papeneiland Diese stimmungsvolle Kneipe hat im Jahre 1642 eröffnet. Sie eignet sich hervorragend für ein paar gute Drinks, leckeres Essen und eine entspannte Unterhaltung. Sie finden Café Papeneiland an der Ecke Prinsengracht 1 / Brouwersgracht. Das Café ist ein Paradebeispiel für einen „bruine kroeg". Musik wird hier nur zu besonderen Anlässen gespielt. Wenn die Gäste Musik hören möchten, müssen sie diese schon selbst machen! **Adresse**: Prinsengracht 2, www.papeneiland.nl/de. Öffnungszeiten: So-Do von 10:00 bis 01:00 Uhr, Fr-Sa 10:00 bis 03.00 Uhr.

Café de Twee Zwaantjes (Café zwei Schwäne) ist eine gemütliche Kneipe im Herzen von Amsterdam. Dank der bunt gemischten Kundschaft und der vielen Touristen ist hier immer etwas los. Egal, ob Sie für den kleinen Hunger, einen Drink nach der Arbeit oder später am Abend kommen, im Café De Twee Zwaantjes sind Sie jederzeit willkommen. **Adresse**: Prinsengracht 114, www.cafedetweezwaantjes.nl, Öffnungszeiten: So - Do von 15:00 bis 01:00 Uhr, Fr - Sa 15:00 bis 03:00 Uhr.

Café Chris Wenn Sie in Amsterdam sind, sollten Sie unbedingt auch hier, in der ältesten Kneipe im Jordaan (1624), vorbeischauen. In dieser entspannten Atmosphäre kommen Besucher und Einheimische ganz ungezwungen in Kontakt. Hier werden Sie zuvorkommend bedient, meist vom Besitzer selbst. Die preisgünstigen Speisen und Getränke werden immer mit Sorgfalt serviert. Das gilt vor allem für das Bier. **Adresse**: Bloemstraat 42, www.cafechris.nl. Öffnungszeiten: Mo - So von 15:00 bis 02:00 Uhr.

Die Stadsschouwburg (Niederländisch: Stadttheater) ist ein Theatergebäude am Leidseplein. In den hufeisenförmigen Zuschauerraum, der wie ein Hoftheater des 18. Die Stadsschouwburg ist im Neorenaissance-Stil erbaut. Jahrhunderts gestaltet ist, passen 1200 Zuschauer. Das Theater wurde zwischen 1892 und 1894 erbaut und beherbergte ehemals das Nationalballett und die Nationaloper.

Außerdem finden Sie in der Stadsschouwburg International Theatre & Film Books, seit Jahren der größte Buchhandel zum Thema Theater in den Niederlanden. Hier gibt es Bücher, Magazine und DVDs über Theater, Film und Tanz und alle Genres vom Theaterstück über Biografien bis hin zu Handbüchern und Theorieschriften.

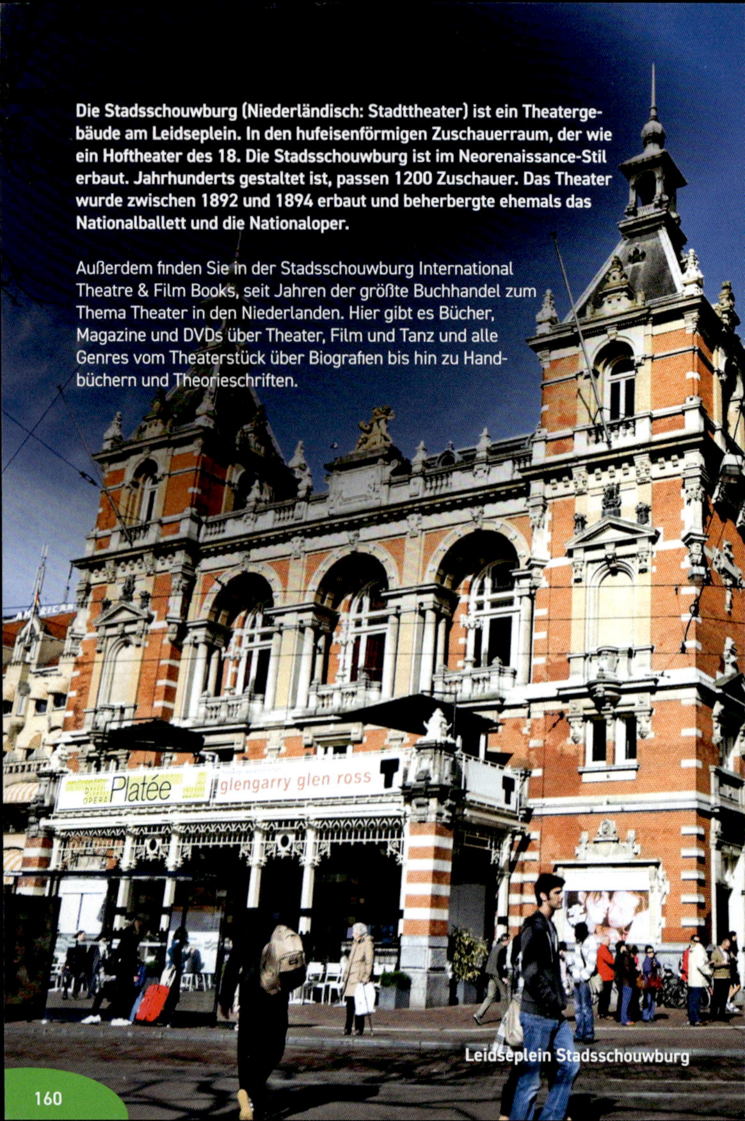

Leidseplein Stadsschouwburg

→ Café Winkel43 €
Hier bekommen Sie den besten traditionellen Apfelkuchen von Amsterdam: mit Rosinen, einer knusprigen Kruste und einer Portion Schlagsahne. Wenn am Samstag Markt ist, kann es ziemlich voll und laut werden. Der Service ist aber immer schnell und freundlich! Das Café hat eine tolle Atmosphäre und die Preise sind in Ordnung. **Adresse**: Noordermarkt 43, www.winkel43.nl, Öffnungszeiten: So - Do 08:00 bis 01:00 Uhr und Fr - Sa bis 03:00 Uhr.

→ Café Kobalt €
Dieses Café befindet sich in einem ehemaligen Lagerhaus aus dem 17. Jahrhundert, an der berühmten Gracht Singel. Es ist nur 5 Gehminuten (350 Meter) vom Hauptbahnhof Amsterdam entfernt. Hier können Sie auf der Terrasse vor dem Café oder der kleinen Terrasse an der Gracht verweilen. Dabei können Sie wunderbar ein lokales Bier genießen und die Boote auf der Gracht beobachten. **Adresse**: Singel 2 a, www.cafekobalt.nl, Öffnungszeiten: So - Do 08:00 bis 01:00 Uhr und Fr - Sa bis 03:00 Uhr.

→ De Blaffende Vis €
„De Blaffende Vis" gehört zu den schönsten und belebtesten Lokalen von Amsterdam. Zum Abendessen bekommen Sie eine gute Mahlzeit zu einem sehr guten Preis. Hier tummeln sich viele Einheimische und nur wenige Touristen. **Adresse**: Westerstraat 118, +31 (0)20 625 17 21 , Öffnungszeiten: Mo - Do und So 09:00 bis 01:00 Uhr, Fr - Sa 09:00 bis 03:00 Uhr.

→ Eetcafé Koevoet €
Im Jordaan, mitten im Herzen von Amsterdam, finden Sie das kleine Restaurant Koevoet. Hier bekommen Sie schlichtweg fantastische, traditionelle Küche aus Italien serviert. Sie können Pasta und andere Gerichte bestellen, allerdings keine Pizza. Das Lokal ist klein, sehr alt und urig. **Adresse**: Lindengracht 17, www.koevoetamsterdam.com, +31 (0)20 624 08 46, Öffnungszeiten: Di - So 17:30 bis 22:00 Uhr.

→ Restaurant Toscanini € €
Das Toscanini hat sich mit seiner authentisch italienischen Küche einen Namen gemacht. Die Gerichte werden mit großer Sorgfalt zubereitet und in einer gemütlichen, entspannten Atmosphäre serviert. Sie können entweder ein Menü bestellen oder Gerichte von der Speisekarte auswählen. Die Weinkarte ist gut und umfangreich. **Adresse**: Lindengracht 75, www.restauranttoscanini.nl, +31 (0)20 623 28 13, Öffnungszeiten: Mo - Sa 18:00 bis 22:30 Uhr.

Route 4

Nieuwmarkt, Waterlooplein und Plantagebuurt

De Waag
Der Nieuwmarkt (Neuer Markt)

Der Nieuwmarkt (Neuer Markt) gehört zum ältesten Teil von Amsterdam. Vom Zeedijk und vom Rotlichtviertel aus erreichen Sie ihn bequem zu Fuß. Der Nieuwmarkt entstand 1694 durch die Trockenlegung einiger Grachten. Wie in vielen großen Städten gibt es auch in Amsterdam eine „Chinatown". Diese nimmt unter anderem Teile des Nieuwmarkts ein. Die Gegend rund um den Nieuwmarkt ist heutzutage sehr lebendig, denn hier gibt es jede Menge Bars, Restaurants und einen täglichen Warenmarkt (außer sonntags). Auf der Mitte des Marktplatzes steht ein historisches Gebäude, das sicher Ihre Aufmerksamkeit auf sich ziehen wird. Es wird „De Waag" (die Stadtwaage) genannt und wurde im Mittelalter als Teil der Amsterdamer Stadtmauer errichtet. Es ist seit 1488 in Gebrauch und damit eines der ältesten Gebäude in der Stadt. Zunächst gehörte es zu den Mauern der Festungsanlage, die die Stadt gegen Angreifer schützen sollte. Im Laufe der Jahrhunderte wurde das Gebäude zu unterschiedlichen Zwecken genutzt. Im 17. Jahrhundert war es ein Gefängnis und später wurde daraus ein Museum, in dem das Amsterdam Museum und das Jüdische Museum ihre Ausstellungen zeigten. Heute empfängt Sie hier das Café-Restaurant „De Waag". Auf dieser Route werden Sie noch viele weitere spannende Sehenswürdigkeiten entdecken. Schlendern Sie zum Beispiel am Oost-Indisch Huis entlang und fotografieren Sie dieses schöne Gebäude. Gegenwärtig wird das Haus von der Universität Amsterdam genutzt. Im frühen 17. Jahrhundert arbeitete hier die Führungsetage und die Verwaltung der Vereenigde Oost-Indische Compagnie (VOC).

Wenn Sie dem Verlauf der Gracht folgen, gelangen Sie zum Oudemanhuispoort, das heute ebenfalls zur Universität von Amsterdam gehört. Im öffentlichen Bereich dieses Gebäudes finden Sie einen hübschen, kleinen Büchermarkt. Diesen Markt, der bis 1941 in jüdischer Hand war, gibt es seit 1879. Während der Judenverfolgung, die im 2. Weltkrieg auch Amsterdam erreichte, wurde es den Juden unmöglich gemacht, ihre Waren in der Öffentlichkeit zu verkaufen.

Die besten Einkaufsgegenden in diesem Bereich der Stadt sind auf jeden Fall die Staalstraat und der Waterlooplein. Dieser Platz ist nach der Schlacht von Waterloo benannt. Früher fand hier ein jüdischer Markt statt. Nachdem der jüdische Einfluss nach Ende des 2. Weltkrieges vollständig aus der Stadt verschwunden war, entwickelte sich hier später ein Hippie-Flohmarkt. Dort finden Sie heute viele von diesen Dingen, von denen Sie noch gar nicht wussten, dass Sie sie unbedingt haben müssen. Die östliche Grenze des Marktes wird von den Doppeltürmen der Mozes en Aäronkerk (Mose-und-Aaron-Kirche) dominiert. Diese römisch-katholische Kirche wurde 1840 an der Stelle einer ehemaligen Geheimkapelle errichtet. In der Kirche finden sich 2 Bildnisse der Brüder Moses und Aaron aus dem Alten Testament. Im späten 19. und frühen 20. Jahrhundert lag die Kirche wie eine katholische Insel inmitten des jüdischen Viertels. An der Westseite des Marktes befindet sich das Amsterdamer Rathaus.

Auf dieser malerischen Tour stoßen Sie auf viele Museen und andere interessante Orte. Gleich um die Ecke vom Waterlooplein finden Sie das Rembrandthuis. Es liegt an der Jodenbreestraat, die nach der großen jüdischen Gemeinde, die hier einst lebte, benannt ist. Im 2. Weltkrieg wurde dieses Gebiet vollständig abgeriegelt, alle Juden wurden deportiert und in Konzentrationslager transportiert, wo die meisten von ihnen getötet wurden. Häuser wurden gestürmt und es wurden Brände gelegt. In dieser Gegend liegt auch das Museum für Jüdische Geschichte. Im Stadtteil Plantagebuurt erwarten Sie weitere interessante Museen und Sehenswürdigkeiten, darunter das Verzetsmuseum (Niederländisches Widerstandsmuseum), das Tropenmuseum, die Hollandse Schouwburg (Holland-Theater) und der Zoo Artis. Artis, der älteste Zoo der Niederlande, eignet sich hervorragend für einen tollen Ausflug mit Ihren Kindern. Die Plantagebuurt war ursprünglich ein Viertel mit Parks und Gartenanlagen. Der Name geht auf die Plantagen zurück, die die Niederländer in ihren Kolonien bewirtschafteten.

Essen & Trinken:

1 Café Bern
2 Restaurant Bridges
3 Café de Sluyswacht
4 Café Koosje
5 Bierverkostung Brouwerij 't IJ

Einkaufsstraßen:

1 Staalstraat
2 Waterlooplein
3 Jodenbreestraat.

Shopping:

1 Droog
2 Biec
3 1953 Retro & Chic

Das müssen Sie sehen:

1 De Waag
2 Ostindien-Haus
3 Buchladen am Oudemanhuispoort
4 Waterlooplein
5 Montelbaanstoren
6 Zuiderkerk
7 Museum Rembrandthuis
8 Portugiesische Synagoge Amsterdams
9 Museum für Jüdische Geschichte
10 Gassan Diamonds
11 Eremitage Amsterdam
12 Holland-Theater
13 Zoo Artis
14 Hortus Botanicus
15 Verzetsmuseum Amsterdam
16 Die Amstel und die Magere Brücke
17 Entrepotdok
18 Muiderpoort
19 Tropenmuseum

Anne Frankhuis
Westerkerk
RAADHUISSTRAAT
PRINSENGRACHT
KEIZERSGRACHT
HERENGRACHT
SINGEL
BROUWERSGRACHT
Ronde Lutherse Kerk
Centraal Station
DE RUIJTERKADE
BUIKSLOTERWEG
NIEUWEZIJDS VOORBURGWAL
Nieuwe Kerk
Koninklijk Paleis
PALEISSTR.
NIEUWENDIJK
DAMRAK
BEURSSTR.
WARMOESSTRAAT
Oude Kerk
Dam
St. Nicolaaskerk
Schreierstoren
ROKIN
KALVERSTRAAT
O.Z. VOORBURGWAL
O.Z. ACHTERBURGWAL
ZEEDIJK
GELDERSEKADE
NIEUWMARKT
KLOVENIERSBURGWAL
Zuiderkerk
OUDE SCHANS
KALKMARKT
Scheepvaartmuseum
Muziekgebouw Binnenhuis
OOSTERDOK
Munttoren
MUNTPLEIN
Rembrandthuis
Rembrandtplein
Stadhuis
NWE. ULENBURGERSTR.
UILENBURGERGRACHT
VALKENBURGERSTRAAT
RAPENBURGERSTR.
WATERLOOPLEIN
Blauwbrug
MR. VISSERPLEIN
AMSTEL
BINNENAMSTEL
NIEUWE HERENGRACHT
NIEUWE KEIZERSGRACHT
NIEUWE PRINSENGRACHT
NIEUWE ACHTERGRACHT
Magere Brug
Theater Carré
WEESPERSTRAAT
PLANTAGE PARKLAAN
PLANTAGE KERKLAAN
PLANTAGE MIDDENLAAN
PLANTAGE MUIDERGRACHT
Artis
ENTREPOTDOK
KATTENBURGERSTRAAT
SARPHATISTRAAT
MAURITSKADE
SINGELGRACHT
WIBAUTSTRAAT
Tropenmuseum
COMMELINSTRAAT
s100
s112
s116

Zuiderkerk (Südkirche)

So gelangen Sie zum Nieuwmarkt, Waterlooplein und zur Plantagebuurt

Das Gebiet rund um Nieuwmarkt, Waterlooplein und Plantage können Sie vom Rotlichtviertel aus bequem zu Fuß erreichen. Es fahren keine Straßenbahnen zum Nieuwmarkt. Sie können aber eine Straßenbahn zum Dam nehmen und durch das Rotlichtviertel (Route 1) zum Nieuwmarkt laufen. Am Nieuwmarkt befindet sich ein U-Bahnhof. Alle U-Bahnlinien ab Amsterdam Hauptbahnhof halten dort. Zum Waterlooplein und in die Plantagebuurt fahren Sie mit der Straßenbahnlinie 9 (ab Hauptbahnhof) oder 14 (ab Dam) bis zum Waterlooplein/Artis. Von der Haltestelle am Waterlooplein gehen Sie 10 Minuten zu Fuß bis zum Nieuwmarkt.

Die Zuiderkerk (Südkirche)

Die Zuiderkerk gehört zu den schönsten und außergewöhnlichsten Kirchen in Amsterdam. Das aus dem 17. Jahrhundert stammende Gebäude war die erste protestantische Kirche in der Umgebung des Nieuwmarkt. Die im Amsterdamer Renaissance-Stil gehaltene Kirche wurde von Hendrick de Keyser entworfen, der 1621 in der Kirche beerdigt wurde. Im Jahre 1921 wurde sein Grab mit einem Gedenkstein gekennzeichnet. De Keyser entwarf die Kirche als Pseudobasilika im gotischen Stil, mit einem Mittelschiff und zwei niedrigeren Seitenschiffen, toskanischen Säulen, Tonnengewölben aus Holz und Dachgauben. Die rechteckigen Buntglasfenster wurden im Laufe des 17. Jahrhunderts durch transparente Glasscheiben ersetzt. Der reich verzierte Turm steht auf einer quadratischen Unterkonstruktion aus Stein. Auf dieser ruht ein achteckiges Zwischenstück aus Sandstein mit freistehenden Säulen an den vier Seiten. Darüber befindet sich eine hölzerne, mit Blei bedeckte Spitze. Die Kirche spielte eine wichtige Rolle in Rembrandts Leben und war im Jahre 1874 Motiv für ein Gemälde des französischen Impressionisten Claude Monet. In der Zuiderkerk wurden bis 1929 Gottesdienste abgehalten. Während des letzten Kriegswinters 1944-45, der in den Niederlanden als Hungerwinter (hongerwinter) bekannt ist, diente die Kirche zeitweilig als Leichenschauhaus. Wegen der akuten Lebensmittelknappheit starben die Menschen damals schneller, als sie beerdigt werden konnten. Aktuell ist in der Zuiderkerk ein Informationszentrum der Stadt untergebracht. Hier sehen Sie neben regelmäßig wechselnden Ausstellungen auch eine Dauerausstellung, die unter anderem ein Zukunftsmodell von Amsterdam im Jahr 2020 zeigt.

Adresse: Zuiderkerkhof 72, www.zuiderkerkamsterdam.nl, U-Bahn: vom Hauptbahnhof Amsterdam bis Nieuwmarkt (Ausgang Oude Hoogstraat), von hier benötigen Sie wenige Minuten zu Fuß. Der Turm hat einen separaten Eingang und ist öffentlich zugänglich.

Oudeschans

Montelbaanstoren

Der Montelbaanstoren ist ein Turm am Ufer der Oudeschans, einer der typischen breiteren Grachten von Amsterdam. Er wurde 1516 als Teil einer neuen, äußeren Verteidigungsmauer gebaut und besaß zunächst ein flaches Dach. Seine reich verzierte Turmspitze, die ihm das gewisse Etwas verleiht, wurde im Jahre 1606 von Hendrick de Keyser hinzugefügt. Sowohl Rembrandt als auch der Landschaftsmaler Jacob van Ruisdael malten den aus Backstein erbauten Turm noch in seinem ursprünglichen Zustand. Seit 1878 nutzen die Wasserwerke von Amsterdam den Turm, um den Wasserstand und die Wasserzirkulation in den Grachten zu kontrollieren.

Das Museum Rembrandthuis

Der niederländische Maler Rembrandt van Rijn (1606-1669) ist zweifellos eine der berühmtesten historischen Persönlichkeiten aus Amsterdam. Im Jahre 1639 kaufte er ein Haus im Jüdischen Viertel der Stadt. Finanzielle Not zwang ihn 1660, es wieder zu verkaufen. Im Jahre 1908 wurde dieses schöne Haus renoviert und in ein Museum umgewandelt. Hier finden Sie die weltweit umfangreichste Sammlung dieses großen Meisters, bestehend aus Skizzen, Kupferstichen und Zeichnungen.

Adresse: Jodenbreestraat 4, www.rembrandthuis.nl, Preise: Erwachsene € 13, Kinder von 6 bis 17 Jahren € 4, freier Eintritt für jüngere Kinder sowie mit Iamsterdam-Card. Sie sollten Ihre Karten online bestellen. Öffnungszeiten: Täglich von 10:00 bis 18:00 Uhr, geschlossen am 27. April (Königstag). Straßenbahnen: 9 und 14 bis Waterlooplein, oder mit allen Linien der U-Bahn vom Hauptbahnhof zum Nieuwmarkt, Ausgang Nieuwe Hoogstraat.

Joods Historisch Museum (Museum für Jüdische Geschichte)

Das Museum befindet sich im Gebäude vier ehemaliger Synagogen aus dem 17. und 18. Jahrhundert. Das Joods Historisch Museum gehört zum jüdischen Kulturviertel und widmet sich der Geschichte, Kultur und Religion des Judentums in den Niederlanden sowie weltweit. Es ist das einzige Museum zur Geschichte des Judentums in den Niederlanden. Im Museumscafé können Sie jüdische Spezialitäten genießen. Zum Jüdischen Historischen Museum gehört auch ein Museum für Kinder.

Adresse: Nieuwe Amstelstraat 1, www.jck.nl, Eintritt: Erwachsene € 15, Kinder von 13 bis 17 Jahren € 7,50, Kinder von 6 bis 12 Jahren € 3,75, kostenfreier Eintritt für jüngere Kinder und mit Iamsterdam-Card. Öffnungszeiten: täglich von 11:00 bis 17:00 Uhr, weitere Informationen finden Sie auf der Website. Straßenbahn: 9 und 14 bis Waterlooplein, U-Bahn: Linie 51, 53 und 54 bis Waterlooplein (Ausgang Nieuwe Amstelstraat).

Die Amstel und die Magere Brug (Magere Brücke)

Die Stadt Amsterdam hat ihren Namen der Amstel zu verdanken. Heutzutage ist der Fluss voll mit Yachten und natürlich mit den Rundfahrtbooten. Am Ufer der Amstel stehen einige berühmte Gebäude, darunter die Stopera (Rathaus/Musiktheater), die Eremitage (Museum) und das Carré-Theater. Die Amstel ist weniger pittoresk als die schmaleren Grachten. Die bekannte Magere Brug und die Blauwbrug bieten eine Querung über den Fluss. Die Magere Brug ist eine weiße, hölzerne Zugbrücke und eines der bekanntesten Wahrzeichen der Stadt. Die Brücke wird in verschiedenen Filmen gezeigt, darunter auch im James-Bond-Film Diamantenfieber aus dem Jahr 1971. Die historische Brücke Blauwbrug verbindet den Rembrandtplein und den Waterlooplein. Die Blauwbrug ist nach der blauen Farbe der Brücke benannt, die sich einst an dieser Stelle befand. Die heutige Brücke orientiert sich am Vorbild der Pariser Brücke Pont Alexandre III.

Magere Brug (Magere Brücke)

Die Juden in Amsterdam

Juden kamen zuerst um 1600 nach Amsterdam. Dabei handelte es sich um wohlhabende sephardische Juden, die aus Portugal und Spanien flüchteten, sowie um verarmte aschkenasische Juden aus Mittel- und Osteuropa. Amsterdam war für seine Toleranz und Religionsfreiheit bekannt und die Neuankömmlinge konnten ihren Glauben hier ohne Angst vor Verfolgung praktizieren. So entwickelte sich Amsterdam zu einem Zentrum des jüdischen Lebens.

Seit Beginn des 17. Jahrhunderts machte die jüdische Bevölkerung mit ihrer Kultur und Religion einen wichtigen Bestandteil des Lebens in Amsterdam aus. Das klingt bis heute im hebräischen Spitznamen der Stadt, "Mokum", nach. Vor dem 2. Weltkrieg waren 10% der Amsterdamer Bevölkerung jüdisch (damals hatte Amsterdam insgesamt rund 800.000 Einwohner). Die Shoah, die Verfolgung und Ermordung der Juden im 2. Weltkrieg, zerstörte diese jüdische Gemeinschaft. Nur 20% der Amsterdamer Juden überlebten. Fast alle übrigen wurden deportiert und in den Konzentrationslagern der Nazis ermordet. Das jüdische Viertel befand sich rund um den Waterlooplein, wo die Juden ihren Markt abhielten und Synagogen bauten.

Heute gibt es in den Niederlanden etwa 45.000 Juden, von denen fast die Hälfte in Amsterdam lebt. Nur etwa ein Viertel der Niederländer, die sich selbst als jüdisch bezeichnen, gehören einer Synagoge an. Über die Hälfte von ihnen praktiziert den Glauben nicht mehr.
Die wenigen Gebäude, die die ursprüngliche jüdische Gemeinde hinterlassen hat, darunter die Portugiesische Synagoge, das Theater Hollandsche Schouwburg und das Jüdische Museum, machen das jüdische Erbe von Amsterdam erlebbar.

TIPP: Eine Eintrittskarte für eines der Museen im jüdischen Viertel *(Jüdisches Historisches Museum, Portugiesische Synagoge, JHM Kindermuseum, Nationaal Holocaust Museum und Hollandse Schouwburg)* gilt für alle anderen Museen in diesem Bereich.

Hollandsche schouwburg

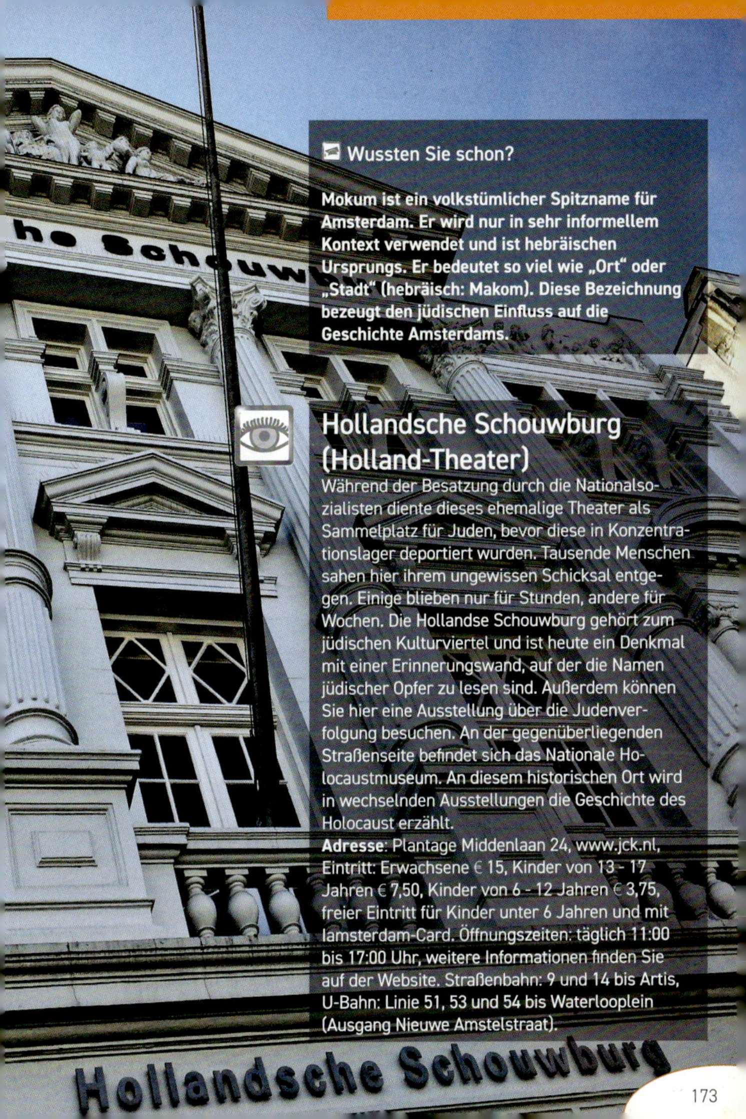

Wussten Sie schon?

Mokum ist ein volkstümlicher Spitzname für Amsterdam. Er wird nur in sehr informellem Kontext verwendet und ist hebräischen Ursprungs. Er bedeutet so viel wie „Ort“ oder „Stadt“ (hebräisch: Makom). Diese Bezeichnung bezeugt den jüdischen Einfluss auf die Geschichte Amsterdams.

Hollandsche Schouwburg (Holland-Theater)

Während der Besatzung durch die Nationalsozialisten diente dieses ehemalige Theater als Sammelplatz für Juden, bevor diese in Konzentrationslager deportiert wurden. Tausende Menschen sahen hier ihrem ungewissen Schicksal entgegen. Einige blieben nur für Stunden, andere für Wochen. Die Hollandse Schouwburg gehört zum jüdischen Kulturviertel und ist heute ein Denkmal mit einer Erinnerungswand, auf der die Namen jüdischer Opfer zu lesen sind. Außerdem können Sie hier eine Ausstellung über die Judenverfolgung besuchen. An der gegenüberliegenden Straßenseite befindet sich das Nationale Holocaustmuseum. An diesem historischen Ort wird in wechselnden Ausstellungen die Geschichte des Holocaust erzählt.

Adresse: Plantage Middenlaan 24, www.jck.nl, Eintritt: Erwachsene € 15, Kinder von 13 - 17 Jahren € 7,50, Kinder von 6 - 12 Jahren € 3,75, freier Eintritt für Kinder unter 6 Jahren und mit Iamsterdam-Card. Öffnungszeiten: täglich 11:00 bis 17:00 Uhr, weitere Informationen finden Sie auf der Website. Straßenbahn: 9 und 14 bis Artis, U-Bahn: Linie 51, 53 und 54 bis Waterlooplein (Ausgang Nieuwe Amstelstraat).

→ Die sieben Brücken der Reguliersgracht

Auf dem Bild sehen Sie eine der am häufigsten fotografierten Stadtansichten von Amsterdam: die berühmten sieben Brücken der Reguliersgracht. Die Reguliersgracht gilt als eine der schönsten Grachten von Amsterdam.

Sieben Brücken

Verzetsmuseum Amsterdam
Das Museum dokumentiert den Widerstand der Niederländer gegen die deutsche Besetzung des Landes während des 2. Weltkrieges. Es behandelt auch zeitgenössische Aspekte der niederländischen Gesellschaft und allgemein alle Arten des Widerstandes. Im Museum gibt es auch einen Bereich für Kinder, mit wahren Geschichten und Originalgegenständen, die während der Besatzung durch die deutschen Nationalsozialisten das Leben von Kindern bestimmten. **Adresse**: Plantage Kerklaan 61, www.verzetsmuseum.org, Eintritt: Erwachsene € 10, Kinder von 7 -15 Jahren € 5, freier Eintritt für Kinder unter 7 Jahren und mit Iamsterdam-Card. Öffnungszeiten: Sa - Mo 11:00 bis 17:00 Uhr, Di - Fr 10:00 bis 17:00 Uhr, Straßenbahnen: Linie 9 vom Hauptbahnhof und Linie 14 vom Dam bis Artis. Zum nächsten U-Bahnhof am Waterlooplein gehen Sie 10 Minuten.

Eremitage Amsterdam
Im Jahr 2004 hat das berühmte russische Museum einen Ableger im Amsterdam eröffnet. Es befindet sich gegenwärtig in einem Gebäude aus dem 17. Jahrhundert am Fluss Amstel, das ursprünglich als Altenheim diente. Dort können Sie heute die Kunstwerke und weitere Stücke aus der riesigen Sammlung der Eremitage St. Petersburg bewundern. Diese reichen von Schmuckgegenständen aus dem Alten Griechenland bis hin zu Rokokomalerei. Auch sind Kunstgegenstände aus anderen westeuropäischen Ländern hier ausgestellt. **Adresse**: Amstel 51, www.hermitage.nl, Eintritt: Erwachsene € 17,50, freier Eintritt für Kinder bis 11 Jahre und mit Iamsterdam-Card, Öffnungszeiten: täglich von 10:00 bis 17:00 Uhr, Straßenbahn: Linie 9 bis Waterlooplein oder U-Bahn 51, 53 oder 54 bis Waterlooplein, Ausgang Nieuwe Keizersgracht.

Gassan Diamonds
Gassan Diamonds, Diamantenhändler und Juwelier seit 1946, ist einer der berühmtesten Diamant- und Schmuckhändler von Amsterdam. Gassan verkauft Luxusuhren, edlen Schmuck und Diamanten, betreibt aber auch ein eigenes Museum. Wenn Sie mehr über Karat, das Schneiden, die Farben und Reinheit von Diamanten erfahren möchten, sollten Sie dem Gassan Diamantenmuseum unbedingt einen Besuch abstatten. **Adresse**: Nieuwe Uilenburgerstraat 175, www.gassan.com, Öffnungszeiten: 09:00 bis 17:00 Uhr, kostenlose Führung, U-Bahn: alle Linien vom Hauptbahnhof, Ausstieg Nieuwmarkt. Von dort gehen Sie 5 Minuten zu Fuß.

Hortus Botanicus
Der Hortus Botanicus Amsterdam wurde im Jahre 1638 gegründet und ist damit einer der ältesten Botanischen Gärten der Welt. Der Garten im Herzen der niederländischen Hauptstadt ist ein schöner und beschaulicher Ort mit einer einzigartigen Pflanzensammlung. **Adresse**: Plantage Middenlaan 2a, www.dehortus.nl. Öffnungszeiten: 10:00 bis 17:00 Uhr. Eintritt: Erwachsene € 9, Kinder von 5 bis 14 Jahren € 5. Straßenbahn: 9 vom Hauptbahnhof bis Mr. Visserplein oder mit den U-Bahnlinien 51, 53 oder 54 bis Waterlooplein (Ausgang Hortusplantsoen).

Portugiesische Synagoge Amsterdams

Die weltbekannte Portugiesische Synagoge steht am Mr. Visserplein. Sie wurde zwischen 1671 und 1675 erbaut, etwa 75 Jahre nach der Ankunft der spanischen und portugiesischen (sephardischen) Juden, die vor den Gräueln der Inquisition geflohen waren. In der Bibliothek der Synagoge, der „Ets Haim" (was soviel wie „Lebensbaum" bedeutet), finden Sie eine der wichtigsten und wertvollsten sephardischen Sammlungen der Welt. **Adresse**: Mr. Visserplein 3, www.jkc.nl. Öffnungszeiten: 01. April - 31. Oktober: So - Do 10:00 bis 17:00 Uhr, Fr 10:00 bis 16:00 Uhr, 01. November bis 31. März: So - Do 10:00 bis 16:00 Uhr, Fr 10:00 bis 14:00 Uhr. Eintritt: Erwachsene € 15, Jugendliche von 13 bis 17 Jahren € 7,50, Kinder von 6 bis 12 Jahren € 3,75 und unter 6 Jahren kostenlos. Straßenbahn: 9 und 14 bis Artis oder U-Bahnlinien 51, 53 und 54 bis Waterlooplein (Ausgang Nieuwe Amstelstraat).

Artis

Der berühmte Zoo der Stadt Amsterdam wurde 1838 gegründet. Der moderne Zoo beeindruckt mit seinen exotischen Tieren und seiner authentischen Atmosphäre, die dank der vielen historischen Gebäude erhalten geblieben ist.
Adresse: Plantage Kerklaan 38-40, www.artis.nl, Öffnungszeiten: 01. März bis 31. Oktober täglich von 09:00 bis 18:00 Uhr. 01. November bis 28. Februar 09:00 bis 17:00 Uhr, am 31. Dezember bis 16:00 Uhr. Artis ist im Juni, Juli und August bis Sonnenuntergang geöffnet. Preise: Kinder von 3 bis 9 Jahren: € 18,00, Besucher von 10 Jahren zahlen € 21,50. Straßenbahn: Linie 9 ab Hauptbahnhof und Linie 14 ab Dam - Haltestelle Artis. Zum nächsten U-Bahnhof am Waterlooplein gehen Sie 10 Minuten.

Das Tropenmuseum

Dieses Museum müssen Sie sehen! Machen Sie sich bereit und lernen Sie mehr über die Kultur und die Geschichte der Menschen aus allen Erdteilen. Hier bekommen Sie einen ausgezeichneten Überblick über die Weltgeschichte und -kultur bis in die Gegenwart hinein. In der Dauerausstellung können Sie Kunst- und Kulturgegenstände aus aller Welt bewundern. Das Museum nimmt Sie mit auf eine Zeitreise rund um die Welt. Auf drei Etagen mit Ausblick auf den wunderschönen Lichthof erwecken tausende von Geschichten, faszinierende Kunst und interessante Objekte die verschiedensten Kulturen zum Leben.
Adresse: Linneaustraat 2, www.tropenmuseum.nl, Öffnungszeiten: Di - So von 10:00 bis 17:00 Uhr. Eintritt: Erwachsene € 15, Kinder (4-18) € 7. Straßenbahn: Linien 9 (vom Hauptbahnhof) bis 1e Van Swindenstraat, 10 (vom Leidseplein) und 14 (vom Dam), bis Alexanderplein.

→ Droog

Bei Droog gibt es viel zu entdecken: Accessoires, Beleuchtung, neue Designkollaborationen, kreative Werkzeuge und Geschäftsmodelle mit einer ganz besonderen Perspektive. Seit Anfang der neunziger Jahre ist Droog Pionier in Sachen bahnbrechender, innovativer Designtendenzen. Droog setzt darauf, neue Konzepte und Szenarien zu entwickeln. Das Ergebnis sind einzigartige Produkte, Räume, Veranstaltungen und Kommunikationstools. **Adresse**: Staalstraat 7a, www.droog.com. Öffnungszeiten: Di, Mi, Fr, Sa, So von 11:00 bis 18:00 Uhr, Do 11:00 bis 21:00 Uhr, Mo geschlossen.

→ Biec

Die Boutique Biec in Amsterdam hilft Ihnen bei der Suche nach Dingen, die Ihnen Freude machen. Hier teilt man gerne Produkte mit Ihnen, die Ihr Leben aufheitern. Bei Biec finden Sie Tischdekoration, Schmuck, Kleidung, Taschen, Schals, Notizbücher und noch viele weitere Produkte aus der ganzen Welt.
Adresse: Staalstraat 28, www.biec.nl. Öffnungszeiten: Mo 12:00 bis 18:30 Uhr, Di - Sa 11:00 bis 18:30 Uhr und So 12:00 bis 18:30 Uhr.

→ 1953 Retro & Chic

Stöbern Sie in dieser schönen und sehr kleinen Vintageboutique im Herzen von Amsterdam. Hier stoßen Sie auf so manchen Schatz, darunter hübsche Kleider und Schuhe. Auch wenn Sie nichts kaufen, lohnt es sich, hier vorbeizuschauen.
Adresse: Staalstraat 2, Öffnungszeiten: Di - Sa 12:00 bis 18:00 Uhr.

Café de Sluyswacht

Das Café de Sluyswacht gehört zu den hübschesten Orten an den berühmten Grachten von Amsterdam. Das kleine Gebäude ist freistehend, und weil es von keiner Seite gestützt wird, ist es noch schiefer als der Turm von Pisa. Im Jahre 1695 wurde als Haus für den Schleusenwärter gebaut. Heutzutage ist es eine Kneipe mit authentischem alt Amsterdamer Charakter. Die tolle Atmosphäre und die freundlichen Mitarbeiter sorgen dafür, dass Sie sich hier ganz wie zu Hause fühlen. Das Café liegt gegenüber dem Rembrandthuis. Gönnen Sie sich hier einen Kaffee, ein Getränk und echte niederländische „Bitterballen".

Öffnungszeiten: Täglich ab 12:30 Uhr, Mo - Do bis 01:00 Uhr, Fr - Sa bis 03:00 Uhr, So bis 19:00 Uhr.

Adresse: Jodenbreestraat 1

Entrepotdok

Gegenüber dem Zoo Artis befindet sich eine Fußgängerbrücke, die zum nördlichen Teil der Plantage Kerklaan führt. Dies war ehemals das Revier der Niederländischen Ostindien-Kompanie VOC, die im 17. Jahrhundert durch Seehandel reich geworden war. Das Entrepotdok (Zolllager) war eine steuerfreie Zone. Dort besaß die VOC eine 500 Meter lange Reihe von Lagerhäusern, die damals das größte Warenlager Europas bildeten.
Die Lagerhäuser und das Torhaus zum Zolllager mit seiner neoklassischen Fassade, das sich am westlichen Ende des Entrepotdoks am Kadijksplein befindet, wurden geschmackvoll renoviert. Heute finden Sie hier Büros, Wohnungen und schöne Cafés, die mit Tischen am Wasser zum Verweilen einladen.

Muiderpoort

Das Muiderpoort ist ein prächtiges, klassizistisches Stadttor, das zur Stadtmauer von Amsterdam gehörte. Seitdem es 1770 gebaut wurde, gelangen viele Menschen durch das Muiderpoort nach Amsterdam. Es ist das einzige erhaltene Zugangstor aus dieser Zeit. Auf seiner Südseite finden Sie das Amsterdamer Wappen mit den drei Andreaskreuzen. Auf der anderen Seite prangt ein Wappen mit einer Kogge. Diese war auf dem mittelalterlichen Stadtwappen von Amsterdam abgebildet. Im 19. Jahrhundert wurden die Stadtmauern niedergerissen und durch die Stellung von Amsterdam ersetzt. Diese Verteidigungslinie umgibt die Stadt in einem größeren Abstand. Im Jahre 1811 ritt Napoleon mit seinem königlichen Gefolge triumphierend durch dieses Stadttor ein und verlangte prompt nach Nahrung für seine zerlumpten Soldaten.

Muiderpoort

→ Café Bern €

Dieses altmodische Restaurant im Stil eines Cafés liegt am Nieuwmarkt. Erwarten Sie hier keine ausgefallenen Gerichte oder schnellen Service sondern eine kleine Auswahl sättigender Gerichte und eine gut bestückte Bar. Der tatsächliche Grund, warum sich ein Besuch hier lohnt, ist das Käsefondue, das bei vielen als das beste von ganz Amsterdam gilt. Auch das Steak mit Pommes und Salat ist zu empfehlen. Das Café Bern gibt es schon seit vielen Jahrzehnten und seitdem hat sich hier kaum etwas geändert.
Adresse: Nieuwmarkt 9, www.cafebern.com, +31 (0)20 622 00 34, Öffnungszeiten: Mo - So 16:00 bis 01:00 Uhr.

→ Restaurant Bridges € € €

Im Restaurant Bridges dreht sich alles um Fisch und Meeresfrüchte. Wenn Sie also Meeresfrüchte lieben, sind Sie hier genau am richtigen Ort in Amsterdam! Das Restaurant bietet eine Auswahl von Speisen aus dem Meer, vom Land und aus dem Garten. So ist für jeden etwas dabei. Hier gibt es auch eine Raw Bar mit einer großartigen Auswahl an Meeresfrüchten, Austern und Platten mit rohem Fischtartar. Das Restaurant Bridges eignet sich sehr gut für einen besonderen Abend oder einen feierlichen Anlass. **Adresse**: Oudezijds Voorburgwal 197, www.bridgesrestaurant.nl, +31 (0)20 555 35 60, Öffnungszeiten: von 18:30 bis 22:30 Uhr.

→ Grand Café Amstelhoeck €

Die herrliche Lage mit Blick auf den Fluss Amstel lädt dazu ein, hier Speisen und Getränke in entspannter Atmosphäre zu genießen. Das Essen ist lecker und sein Geld wert. **Adresse**: Amstel 1, www.amstelhoeck.nl, +31 (0)20 620 90 39, Öffnungszeiten: Mo - Fr ab 09:00 Uhr und Sa - So ab 10:00 Uhr.

→ Soup en Zo €

Ein wirklich tolles Takeaway!! Auf der wechselnden Karte stehen ungefähr acht frisch zubereitete Suppen, Salate und Getränke zu erschwinglichen Preisen (€ 4 und €6 pro Tasse). Soup en Zo ist eine gesunde und günstige Anlaufstelle für eilige Touristen.
Adresse: Jodenbreestraat 94, www.soupenzo.nl, Öffnungszeiten: Mo - Fr von 11:00 bis 20:00 Uhr, Sa - So von 12:00 bis 19:00 Uhr.

→ Café Koosje €

Ein Café mit einem bunter gemischten Publikum werden Sie schwerlich finden. Das Koosje ist das Wohnzimmer der Nachbarschaft im Plantageviertel, in dem sich Leute von 18 bis 80 Jahren zu Hause fühlen. Die Einrichtung ist bequem und gemütlich. Im Koosje sind sowohl „Esser" als auch „Trinker" willkommen.
Adresse: Plantage Middenlaan 37 (gegenüber dem Zoo Artis), www.koosje-amsterdam.nl/en, +31 (0)20 320 08 17, Öffnungszeiten: So - Do 09:00 bis 01:00 Uhr, Fr - Sa 09:00 bis 03:00 Uhr.

Wussten Sie schon?

Die berühmten holländischen Windmühlen dienten hunderte Jahre dazu, Wasser abzupumpen.

Windmühle De Gooyer

→ Pizzabakkers €

Sie wollen echte italienische Pizza? Pizzabakkers serviert Ihnen definitiv eine der besten, wenn nicht DIE beste italienische Pizza in Amsterdam. **Adresse**: Plantage Kerklaan 2 (an derselben Straße wie der Zoo Artis), www.depizzabakkers.nl, +31 (0)20 625 07 40, Pizzabakkers finden Sie auch am Overtoom 501 (Route 5) und Haarlemmerdijk 128 (Route 3), Öffnungszeiten: Mo - Do von 12:00 bis 22:00 Uhr, Fr 12:00 bis 23:00 Uhr, Sa 16:00 bis 23:00 Uhr, So 16:00 bis 22:00 Uhr.

→ Proeflokaal Brouwerij 't IJ €

Die Gooyer Windmühle wurde im frühen 18. Jahrhundert als Getreidemühle gebaut. Heute beherbergt sie die kleine Brauerei Brouwerij 't IJ, die hier auch eine Bar betreibt. Sie können in der gemütlichen Atmosphäre der Brauerei die verschiedenen Biersorten probieren. Bestellen Sie Ihr Bier an der Bar und genießen Sie es drinnen oder draußen. Die Brauerei besitzt eine große Terrasse im Freien mit langen Tischen, wo Sie besonders im Sommer schön sitzen und entspannen können. Und es versteht sich von selbst, dass ein gutes Bier mit gutem Essen noch besser schmeckt.
Adresse: Funenkade 7, www.brouwerijhetij.nl, Öffnungszeiten: täglich von 14:00 bis 20:00 Uhr.

So gelangen Sie zurück ins Zentrum:

Von der Brouwerij 't IJ gelangen Sie ganz einfach wieder zurück ins Zentrum von Amsterdam. Gleich um die Ecke am Hoogte Kadijk hält die Straßenbahn 10, mit der Sie nach 10 Minuten zum Leidseplein gelangen. Vom Bahnhof Alexanderplein können Sie die Straßenbahnlinien 9 und 14 nehmen. Diese fahren am Waterlooplein, Rembrandtplein und Dam entlang. Der Hauptbahnhof ist die Endhaltestelle von Linie 9.

Route 5

Kunstviertel, Museumsviertel, P.C. Hooftstraat & Vondelpark

Das Rijksmuseum

Diese Route beginnt am Gouden Bocht (Goldener Bogen), dem repräsentativsten Teil der Herengracht. Der Bogen liegt zwischen der Vijzelstraat und der Leidsestraat. Erbaut wurde dieser Abschnitt während des Goldenen Zeitalters im 17. Jahrhundert. Berühmt ist er wegen seiner prächtigen Bauten, die von den seinerzeit reichsten Familien der Stadt bewohnt wurden. Viele dieser eindrucksvollen historischen Gebäude beherbergen heute Banken und andere Finanzinstitute. Von hier aus gehen Sie weiter in die Nieuwe Spiegelgracht. Wenn Sie Antiquitäten oder moderne Kunst sammeln, sollen Sie bei Ihrem Besuch in Amsterdam das Kunstviertel (Nieuwe Spiegelstraat, Spiegelgracht und Kerkstraat) auf keinen Fall verpassen. Dieses Viertel mit seiner freundlichen, entspannten Atmosphäre ist seit 80 Jahren das Herz des Kunst- und Antiquitätenhandels in den Niederlanden. Inzwischen sind hier fast ausschließlich Kunst- und Antiquitätenhändler angesiedelt. Die Preise sind tendenziell eher hoch, aber die Händler gehören zu den erfahrensten der Welt und darum können Sie sicher sein, dass Sie hier gut beraten werden. Besichtigen Sie auch das Museum van Loon an der Keizersgracht, in einem der schönsten Grachtenhäuser der Stadt. Die Nieuwe Spiegelgracht endet direkt vor dem Rijksmuseum.

Das Rijksmuseum gehört zum Museumkwartier (Museumsviertel) im südlichen Stadtteil Oud Zuid, einem der größten Bezirke von Amsterdam. Dieser Bereich heißt deshalb so, weil sich hier am Museumplein die größten Museen der Stadt befinden: neben dem Rijksmuseum auch das Van-Gogh-Museum und das Stedelijk Museum. Die Gegend gehört zu den wohlhabendsten von Amsterdam. Hier finden sie prächtige Häuser mit hohen Decken. Mitunter sind auch die großen Villen direkt am Museumplein oder am Vondelpark sehr sehenswert.
Die Kunst- und Historiensammlung des Rijksmuseum gehört zu den bedeutendsten der Welt und es beherbergt die weltweit größte Sammlung von Gemälden niederländischer Meister. Am Museumplein liegen zwei weitere bedeutende Museen: das Van-Gogh-Museum und das Stedelijk Museum. Das Van Gogh Museum besitzt die größte Van-Gogh-Sammlung der Welt. Das Stedelijk Museum Amsterdam wiederum zeigt moderne und zeitgenössische Tendenzen in Kunst und Design. Der Museumplein wird auch für Feste, Demonstrationen und andere Massenveranstaltungen genutzt

Auf der anderen Seite des Museumplein sehen Sie das Concertgebouw (Konzerthalle). Aufgrund der hervorragenden Akustik gilt das Concertgebouw als eine der besten Konzerthallen der Welt. Wenn Sie shoppen gehen möchten, sollten Sie sich die Van Baerlestraat nicht entgehen lassen. Diese lädt mit lokalem Flair sowie tollen Restaurants und Geschäften zum Bummeln ein. Von dort gehen Sie nur wenige Minuten zu Fuß bis zur P.C. Hooftstraat, der teuersten Einkaufsstraße der Niederlande. Sie wurde im Jahre 1876 nach dem niederländischen Historiker, Dichter und Bühnenautoren Pieter Corneliszoon Hooft (1581-1647), benannt. Heutzutage sind hier sehr viele Luxusgeschäfte international renommierter Marken wie D&G, Cartier und Valentino angesiedelt.

New York hat den Central Park, London den Hyde Park und Amsterdam den Vondelpark. Wenige Schritte von der PC Hooftstraat entfernt finden Sie diesen berühmten Park, der rund zehn Millionen Besucher pro Jahr anzieht. Hier können Sie ganz besonders im Sommer herrlich entspannen, sonnenbaden und die anderen Besucher beobachten. Die Anlage wurde 1865 eröffnet und hieß ursprünglich „Nieuwe Park". Später wurde sie nach dem im 17. Jahrhundert tätigen Schriftsteller Joost van den Vondel in „Vondelpark" umbenannt. TIPP: Gehen Sie an den Sonntagen im Juni und August ins Open-Air-Theater im Vondelpark, denn hier wird Ihnen Kultur vom Feinsten geboten. Den ganzen Sommer über finden kostenlose Konzerte für die Öffentlichkeit im Vondelpark statt (www.openlucht-theater.nl).

Der Vondelpark gehört zum Stadtteil Amsterdam Oud West (Alter Westen), der im 19. Jahrhundert ein kräftiges Wachstum erlebte. Ursprünglich war es als Arbeiterviertel angelegt worden. Dieser Teil der Stadt ist nur wenige Gehminuten vom Leidseplein entfernt und hat einen gemütlichen, kompakten aber dennoch lebendigen und urbanen Charakter. Hier erwarten Sie elegante Herrenhäuser, kulturelle Treffpunkte und großartige Straßencafés. Das Viertel ist nicht so stark von Touristen geprägt.

Vondelpark

Wussten Sie schon?
Der Pavillon im Vondelpark wurde zwischen 1879 und 1881 erbaut und diente ursprünglich als Ausgehlokal im Amsterdamer Vondelpark. Im Laufe der Jahre hatte das Gebäude verschiedene Funktionen. Unter anderem war der Pavillon bis 2012 der Sitz des niederländischen Filminstituts EYE. Gegenwärtig dient er als kulturelle Begegnungsstätte mit dem Restaurant Vondelpark3 (siehe S. 215).

Essen & Trinken:

1 Restaurant Spelt
2 Cobra Café
3 Restaurant Loetje
4 Café Wildschut
5 L'entrecôte et les Dames
6 The Seafood Bar
7 Brasserie Bark
8 Restaurant De Knijp
9 Bar Kitchen Vondelpark 3

Kunstviertel:

1 Renssen Art Gallery
2 Villa del Arte Galleries
3 Frides Laméris Art and Antiques
4 Lionel Gallery
5 Tribal Design
6 Gallery Iris & Schriek

Einkaufsstraßen:

1 Nieuwe Spiegelstraat
2 Prinsengracht
3 Spiegelgracht
4 Van Baerlestraat
5 P.C. Hooftstraat
6 Overtoom

Shopping:

1 Spiegel 100 procent Dutch
2 G & G Special Sizes
3 Museumshop
4 Taschen
5 Shoebaloo

Das müssen Sie sehen:

1 FOAM Fotografiemuseum
2 Museum van Loon
3 Amsterdamer Stadtarchiv
4 Rijksmuseum
5 Moco Museum
6 Van Gogh Museum
7 Städtisches Museum
8 Konzertsaal
9 House of Bolls
10 Royal Coster Diamonds
11 Diamand Museum
12 Vondelpark
13 Blue Boat Company (p.116/117)

So gelangen Sie ins Kunstviertel, ins Museumsviertel und zum Vondelpark:

- Kunstviertel: Straßenbahn 1, 2 und 5 bis Koningsplein. Wenn Sie die Brücke über die Gracht überquert haben, gehen Sie nach links. Die erste Straße an der rechten Seite ist die Nieuwe Spiegelgracht. Hier beginnt das Kunstviertel.
- Museumsviertel und P.C. Hooftstraat: Straßenbahn 2 und 5 bis Rijksmuseum;
- Vondelpark: Straßenbahn 1, 2 und 5 bis Leidseplein. Von hier sind es nur wenige Gehminuten bis zum Vondelpark.

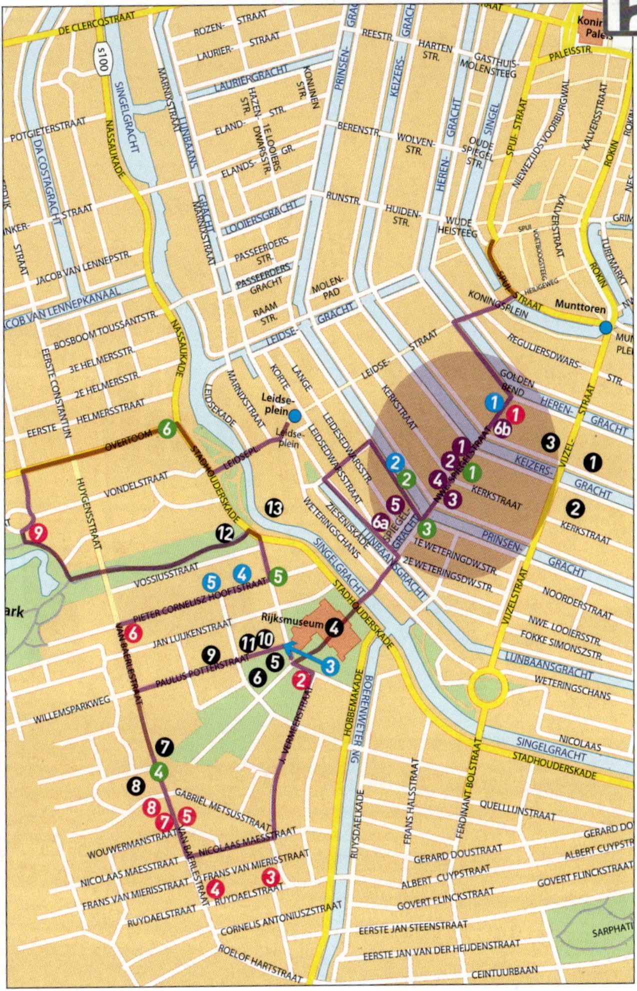
DE CLERCQSTRAAT
s100
ROZEN- STRAAT
LAURIER- STRAAT
LAURIERGRACHT
KONIJNEN STR.
HAZEN- STR.
ELAND- STR.
1E LOOIERS DWARSSTR.
ELANDS- GR.
SINGELGRACHT
NASSAUKADE
MARNIXSTRAAT
LIJNBAANS GRACHT
POTGIETERSTRAAT
DA COSTAGRACHT
STRAAT
JACOB VAN LENNEPSTR.
JACOB VAN LENNEPKANAAL
LOOIERSGRACHT
PASSEERDERS STR.
PASSEERDERS GRACHT
RAAM STR.
MOLEN- PAD
LEIDSE- GRACHT
PRINSEN-
REESTR.
BERENSTR.
RUNSTR.
KEIZERS-
HARTEN STR.
WOLVEN- STR.
HUIDEN- STR.
HEREN- GRACHT
GASTHUIS- MOLENSTEEG
OUDE SPIEGEL STR.
SINGEL
WIJDE HEISTEEG
SPUI- STRAAT
NIEUWEZIJDS VOORBURGWAL
KALVERSTRAAT
ROKIN
PALEISSTR.
SPUI
HEILIGEWEG
KONINGSPLEIN
Munttoren
REGULIERSDWARS- STR.
GOLDEN BEND
HEREN- GRACHT
KEIZERS- GRACHT
PRINSEN- GRACHT
VIJZEL- STRAAT
VIJZELSTRAAT
KERKSTRAAT
LEIDSE- STRAAT
KERKSTRAAT
NWE. SPIEGELSTRAAT
SPIEGEL- GRACHT
Leidse- plein
KORTE
LANGE
LEIDSEDWARSSTR.
LEIDSESTRAAT
BOSBOOM TOUSSAINTSTR.
3E HELMERSSTR.
2E HELMERSSTR.
EERSTE HELMERSSTRAAT
EERSTE CONSTANTIJN HUYGENSSTRAAT
OVERTOOM
LEIDSEKADE
LEIDSEPL.
VONDELSTRAAT
STADHOUDERSKADE
WETERINGSCHANS
ZIESENISKADE
LIJNBAANSGRACHT
SINGELGRACHT
1E WETERINGDW.STR.
2E WETERINGSDW.STR.
NOORDERSTRAAT
NWE. LOOIERSSTR.
FOKKE SIMONSZSTR.
LIJNBAANSGRACHT
WETERINGSCHANS
VOSSIUSSTRAAT
PIETER CORNELISZ HOOFTSTRAAT
Rijksmuseum
JAN LUIJKENSTRAAT
PAULUS POTTERSTRAAT
VAN BAERLESTRAAT
WILLEMSPARKWEG
J. VERMEERSTRAAT
HOBBEMAKADE
BOERENWETERING
SINGELGRACHT
STADHOUDERSKADE
NICOLAAS
ark
GABRIEL METSUSTRAAT
WOUWERMANSTRAAT
NICOLAAS MAESSTRAAT
FRANS VAN MIERISSTRAAT
RUYDAELSTRAAT
CORNELIS ANTONIUSZSTRAAT
ROELOF HARTSTRAAT
RUYSDAELKADE
FRANS HALSSTRAAT
FERDINANT BOLSTRAAT
QUELLIJNSTRAAT
GERARD DOUSTRAAT
ALBERT CUYPSTRAAT
GOVERT FLINCKSTRAAT
EERSTE JAN STEENSTRAAT
EERSTE JAN VAN DER HEIJDENSTRAAT
CEINTUURBAAN
SARPHATI

FOAM Fotografiemuseum

Wenn Sie sich für künstlerische Fotografie interessieren, nehmen Sie sich Zeit für einen Besuch im Foam, das Menschen aus der ganzen Welt anzieht. Das Museum zeigt alle 2 bis 4 Monate neue Wechselausstellungen, sowohl mit Werken weltbekannter Künstler als auch mit Arbeiten von Nachwuchstalenten. Das Foam (Fotografiemuseum Amsterdam) befindet sich in einem schönen, 150 Jahre alten Grachtenhaus.

Adresse: Keizersgracht 609, www.foam.org, Eintritt: Erwachsene € 11, kostenlos für Kinder unter 12 Jahren und mit Iamsterdam-Card. Öffnungszeiten: täglich von 10:00 bis 18:00 Uhr, Do - Fr 10:00 bis 21:00 Uhr. Straßenbahn: 16/24 bis Keizersgracht.

Rijksmuseum und Garten

Rijksmuseum

Ein absolutes Muss für jeden, der Amsterdam besucht, ist das Rijksmuseum - das Nationalmuseum der Niederlande. Einer der berühmtesten Architekten des Landes, P.J.H Cuypers, hat das im Jahre 1885 eröffnete Gebäude im neogotischen Stil entworfen.
Die beeindruckende Gemäldesammlung des Rijksmuseum umspannt die Zeit vom Mittelalter bis zum 20. Jahrhundert. Tatsächlich aber kommen die meisten Besucher ins Rijksmuseum, um die Gemälde der niederländischen Meister des 17. Jahrhunderts, das als goldenes Zeitalter in die Geschichte eingegangen ist, zu bewundern.
Zu den bekanntesten Meisterwerken des Museums gehören Rembrandts Nachtwache, die Dienstmagd mit Milchkrug von Vermeer und das Hochzeitsporträt des Isaac Abrahamsz von Frans Hals. Nach zehnjährigen Renovierungsarbeiten, die 375 Millionen Euro gekostet haben, wurde das Hauptgebäude am 13. April 2013 von Königin Beatrix wiedereröffnet. **Adresse**: Museumstraat 1, www.rijksmuseum.nl/de. Preise: Erwachsene ab 19 Jahren: € 17,50, freier Eintritt bis 18 Jahre und mit Iamsterdam-Card. Öffnungszeiten: täglich 09:00 bis 17:00 Uhr, Straßenbahn: 2 und 5 bis Rijksmuseum.

Die Nachtwache im Rijksmuseum

→ Die niederländische Malerei

Die niederländische Malerei ist international bekannt. In Museen auf der ganzen Welt hängen die Werke von berühmten Malern aus den Niederlanden. Von den alten niederländischen Meistern bis hin zu zeitgenössischen Künstlern sind die niederländischen Maler sowohl bei Kunstkennern als auch beim allgemeinen Publikum sehr beliebt. In Amsterdam können Sie die Gemälde der holländischen Meister im Rijksmuseum und moderne Kunst im Stedelijk Museum bewundern.

Die lange Tradition der niederländischen Malerei geht bis auf das Mittelalter zurück. Ihren Höhepunkt erreichte sie in der Glanzzeit des Goldenen Zeitalters. Der Wohlstand florierte und die neureiche Bürgerschaft führte kulturelle Veränderungen herbei. Die niederländische Malerei verdankt ihren Ruf dem besonderen Stil und ihrer Qualität, aber auch der schieren Menge, in der Sie produziert wurde. Es gibt unzählige Porträts, Stillleben, Historiengemälde und Alltagsszenen, von denen Rembrandts Nachtwache das bekannteste Meisterwerk ist. Zu den prominenten Künstlern des 17. Jahrhunderts gehören auch Frans Hals, Johannes Vermeer oder Jan Steen.

Auch spätere Jahrhunderte brachten in den Niederlanden große Maler hervor. Der bekannteste von diesen ist wohl Vincent van Gogh. Bemerkenswert ist, dass er innerhalb von zehn Jahren (1880 - 1890) über 900 Gemälde und 1100 Arbeiten auf Papier fertigstellte. Ein moderneres, nicht weniger populäres Beispiel sind die abstrakt-geometrischen Gemälde von Mondrian.

Wussten Sie schon?

In Amsterdam gibt es mehr Museen pro Quadratmeter, als in jeder anderen Stadt der Welt.

Museum Van Loon

Im Herzen von Amsterdam, direkt an der Keizersgracht, liegt die Residenz der Amsterdamer Adelsfamilie Van Loon. Willem van Loon gehörte 1602 zu den Mitbegründern der Niederländischen Ostindien-Kompanie (VOC). Die Sammlung und das Haus der Familie sind an 7 Tagen in der Woche für Besucher geöffnet. In einem der schönsten Grachtenhäuser der Stadt können Sie einen Einblick in das Leben der Familie Van Loon bekommen. **Adresse**: Keizergracht 672, www.museumvanloon.nl. Eintritt: Erwachsene € 9, Kinder von 6 - 18 € 5, bis 5 Jahre und mit Iamsterdam-Card freier Eintritt. Öffnungszeiten: täglich von 10:00 bis 17:00 Uhr. Straßenbahn: 16 und 24 bis Keizersgracht..

Quelle: Peter Kooijman, Garten des Museums van Loon

Van Gogh Museum

Ein Besuch im Van-Gogh-Museum ist ein unvergessliches Erlebnis. Hier können Sie die weltweit größte Sammlung der Gemälde Vincent van Goghs bewundern. Auch andere Kunstwerke aus dem 19. Jahrhundert, darunter Arbeiten von Van Goghs Freund Paul Gauguin, sind im Museum ausgestellt. Van Gogh starb mit 37 Jahren, als er sein Leben 1890 auf tragische Weise durch Selbstmord beendete. Zu Lebzeiten verkaufte er nur ein einziges Gemälde und starb als armer, vereinsamter Künstler. Mittlerweile sind seine Bilder Millionen wert. Bewundern Sie die bekanntesten Meisterwerke von Vincent van Gogh, zum Beispiel die Mandelblüte (1890), die Sonnenblumen (1889), die Ernte (1888), das Weizenfeld unter Gewitterwolken (1890), den Boulevard de Clichy (1887) und die Kartoffelesser.

Adresse: Museumplein 6, www.vangoghmuseum.nl, Eintritt: Erwachsene € 17, freier Eintritt bis 17 Jahre und mit Iamsterdam-Card. Öffnungszeiten: täglich 09:00 bis 18:00 Uhr, Straßenbahn: 2 und 5 bis Van Baerlestraat.

Stedelijk Museum (Städtisches Museum)

Dieses Museum ist ein Muss für alle, die sich für moderne und zeitgenössische Kunst und für Design interessieren. Schwerpunkte der Dauerausstellung liegen bei De Stijl, Cobra, Nouveau Réalisme, Pop Art, Colorfield Painting, Zero und Minimal Art. Zu den bekanntesten Künstlern in der Sammlung gehören Picasso, die niederländischen Maler Karel Appel und Piet Mondrian sowie die französischen Maler Monet, Cezanne, Matisse, Chagall und Renoir.

Adresse: Museumplein 10, www.stedelijk.nl, Eintritt: Erwachsene € 15, freier Eintritt bis 18 Jahre und mit Iamsterdam-Card. Öffnungszeiten: täglich 10:00 bis 18:00 Uhr, Straßenbahn: 2 und 5 bis Van Baerlestraat.

Concertgebouw (Konzertsaal)

Den Museen abgewandt, an der Südseite des Museumplein finden Sie das Concertgebouw. Es steht in dem Ruf, zu den akustisch besten und schönsten Konzerthäusern der Welt zu gehören. Das von A.L. van Gendt entworfene und im Jahre 1888 eröffnete Concertgebouw ist Sitz des bekannten Concertgebouw-Orchesters, des Niederländischen Philharmonieorkesters und des Niederländischen Kammerorchesters. TIPP: Jeden Mittwochmittag gegen 12.30 Uhr können Sie einem kostenlosen „Überraschungskonzert" eines Residenz- oder Gastorchesters lauschen. In den Sommermonaten finden die Robeco-Sommerkonzerte mit gastierenden Solisten und Orchestern statt.

Adresse: Concertgebouwplein 10, www.concertgebouw.nl, Straßenbahn: 2 und 5 bis Van Baerlestraat.

Stadsarchief Amsterdam (Amsterdamer Stadtarchiv)
Das Amsterdamer Stadtarchiv beherbergt das Archiv der Stadtverwaltung sowie Archive privater Organisationen und Unternehmen, die eine Verbindung zu Amsterdam haben. Die Archive sind öffentlich zugänglich.
Adresse: Vijzelstraat 32, www.stadsarchief.amsterdam.nl/english, Öffnungszeiten: Di - Fr 10:00 bis 17:00 Uhr, Sa - So 12:00 bis 17:00 Uhr, Straßenbahn: 16 und 24 bis Keizersgracht.

Der britischen Zeitung The Guardian zufolge gehört das Stadtarchiv Amsterdam zu den zehn besten Gratis-Museen der Welt!!

House of Bols Cocktail & Genever Experience

Besuchen Sie das preisgekrönte House of Bols Cocktail & Genever Experience in Amsterdam, das seit Dezember 2016 vollständig renoviert und erneuert ist.

Ein Besuch im House of Bols Cocktail & Genever Experience auf dem Museumsplatz in Amsterdam ist ein einzigartiges Abenteuer und ein unvergessliches, interaktives Erlebnis der glamourösen Welt aus Cocktails, Likören, Barkeeper-Kultur und dem niederländischen Schnaps Genever. Hier erfahren Sie alles über Lucas Bols (gegründet 1575), die älteste Spirituosenmarke der Welt und über ihre Liköre und Genever, die am Ende der Tour zu köstlichen Cocktails gemixt werden.

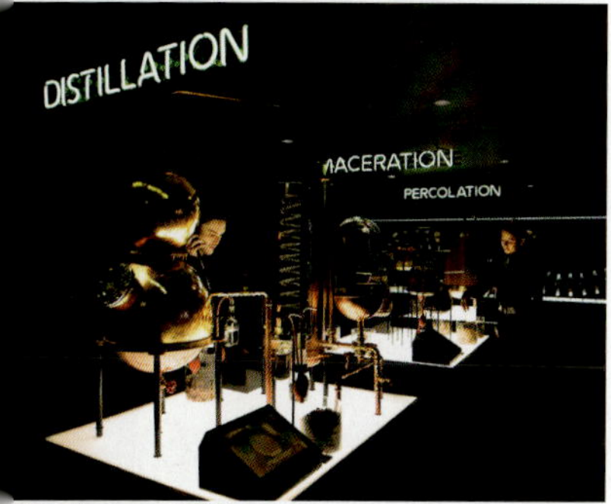

Das House of Bols nimmt Sie als Besucher mit auf eine spektakuläre, multisensorische Reise durch die Welt der Cocktails. In den verschiedenen Bereichen, der „Art of Flavour", der „Hall of Taste", im „Extraction Room" und im Genever-Raum werden all Ihre Sinne angeregt und Sie entdecken die Geheimnisse aller 42 Liköre und Genever von Bols. Als Gewinner des niederländischen Design-Preises für die beste Ausstellung & das beste Erlebnis beweist das House of Bols, dass Kulturerbe und Geschichte bestens mit Innovation und modernem Design vereinbar sind.

Adresse: Paulus Potterstraat 14, www.houseofbols.com. Das Mindestalter für einen Besuch im House of Bols beträgt 18 Jahre, Eintritt: € 16,00 pro Person, inklusive einem Cocktail Ihrer Wahl. Öffnungszeiten: täglich von 13:00 bis 18:30 Uhr. (Ticketverkauf bis 17:30 Uhr), Straßenbahn: 2 und 5 bis Rijksm

Diamant Museum Amsterdam

Das Diamantenmuseum in Amsterdam ist ein modernes Museum, das alles zum Thema Diamanten, dem Aufstieg der Diamantenverarbeitung in Amsterdam und dessen Geschichte präsentiert. Das Museum befindet sich zwischen dem Rijksmuseum und dem Van Gogh Museum, direkt neben Royal Coster Diamonds, einer der ältesten bis heute operierenden Diamantenverarbeitungsbetriebe Amsterdams.
Das Museum ist ein visuelles Informationszentrum, das das Thema Diamanten in allen Facetten beleuchtet. Dabei liegt der Schwerpunkt auf dem Diamantengewerbe Amsterdams. Das Museum nimmt Sie mit auf eine Reise, die vor 3 Milliarden Jahren 200 Kilometer unter der Erdoberfläche begann, und die mit dem Ring an Ihrem Finger endet. Die Dauerausstellung "Brilliant Beauties" macht anhand von neun verschiedenen Themenbereichen alle Aspekte in der Geschichte der Diamanten anschaulich. Bewundern Sie die Kronjuwelen des niederländischen Königshauses, entdecken Sie den kleinsten Brillanten der Welt und lernen Sie, zwischen gefälschten und echten Diamanten zu unterscheiden.

Öffnungszeiten:
Mo-So 10:00 bis 17:00 Uhr.

Paulus Potterstraat 8
+31 (0)20 305 53 00
www.diamantmuseum amsterdam.nl

Royal Coster Diamonds

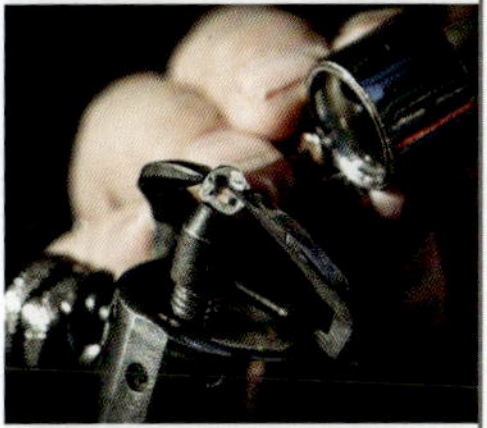

Royal Coster Diamonds wurde 1840 gegründet und gehört damit zu den ältesten bis heute aktiven Diamantenunternehmen in der Stadt. Die Diamantschleifer sind absolute Meister ihres Handwerks und fertigen hier seit mehr als 160 Jahren auserlesene Kunstgegenstände an. Die kostenlosen Führungen sind in über 25 Sprachen verfügbar. Dabei erklären Ihnen die aufmerksamen und zuvorkommenden Mitarbeiter haarfein alles, was Sie über das Schleifen von Diamanten wissen möchten. Bewundern Sie die große Sammlung loser und gefasster Diamanten und eine der umfangreichsten Sammlungen mit großen Edelsteinen über 1 Karat in der Stadt. Während der Exkursion in der Schleiferei bekommen Sie auch den einzigartigen Diamanten „Lucullan" zu sehen, der mit seinen 181.15 Karat der größte ungeschliffene Edelstein der Welt ist. Und Royal Coster Diamonds hat mehr als nur Edelsteine zu bieten. Bei Coster Watches finden Sie ein breites Angebot an modischen und luxuriösen Armbanduhren der Spitzenklasse. Da ist für jeden Geschmack und jedes Budget etwas dabei!

Öffnungszeiten:
Mo-So 10:00 bis 17:00 Uhr.

Paulus Potterstraat 2-6
+31 (0)20 305 55 55
www.costerdiamonds.com

Folgen Sie uns
www.facebook.com/
costerdiamonds.nl

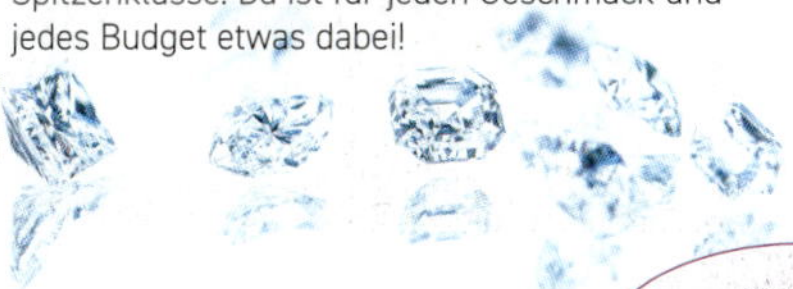

LionelGallery

Diese Galerie erwartet Sie im Herzen des Kunst- und Museumsviertels von Amsterdam an der Nieuwe Spiegelstraat. Unsere Kunden kommen aus der ganzen Welt und schaffen so eine internationale Plattform für Künstler und Sammler. Die Sammlung umfasst viele wunderschöne Stücke von bekannten Künstlern wie Warhol, Picasso, Banksy und Miro: alle sind sie hier vertreten.

Banksy, street art

Satire, kritische Seitenhiebe auf die Gesellschaft, politische Statements und ein Sinn für schwarzen Humor – das sind die wichtigsten Zutaten für die Arbeiten von Banksy. Der britische Street-Artist verwendet dieses Pseudonym seit den frühen 90ern und ihm ist es bis heute erfolgreich gelungen, seine wahre Identität vor seinen Bewunderern und Kritikern zu verbergen.

Öffnungszeiten:
Mo-So 12:00 bis 18:00 Uhr.

Nieuwe Spiegelstraat 64
+31(0)20 370 84 86
www.lionelgallery.com

Social media:
Instagram & Facebook

Moco Museum

Das Moco Museum (Modern Contemporary) Amsterdam befindet sich in einer schönen, historischen Stadtvilla direkt am Museumsplatz. Das Museum konzentriert sich vor allem auf die Namen mit Kultstatus in der internationalen Kunstwelt - allen voran der neue Warhol der Straßenkunst: Banksy. Das Moco Museum zeigt all seine berühmtesten Arbeiten, darunter Laugh Now, Barcode, Girl with Balloon, Kids on Guns, Pulp Fiction, Flower Thrower, Monkey Queen, Kate Moss, Bomb Hugger, Soup Can und noch viele weitere. Das Museum möchte eine große Bandbreite moderner und zeitgenössi-

scher Kunst für ein breites Publikum zugänglich machen. Dabei konzentriert es sich auf die so genannten „Rockstars der Kunst" aus den verschiedensten Kunstrichtungen. Wundern Sie sich also nicht, wenn Sie hier in den immer wieder neuen Wechselausstellungen Werke von so unterschiedlichen Künstlern wie Salvador Dali, Roy Lichtenstein, Keith Haring, Andy Warhol, Damien Hirst, Jeff Koons und Picasso finden

Öffnungszeiten:
Mo-So 10:00 bis 18:00 Uhr.

Honthorststraat 20
+31 (0)20 233 19 97
www.mocomuseum.com

Social media:
Instagram & Facebook

Hyperphoto von JF Rauzier, mit freundlicher Genehmigung von Villa del Arte.

Kunstviertel (Nieuwe Spiegelstraat und Spiegelgracht)

Das Kunstviertel erstreckt sich von der Herengracht bis hin zum Rijksmuseum und diesem kulturellen Zentrum hat es viel von seinem Kulturerbe zu verdanken. Es ist eines der schönsten Viertel in der ganzen Stadt. Egal ob Sie Sammler oder Kunstbegeisterter sind - an den vielen Kunstgalerien und hübschen Antiquitätenläden, die hier entlang der schmalen Sträßchen liegen, werden Sie sich kaum satt sehen können. Die Spiegelgracht wurde im Jahre 1663 angelegt, um eine Verbindung zwischen der Prinsengracht und der damaligen Gracht Boerenwetering zu schaffen. Benannt ist sie nach einem der vier Bürgermeister, Hendrick Dircksz Spiegel. Zuerst siedelten sich hier Handwerker wie Uhrenmacher, Polsterer und Klempner an. Schließlich wohnten die reichen Grachtenbewohner, denen sie ihre Dienste anboten, gleich um die Ecke.
Zu Beginn des 20. Jahrhunderts machte sich das Kunstviertel einen Namen als Zentrum für Kunst und Antiquitäten, nachdem sich hier einige Antiquitätenhändler niedergelassen hatten. Zu voller Blüte gelangete das Viertel aber erst nach dem 2. Weltkrieg und spielt seitdem eine entscheidende Rolle im niederländischen Kunst- und Antiquitätenhandel. Die wichtigsten Straßen im Kunstviertel sind die Spiegelgracht und die Nieuwe Spiegelstraat, wo sich über 80 unabhängige Kunstgalerien und Antiquitätengeschäfte befinden, die klassische und zeitgenössische Kostbarkeiten aus der ganzen Welt verkaufen.

In den Schatzkammern des Kunstviertels warten jede Menge Kostbarkeiten darauf, von Ihnen entdeckt zu werden: Möbel aus dem 17. Jahrhundert, Delfter Keramik, Schmuck aus dem 19. Jahrhundert, seltene und kuriose Sammlerstücke aus längst vergangenen Tagen. Die vielen verschiedenen Galerien lassen die Herzen von Kunstsammlern höher schlagen. Hier wird Kunst aus allen Epochen verkauft, von Kunstgegenständen aus dem alten Griechenland bis hin zu Arbeiten aus dem 20. und 21 Jahrhundert von Ikonen wie Andy Warhol, Chagall, Picasso und Banksy.
Das Kunstviertel liegt im Herzen des Grachtengürtels und so befinden sich viele Museen und Sehenswürdigkeiten ganz in der Nähe. Eine Erkundungstour durch das Kunstviertel lässt sich prima mit einem Besuch im nahegelegenen Rijksmuseum, Stedelijk Museum oder Van Gogh Museum kombinieren. All diese Museen finden Sie im Bereich südlich der Spiegelgracht.
Auf den nächsten Seiten folgt eine Übersicht der renommiertesten Kunstgalerien und Antiquitätenhändler im Kunstviertel, die allesamt einen Besuch mehr als wert sind. *www.spiegelkwartier.nl*

Gallery Iris & Schriek

Am 1. Juni 2017 eröffnet die Gallery Iris & Schriek an der Nieuwe Spiegelstraat 11A. Diese neue Niederlassung ist die Nachfolgegalerie der kleineren Variante an der Spiegelgracht 32. Die Galerie im Herzen des Spiegelkwartiers ist für Ihre Grafiksammlung bekannt. Besonders Arbeiten des Künstlers Marc Chagall (1887–1985) sind hier gut

vertreten. Chagall, der jüdisch-russische Vorfahren hatte, gehört zu den wichtigsten Künstlern des 20. Jahrhunderts. Sein Werk, in dem Liebe, Frieden und das Leben selbst im Mittelpunkt stehen, findet weltweit Bewunderer. In der neuen Galerie finden Sie auch viele Arbeiten von Chagalls Zeitgenossen. "Wenn ich vom Herzen aus arbeite, funktioniert fast alles; wenn ich es mit dem Kopf tue, geschieht beinahe nichts." (Marc Chagall)

Öffnungszeiten:
Wo-So 10:00-17:00 Uhr.

Spiegelgracht 32
Nieuwe Spiegelstraat 11a
+31 (0)6 180 67 644
www.iris-schriek.com
info@iris-schriek.com

Social media:
Instagram & Facebook

Villa del Arte Galleries

Françoise Nielly, Untitled 620
110 x 110 cm

Öffnungszeiten:
Mo-So 11:00 bis 18:00 Uhr.

Nieuwe Spiegelstraat 38
+31 (0)6 423 82 902
www.villadelarte.com
info@villadelarte.com

Folgen Sie uns
www.facebook.com/
villa.delarte

Villa del Arte Galleries, die auch Niederlassungen in Barcelona und Palm Beach hat, gehört zu den besten Galerien für zeitgenössische Kunst an der Nieuwe Spiegelstraat. Wenn Sie sich mit Fotografie, Malerei oder großformatigen Stahlskulpturen auskennen, sollten Sie auf jeden Fall hier vorbeischauen. Villa del Arte vertritt unter anderem Fotografen wie Jean-François Rauzier, den Schöpfer der "Hyper-Fotografie", den Multimediakünstler Frank E. Hollywood mit seinen farbenprächtigen Pop-Art-Arbeiten und Françoise Nielly, die für Ihre ausdrucksstarken Portraits mit fluoreszierenden Ölfarben bekannt ist. Kurz gesagt: Villa del Arte ist sicherlich einen Besuch wert. In der Galerie werden Sie von freundlichen, sachkundigen Mitarbeitern empfangen. Der Versand ins Ausland ist übrigens kein Problem!

Yvonne Michiels
"Amsterdam"
120 x 120 cm

Jean-François Rauzier Manhattan Farms
150 x 250 cm

Tribal Design

Nach 15 erfolgreichen Jahren an der Nieuwe Spiegelstraat ist Tribal Design jetzt in eine großartige, geräumige Galerie an der „Sonnenseite" der Spiegelgracht umgezogen. Die Galerie an der Spiegelgracht 8 liegt mitten im Herzen von Amsterdams lebendigem Antiquitätenviertel, nur einen Katzensprung vom Rijksmuseum entfernt. Bei Tribal Design wartet eine umfangreiche Sammlung von Masken, Skulpturen, Körperschmuck und täglichen Gebrauchsgegenständen aus ganz Ozeanien, Afrika und Indonesien darauf, von Ihnen entdeckt zu werden. Die ausgesuchte Sammlung authentischer Stammeskunst zieht Sammler, Museen und Innenarchitekten aus der ganzen Welt an.

Tribal Design

Öffnungszeiten:
Mo-Sa 11:00 bis 18:00 Uhr.

Spiegelgracht 8
+31(0)20 421 66 95
+31 (0)6 542 90 009
elsverhey@planet.nl
www.tribaldesign.nl

Folgen Sie uns:
Instagram: tribaldesigngallery

Renssen Art Gallery

Öffnungszeiten:
Mo-So 11:00 bis 17:30 Uhr.
Nieuwe Spiegelstraat 44
+31 (0)6 342 61 770
www.renssen-art.com

Mitten im Amsterdamer Kunstviertel (Spiegelkwartier) finden Sie die Renssen Art Gallery. Hier werden Gemälde, Skulpturen und Lithographien des niederländischen Künstlers Erik Renssen in einer eleganten und ungezwungenen Atmosphäre gezeigt. Renssen ist ein renommierter Künstler mit einer ständig wachsenden Zahl internationaler Bewunderer und Sammler.

Neben den Kunstwerken von Renssen präsentiert die Renssen Art Gallery eine Sammlung hochwertiger Lithographien, Pochoirs und Radierungen von Picasso. Die geschmackvolle Kombination dieser beiden Sammlungen, präsentiert in exquisiten, handgefertigten und vergoldeten Rahmen, macht einen Besuch in der Renssen Art Gallery zu einer ganz besonderen Erfahrung.

Frides Laméris Art und Antiques

Öffnungszeiten:
Mo 13:00-18:00 Uhr,
Di-Sa 10:00-18:00 Uhr.

Nieuwe Spiegelstraat 55
+31(0)20 626 40 66
www.frideslameris.nl
info@frideslameris.nl

Frides Laméris Art und Antiques richtet sich ganz auf die Kunst des Feuers. Abgesehen von diesem Schwerpunkt ist die Kollektion ausgesprochen vielseitig mit ihrer Mischung aus römischem und venezianischem Glas sowie Glas à la façon de Venise aus dem 16. und 17. Jahrhundert oder gravierten Kelchen aus dem 18. Jahrhundert. Auch können Sie hier asiatisches Porzellan aus dem 16. und 17. Jahrhundert sowie Keramik und Kacheln aus Delft, Spanien und Italien finden.

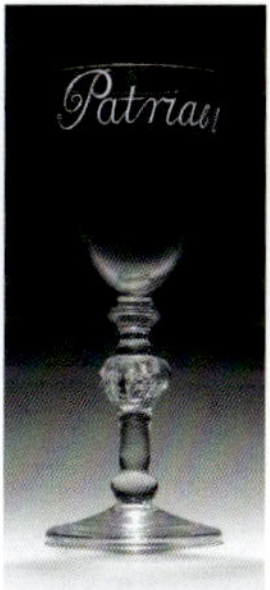

P.C. Hooftstraat und Van Baerlestraat

Viele der Amsterdamer Luxusboutiquen und Designerläden befinden sich im Museumsviertel. Die P.C. Hooftstraat ist als exklusivste Einkaufsstraße der Hauptstadt die beste Shoppingadresse in Amsterdam. An dieser relativ kurzen Straße finden Sie alle Topmarken und Designershops, die Sie sich nur wünschen können. Auch an der Van Baerlestraat gibt es zahlreiche verschiedene Luxusgeschäfte.

→ Paul Smith

Dieser Laden lebt ganz und gar vom Charakter von Paul und seinen Entwürfen: diese haben etwas unverwechselbar Englisches an sich, das durch eine unerwartete Note noch verstärkt wird In diesem über 180 Quadratmeter großen Laden finden Sie seine gesamte Kollektion an Schuhen und Accessoires für Damen und Herren Verschiedenartige und exzentrische Objekte wie Schmuck, Bücher, Kunst und Antiquitäten sind in hier zusammen mit der Modekollektion wie in einem Schaukasten ausgestellt **Adresse**: P C Hooftstraat 136, www paulsmith co uk, Öffnungszeiten: Mo 12:00 bis 18:00 Uhr, Di - Sa 10:00 bis 18:00 Uhr, So 12:00 bis 17:00 Uhr

→ Taschen

Diese Buchhandlung ist absolut genial! Wenn Sie den Laden betreten, fühlen Sie sich, wie in einer edlen Modeboutique. Der Schwerpunkt liegt auf Büchern über Kunst und Design, unter anderem zu Themen wie Musik, Fotografie, Modedesigner, Architektur, Typografie, Illustration, erotische Fotografie, Streetart, berühmte Maler - und auch ein paar Reiseführer. **Adresse**:P.C. Hooftstraat 44, www.taschen.com, Öffnungszeiten: So und Mo 12:00 bis 18:00 Uhr und Di - Sa 10:00 bis 18:00 Uhr.

→ Shoebaloo

Kennen Sie noch die Fernsehserie Star Trek? Der Shop von Shoebaloo erinnert an das Raumschiff Enterprise. Shoebaloo hat sich in den Niederlanden und darüber hinaus mit einer erlesenen Auswahl an hochwertigen Designerschuhen, -taschen und -accessoires einen Namen gemacht. **Adresse**: P.C. Hooftstraat 80, www.shoebaloo.nl, Öffnungszeiten: Mo 12:00 bis 18:00 Uhr, Di - Sa 10:00 bis 18:00 Uhr, Do bis 21:00 Uhr, So 13:00 bis 18:00 Uhr.

→ Museumshop

Im Museum Shop ist ein buntes Sortiment an Artikeln zum Rijksmuseum und zum Van-Gogh-Museum versammelt. Hier bekommen Sie neben Hintergrundinformationen zu den Museen selbst und zu den aktuellen Ausstellungen auch Landkarten, Postkarten, Souvenirs, Geschirr, Kleidung, Bücher, Plakate, Miniaturen und vieles mehr.

G & G Special Sizes

Seit 30 Jahren ist G & G Special Sizes in Amsterdam der Spezialist für Markenmode in Übergrößen für besonders große und kräftige Männer. Hier stehen Ihnen renommierte Labels wie Polo Ralph Lauren, Paul & Shark, Camel Active, Bugatti und Pierre Cardin zur Auswahl. G & G Special Sizes erwartet Sie an der Prinsengracht. Der Laden hat sich im Laufe Jahre einen tadellosen Ruf aufgebaut. Die Mitarbeiter beraten Sie zuvorkommend und mit der nötigen Geduld, so dass Sie auf jeden Fall mit dem perfekten Kleidungsstück nach Hause gehen können.

Öffnungszeiten:
Di - Sa 09:30 bis 17:30 Uhr, Sa bis 17:00 Uhr

Prinsengracht 514
www.ggspecialsizes.com

spiegel
100% dutch

Spiegel 100% Dutch

Sie möchten gerne ein paar schöne Sachen aus den Niederlanden mit nach Hause nehmen, haben aber keine Lust darauf, Ihr Geld in den gewöhnlichen Souvenirläden auszugeben? Da kann Ihnen die niederländische Designboutique Spiegel helfen. Der Laden erwartet Sie in idealer Lage zwischen Rijksmuseum und Herengracht, mitten im Kunst- und Antiquitätenviertel. Hier bekommen Sie sorgfältig ausgesuchte Haushaltswaren, Schmuck, Bücher, Schreibwaren, kleine Kunstgegenstände und essbare Geschenke. Natürlich sind auch einige Stücke mit Tulpen, Grachtenhäusern oder Fahrrädern dabei, aber Ihnen stehen noch so viele andere Dinge zur Auswahl. Für jedes Alter und für jedes Budget dürfte hier etwas zu finden sein – vom Nijntje-Button bis zur handbemalten Vase. Alle Produkte wurden in den Niederlanden entworfen und zum Teil auch hier hergestellt. Das Angebot umfasst etablierte Marken wie Pols Potten und Anne Claire Petit, aber auch Stücke von jungen Designern, die frisch von der Designakademie Eindhoven kommen. In diesem Laden mit seinen vielen skurrilen Produkten, seinem kunstvoll gestalteten Schaufenster und seiner fröhlichen Inneneinrichtung bekommen Sie einen guten Einblick in die niederländische Designkultur.

Öffnungszeiten:
Mo-So 11:00 bis 18:30 Uhr.
Dienstags geschlossen.
Nieuwe Spiegelstraat 2a
+31(0)20 363 97 95
www.spiegelamsterdam.com

Folgen Sie uns:
facebook+ Instagram
@SpiegelAmsterdam

Essen und Trinken im Museumsviertel

Konzertsaal

Öffnungszeiten: Mo - So von 12:00 bis 00:30 Uhr.

Van Baerlestraat 120
+ 31 (0)20 675 02 10
www.bark.nl

Brasserie Bark

In dieser Brasserie dreht sich alles um Fisch. Am Amsterdamer Museumplein, wo das kulturelle Herz der Stadt schlägt, ganz in der Nähe von Concertgebouw und Rijksmuseum, erwartet Sie dieses erstaunliche Restaurant, das seine Gäste seit 25 Jahren mit Köstlichkeiten aus dem Meer verwöhnt.
Es erinnert an die Brasserien von Brüssel und Paris. Hier werden Ihnen Fisch und Meeresfrüchte tagesfrisch und in jeglicher Form und Größe serviert: Schellfisch, Lachs, Austern, Thunfisch, Seezunge, Hummer - Sie brauchen nur zu wählen! Freuen Sie sich auf ein Mittag- oder Abendessen voller köstlicher Meeresfrüchte. Internationale Besucher ebenso wie die Leute aus der Nachbarschaft essen regelmäßig bei Bark und bleiben hier gerne schon mal bis nach Mitternacht.

Öffnungszeiten: Mo - So 16:00 bis 00:30 Uhr.

Van Baerlestraat 134
+31 (0)20 671 42 48
www.deknijp.jubels.nl

Restaurant De Knijp

Das Restaurant De Knijp gehört seit 40 Jahren zur Amsterdamer Tradition. Konzert- und Museumsbesucher kehren hier, genau wie die Anwohner aus der Umgebung, regelmäßig ein. Die meisten Spezialitäten sind Fleischgerichte, allerdings haben sich in den vergangenen Jahren auch die großartigen Meeresfrüchte einen Ruf verdient. Das Restaurant ist bekannt für seine butterweichen Tournedos, sein Rindersteak mit Pommes, die Rindfleisch-Spieße, den Burger des Hauses oder das Satay mit Essiggurken und Emping-Chips. Dank der Zusammenarbeit mit Bark bekommen Sie hier den frischesten Fisch. Bitte rufen Sie an, um einen Tisch zu reservieren.

→ Restaurant Spelt €€

Dieses biologische Restaurant erwartet Sie mitten im Herzen der Stadt im Spiegelkwartier. Es ist sehr nett, sehr klein und hat sehr freundliches, hilfsbereites Personal. Weil das Restaurant eine offene Küche besitzt, können Sie mitverfolgen, wie das Team Ihre Mahlzeit zubereitet. Genießen Sie hier die besten Gerichte der Saison und niederländische Aromen. **Adresse**: Nieuwe Spiegelstraat 5A, www.restaurants-pelt.nl, +31 (0)20 420 70 22 , Öffnungszeiten: Mo – Do 12:00 bis 21:00 Uhr, Fr - Sa 12:00 bis 22:00 Uhr, So geschlossen.

→ Restaurant Loetje €€

Das Restaurant Loetje ist eine echte Institution und in ganz Amsterdam berühmt für sein Steak. Die Speisekarte ist sehr übersichtlich, denn Loetje serviert nur Steak, Satay-Huhn und ein paar andere Gerichte - alle mit jeder Menge Pommes. Die Preise sind moderat und die schöne, große Terrasse und der Garten des Loetje sind auch im Winter geöffnet. **Adresse**: Johannes Vermeerstraat 52, www.amsterdam.loetje.com , +31 (0)20 662 81 73, Öffnungszeiten: täglich ab 10:00 Uhr.

→ l' Entrecôte et les Dames €€

Dieses schöne Restaurant erwartet Sie in sehr guter Lage in der Nähe des Concert-gebouw. Es ist eine hervorragende Adresse, wenn Sie sich einfach nur Steak oder Fisch von guter Qualität und ohne Schnickschnack zu einem festen Preis wünschen. **Adresse**: Van Baerlestraat 49, www.entrecote-et-les-dames.nl, Öffnungszeiten: täglich ab 17:00 Uhr.

→ The Seafood Bar €

The Seafood Bar ist ein modernes Konzeptrestaurant, das Ihnen Mahlzeiten in einer entspannten, ungezwungenen Atmosphäre serviert. In der Seafood Bar werden ausschließlich tagesfrische Produkte von allerfeinster Qualität verarbeitet. Alle Zutaten sind zu 100% natürlich und ohne Zusatzstoffe. **Adresse**: Van Baerlestraat 5 (am Vondelpark), www.theseafoodbar.nl , Öffnungszeiten: von 12:00 bis 00:00 Uhr.

TIPP: Machen Sie es wie die Einheimischen und gehen Sie zum Albert-Heijn-Supermarkt (€) am Museumplein. Dort finden Sie eine gute Auswahl an Smoothies, Sandwiches und Getränken. Im Sommer können Sie ein nettes Picknick auf dem Museumplein machen. Die Kette Albert Heijn betreibt viele Supermärkte in Amsterdam, zum Beispiel am Flughafen Schiphol, am Hauptbahnhof Amsterdam, am Koningsplein, hinter dem Königspalast und an der Egelantiersgracht (Jordaan / Route 3). Hier sind Sie richtig, wenn Sie nicht viel Geld für Ihr Frühstück, Mittag- oder Abendessen ausgeben möchten. Öffnungszeiten: 08:00 bis 22:00 Uhr

Kitchen & Bar Vondelpark3

Mitten im Herzen des Vondelparks finden Sie die Kitchen & Bar Vondelpark3. Im gemütlichen Restaurant oder auf der Terrasse können Sie die ganze Woche über Frühstück, Mittag- und Abendessen oder ein Getränk genießen. Die Speisekarte mit ihren bekannten Gerichten hat für jeden etwas zu bieten. Vom Restaurant gelangen Sie nach wenigen Gehminuten zu allen großen Museen und ganz in der Nähe der Brücke, die über den Park führt, liegt die P.C. Hooftstraat.

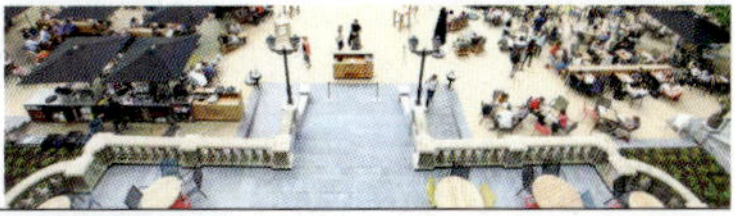

Öffnungszeiten:
Mo-Wo 10:00 bis 18:00 Uhr,
Do- So 10:00 bis 20:00 Uhr.
Vondelpark 3
+31 (0)20 639 25 89
www.vondelpark3.nl

Cobra Café

Tagsüber ist das Cobra Café ein modern eingerichtetes Lunchcafé. Am Abend können Sie das Lokal für einen Empfang, ein Abendessen, eine Feier oder eine Präsentation reservieren . Im Sommer laden die beiden großen Terrassen des Cobra dazu ein, die Umgebung bei frischen Leckerbissen zu genießen. Im Winter verwandelt sich der große Teich unter anderem durch die Unterstützung des Cobra Café in eine kostenfreie Eisbahn, die am Abend stimmungsvoll beleuchtet ist. Von der Winterterrasse des Cafés können Sie dann mit einem Becher heißer Schokolade oder Glühwein in den Händen zuschauen, wie sich Ihre Kinder auf dem Eis vergnügen. Die Küche ist international mit niederländischem Touch.

Cobra
CAFE RESTAURANT
AMSTERDAM

Öffnungszeiten:
Mo-So 09:30 bis 20:00 Uhr.
Hobbemastraat 18
+31(0)20 470 01 11
info@cobracafe.nl
www.cobracafe.nl/en/

Route 6

Rembrandtplein, Utrechtsestraat und De Pijp

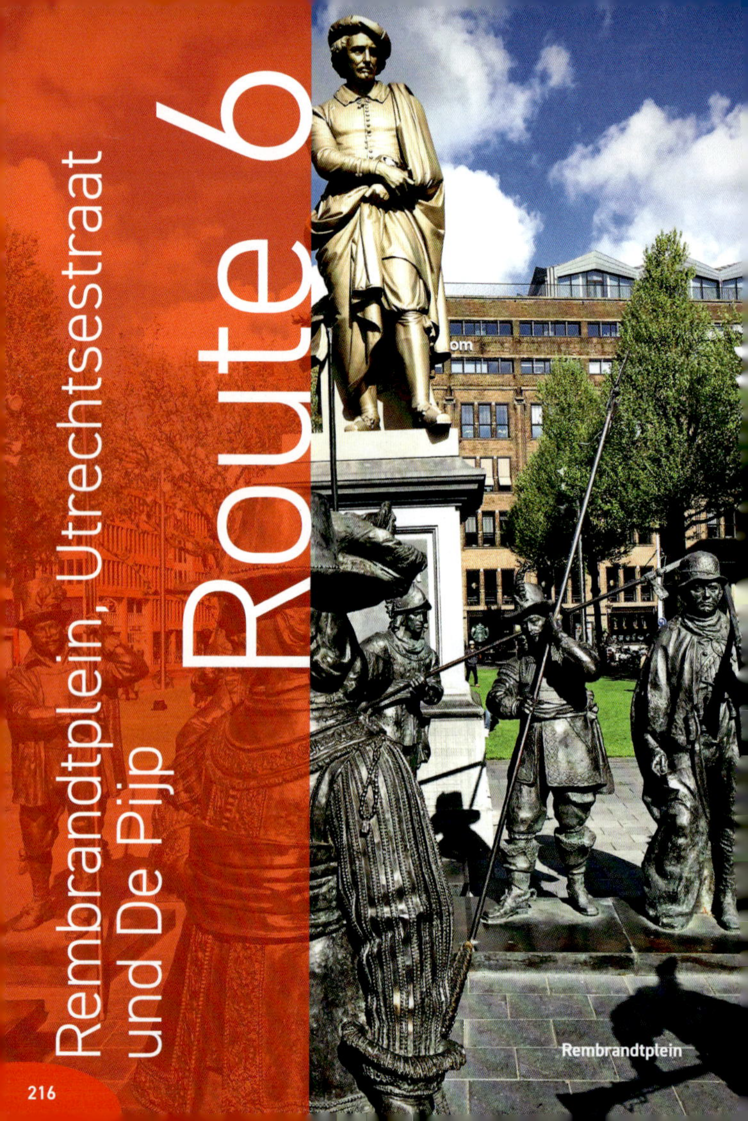

Rembrandtplein

Rembrandtplein

Der Rembrandtplein ist einer der belebtesten Plätze der Stadt, zumindest in Sachen Nachtleben und Clubbing. Bei Touristen ist er sehr beliebt, bei Einheimischen dagegen weniger. Der Ursprung des Platzes geht auf die mittelalterlichen Stadtmauern zurück, die zum Schutz der Stadt errichtet worden waren. Nach der Stadterweiterung von 1662 wurde der Platz als Buttermarkt genutzt, wo von weit her angereiste Bauern Butter, Käse, Milch und Geflügel verkauften. Heutzutage ist die Wahrscheinlichkeit größer, dass Sie sich hier mit einem Bier oder Latte Macchiato in einem Straßencafé wiederfinden, als dass Sie einem Bauern seine Milch abkaufen. Der Platz ist nach dem berühmten niederländischen Maler Rembrandt van Rijn, dem Schöpfer solch berühmter Werke wie der Nachtwache, benannt. In der Mitte des Platzes ist er als großes Standbild verewigt. In der Nähe ist auch das Pathé Tuschinski sehenswert. Dieses moderne Kino befindet sich in einem historischen Gebäude, das ab 1921 als Theater diente. Am Rembrandtplein steht auch der größte interaktive Videobildschirm Europas. Dieser dominiert eine Seite des Platzes und kann mit Hilfe von bluetoothfähigen Mobiltelefonen bedient werden. Die Hauptattraktion des Rembrandtpleins ist jedoch das Nachtleben, das sich hier in den vielen Clubs, Cafés und Bars abspielt. Auch wenn Sie die Nacht nicht in einem der vielen Clubs am Rembrandtplein verbringen sollten, kann es gut sein, dass Sie sich trotzdem dort einfinden, denn viele der Nachtbuslinien haben hier ihren Startpunkt.

Einkaufen in der Utrechtsestraat

Vom Rembrandtplein können Sie über die Utrechtsestraat ins Viertel De Pijp laufen. Am südlichen Ende der Straße befand sich früher das Utrechter Tor, von wo aus der Weg in die nahe gelegene Stadt Utrecht führte. An der Utrechtsestraat finden Sie alle möglichen Geschäfte, unter anderem Läden mit Designermöbeln, Boutiquen und Musikgeschäfte, die alle den schönen Ausblick auf den Grachtengürtel gemeinsam haben. Wenige Schritte von der Utrechtsestraat entfernt können Sie das Tassenmuseum Hendrikje (Taschenmuseum Hendrikje) und das Museum Willet-Holthuysen an der Keizersgracht besichtigen. Wenn Ihnen eher nach einer Pause zumute ist, genießen Sie doch gleich um die Ecke auf dem Amstelveld einen Drink.

De Pijp

Das Viertel De Pijp wurde im 19. Jahrhundert als Arbeiterviertel gebaut. Damals herrschte große Wohnungsnot. Wegen der immer größer werdenden Anzahl von Studenten, Künstlern und Prostituierten, die sich hier im Laufe der Zeit niederließen, bekam das Viertel auch den Beinamen „Quartier Latin von Amsterdam". Heute gehört die Pijp zu den angesagtesten Gegenden von Amsterdam. Hier wohnen nicht nur viele junge Niederländer aus allen Teilen des Landes, sondern auch zahlreiche Ausländer mit den unterschiedlichsten Nationalitäten. Dieses Viertel, das zum reicheren Süden der Stadt gehört, ist voll mit den besten Bars, Restaurants und Geschäften. Und natürlich dürfen Sie einen Besuch in der Heinekenbrauerei und auf dem Albert-Cuyp-Markt nicht vergessen!

Route 6

So gelangen Sie zum Rembrandtplein und ins Viertel De Pijp

Wenn Sie ins Viertel De Pijp möchten, nehmen Sie die Straßenbahn 16 oder 24 ab Hauptbahnhof bis zur Haltestelle Stadhouderskade, oder die Straßenbahnlinie 4 ab Hauptbahnhof bis zur Stadhouderskade. Zum Rembrandtplein steigen Sie in die Straßenbahnen 4 oder 9. Wenn Sie lieber laufen oder Rad fahren, gehen Sie vom Leidseplein nach Osten über die Weteringschans bis zum Weteringcircuit. Wenn Sie dann über die Brücke zu Ihrer Rechten gehen, gelangen Sie zur Heinekenbrauerei. Vom Rembrandtplein können Sie über die Vijzelstraat bis zum Weteringcircuit gehen. Geradeaus über die Brücke befindet sich die Heine- kenbrauerei . Jetzt können Sie De Pijp erkunden, oder der angegebenen Route folgen.

Essen & Trinken:

1 Restaurant Indrapura
2 Barca
3 Venster 33
4 Café Schilders
5 Bazar
6 Izakaya
7 Burgermeester
8 Van 't Spit
9 Cannibale Royale

Einkaufsstraßen:

1 Utrechtsestraat
2 Van Woustraat
3 Albert-Cuyp-Markt
4 Gerard Doustraat
5 Eerste van der Helststraat
6 Ferdinand Bolstraat

Shopping:

1 Concerto
2 Maison NL
3 Hutspot
4 Noor
5 Luba
6 Blond Amsterdam
7 Anna + Nina

Das müssen Sie sehen:

1 Taschenmuseum
2 Museum Willet-Holthuysen
3 Blue Boat Company (S.116/117)
4 Heinekenbrauerei
5 Sarphatipark

Munttoren
Muntplein
Rembrandtplein
Blauwbrug
Binnenamstel
Amstel
Stadhuis
Zuiderkerk
Rembrandt house
Nieuwmarkt
Magere Brug
Frederiksplein
Singelgracht
Stadhouderskade
Nicolaas Witsenkade
Maria Heineken Plein
Sarphatipark
Herengracht
Keizersgracht
Prinsengracht
Lijnbaansgracht
Weteringschans
Vijzelstraat
Utrechtsestraat
Reguliersgracht
Reguliersdwarsstr.
Kerkstraat
Noorderstraat
Nwe. Looiersstr.
Fokke Simonszstr.
Spuistraat
Kalverstraat
Rokin
Nes
Grimburgw.
Turfmarkt
Nwe. Doelenstr.
Kloveniersburgwal
Groenburgw.
Zwanenburgw.
Jodenbreestr.
Waterloopl.
Waterlooplein
Oude Schans
Mr. Visserplein
Kromboomsloot
Dijkstr.
Keizersstr.
Rusland
O.Z. Voorburgwal
O.Z. Achterburgwal
O. Doelenstr.
P. Jacobsz. Str.
Damstr.
Nieuwezijds Voorburgwal
Spui
Voetboogsteeg
Heiligeweg
Huidenstr.
Wolvenstr.
Hartenstr.
Gasthuismolensteeg
Oude Spiegelstr.
Wijde Heisteeg
Leidsestraat
Nwe. Spiegelstraat
Spiegelgracht
1e Weteringdw.str.
2e Weteringsdw.str.
Ziesenis Kade
Hobbemakade
Boerenwetering
Eerstee Jacob van K.
Quellijnstraat
Daniel Stalpertstr.
Frans Halsstr.
Ferdinand Bolstraat
Tweede Jacob van Kampenstr
Gerard Doustraat
Albert Cuypstraat
Govert Flinckstraat
Eerste Sweelinckstraat
Tweede Jan Steenstraat
Van Woustraat
Tweede Jan v. d. Heijdenstr.
Ceintuurbaan
Van Ostadestraat
Eerste Jan Steenstraat
Eerste Jan van der Heijdenstraat
Westeinde
Oosteinde
Amsteldijk
Utrechtsedwarsstraat
Kerkstraat
s100

Tassenmuseum Hendrikje (Museum für Taschen und Geldbörsen)

In einem schönen, historischen Grachtenhaus aus dem Jahr 1666 können Sie 500 Jahre aus der Geschichte der westlichen Damenhandtasche bestaunen. Das Taschenmuseum ist mit seiner Sammlung von über 4000 Taschen, Geldbörsen, Koffern, Beuteln und Accessoires vom Mittelalter bis in die Gegenwart das größte Museum seiner Art weltweit. Die Sammlung beleuchtet die Tasche in all Ihren Formen, Funktionen und Materialien und erzählt, wie sich soziale Funktion und Gestaltungselemente in Mode und Kunsthandwerk im Laufe der Jahrhunderte veränderten. Nachdem Sie das Museum besichtigt haben, können Sie sich im Museumscafé oder im Innenhofgarten entspannen. **Adresse**: Herengracht 573, www.tassenmuseum.nl/de/, Öffnungszeiten: täglich von 10:00 bis 17:00 Uhr. Eintritt: Erwachsene € 12,50 . Straßenbahn: 4 oder 9 bis Rembrandtplein.

Amstelveld

Das Amstelveld ist der perfekte Ort zum Entspannen. Der Platz ist wunderschön und ruhig. Er wird von 46 Kaukasischen Flügelnussbäumen, dem Café Nel und einer Kirche flankiert. Die Kirche auf dem Amstelveld wurde zwischen 1668 und 1670 im Rahmen der zweiten Erweiterung der Altstadt errichtet. Sie war eigentlich als zeit-

weilige „Scheunenkappelle“ aus Holz gebaut worden, aber wie Sie sehen können, ist es bis heute bei diesem wirklich bemerkenswerten Gebäude geblieben. Lage: Das Amstelveld befindet sich zwischen der Prinsengracht und der Keizersgracht, in der Nähe des Rembrandtpleins und wenige Schritte von der Utrechtsestraat entfernt.

Der Albert Cuyp-Markt

Mit seiner über 100-jährigen Geschichte ist der Albert-Cuyp-Straßenmarkt einer der größten und bekanntesten täglichen Straßenmärkte in Europa. Zu seinem 100. Geburtstag im Jahre 2005 stattete Königin Beatrix dem Markt einen Besuch ab. Der Markt ist nach Albert Cuyp, einem Maler aus dem 17. Jahrhundert, benannt. Angefangen hat alles mit einer gelegentlichen Versammlung von Straßenhändlern mit Handkarren im Jahre 1904. Im Laufe der Jahrzehnte entwickelte sich der Markt zu seiner heutigen Größe mit mehr als 300 Verkäufern, die täglich beide Seiten der Albert-Cuyp-Straße säumen. Hier finden Sie einfach alles, von tropischen Früchten über Fisch und Bücher bis hin zu Elektronikartikeln. Die Anbieter sind für ihren typischen Amsterdamer Humor bekannt, dem Sie wahrscheinlich nicht entkommen werden. Der Albert-Cuyp-Markt findet täglich außer sonntags statt.

Heineken Experience

Diese 135 Jahre alte, historische Brauerei dient heute als Besucherzentrum für die international vertriebene niederländische Biermarke Heineken. Auch wenn Heineken hier heutzutage nicht mehr sein goldfarbenes Getränk brauen lässt, können Sie selbstgeführte Touren durch die frisch renovierte Attraktion machen und dabei dem Bierkult fröhnen. Lernen Sie mehr über die Geschichte der Familie Heineken, sehen Sie sich Heineken-Werbefilme aus der ganzen Welt an, besuchen Sie die Pferdeställe und nehmen Sie Ihr eigenes Musikvideo auf. Höhepunkt im Experience ist die Multimediaausstellung, wo Sie sich tatsächlich in ein Bier „verwandeln“, wenn Sie geschüttelt, mit Wasser besprüht und erhitzt werden. Nach dieser Erfahrung haben Sie sich ein kühles Blondes verdient. **Adresse**: Stadhouderskade 78, www.heineken.com, Öffnungszeiten: Mo - Do 10:30 bis 19:30 Uhr und Fr - So 10:30 bis 21:00 Uhr . Eintritt: ab 18 Jahren ab € 18, 12-17 Jahre € 12,50 und freier Eintritt von 0-11 Jahren, Straßenbahn: 16 oder 24 bis Stadhouderskade.

Garten des Museum Willet-Holthuysen

→ Museum Willet-Holthuysen

Im Museum Willet- Holthuysen sehen Sie, wie die wohlhabenden Amsterdamer in früheren Zeiten lebten. Im Jahr 1895 vermachte Louisa Willet-Holthuysen ihr Haus aus dem 17. Jahrhundert an der Herengracht der Stadt Amsterdam - samt Mobiliar und der Kunstsammlung ihres verstorbenen Mannes Abraham Willet. Das Museum Willet-Holthuysen ist für seine schönen, im Stil des 18. und 19. Jahrhunderts eingerichteten Räume bekannt. Der Ballsaal, das Gartenzimmer und der Speisesaal zeugen vom Reichtum des Paares Willet-Holthuysen. Auf der Rückseite des doppelten Grachtenhauses befindet sich ein Garten im französischen Stil. **Adresse**: Herengracht 605, www.willetholthuysen.nl, Öffnungszeiten: Mo - Fr 10:00 bis 17:00 Uhr und Sa - So 11:00 bis 17:00 Uhr. Eintritt: Erwachsene € 9, Kinder von 5 bis 18 Jahren € 4,50. Straßenbahn: 4 oder 9 bis Rembrandtplein.

→ Blond Amsterdam

Ein Laden für Mädchen, die fröhliches, buntes Geschirr lieben. Hier können Sie auch Geschenke und tolle Andenken erstehen, die Sie immer an Ihren Besuch in Amsterdam erinnern werden.
Adresse: Gerard Doustraat 69,
www.blond-amsterdam.nl,
Öffnungszeiten: Mo - Sa 10:00 bis 18:00 Uhr.

→ Raak

Der Laden gehört Jos Raak, einem der bekanntesten Einzelhändler von Amsterdam. Diesen hübschen Shop, der direkt um die Ecke vom Albert-Cuyp-Markt liegt, dürfen Sie keinesfalls verpassen. Ursprünglich waren hier nur Geschenk- und Dekoartikel zu haben. Heute helfen Ihnen die freundlichen Mitarbeiter auch gerne dabei, ein trendiges Outfit zu günstigen Preisen zusammenzustellen.
Adresse: Eerste van der Helststraat 46,
www.raakamsterdam.nl,
Öffnungszeiten: Mo - Sa 10:00 bis 18:00 Uhr.

→ Hutspot

Dieses Geschäft müssen Sie gesehen haben: Hutspot ist Kunsthandel,Vintage-Möbelladen, Kleider- und Schuhboutique und Herrenfrisör auf einmal.
Adresse: Van Woustraat 4,
www.hutspotamsterdam.com,
Öffnungszeiten: Mo - Sa 10:00 bis 19:00 Uhr, So 12:00 bis 18:00 Uhr.

→ Luba

Luba ist ein unkonventionelles Modegeschäft für Frauen jeden Alters. Zum Sortiment gehören Kleider, Jacken, Tops, Röcke, Hosen, Taschen und Schuhe.
Adresse: Eerste van der Helststraat 68
www.luba-amsterdam.nl,
Öffnungszeiten: Mo 11:00 bis 18:00 Uhr, Di - Sa 10:30 bis 18:00 Uhr, So 12:00 bis 17:00 Uhr.

→ Sarphatipark

Der Sarphatipark ist eine vornehme und ruhige Oase inmitten des quirligen Viertels De Pijp. Wie der Vondelpark ist er im Stil eines englischen Garten gestaltet. Dank geschickt angelegter Sichtachsen und leichten Höhenunterschieden wirkt der Park viel größer, als er eigentlich ist. Das Herzstück bildet der wunderschöne Brunnen, der dem Mediziner Samuel Sarphati gewidmet ist. Dieser hatte sich im 19. Jahrhundert besonders für die Verschönerung von Amsterdam eingesetzt.

Wussten Sie schon?

Das Viertel De Pijp ist heute ein Schmelztiegel verschiedener Kulturen, in dem 144 Nationalitäten zusammen leben. Hier finden Sie zahlreiche exotische, authentisch syrische, marokkanische und surinamische Restaurants, ebenso wie spanische, indische und türkische Delikatessen- und Lebensmittelgeschäfte.

Wussten Sie schon?

Der Name De Pijp geht vermutlich auf die engen, langen und geraden Straßen zurück, die parallel durch das Viertel verlaufen. Dadurch entsteht die Form von Röhren (pijp).

Sarphatipark

Concerto

Concerto ist der größte Plattenladen der Niederlande. Die fünf Gebäude sind ein wahres El Dorado für jeden Musikliebhaber. Im breit gefächerten Angebot an neuen und gebrauchten CDs, LPs und DVDs können Sie den ganzen Tag lang stöbern. **Adresse**: Utrechtsestraat 60, www.concerto.amsterdam, Öffnungszeiten: Mo - Sa 10:00 bis 18:00 Uhr, So 12:00 bis 18:00 Uhr.

Maison NL

Maison NL ist ein hübscher Konzeptshop mit einzigartigen Kleidungsstücken und Designgegenständen. Das tollste an Maison NL ist, dass Sie hier viele Dinge von Marken finden, die es anderswo nicht zu kaufen gibt. **Adresse**: Utrechtsestraat 118, www.maisonnl.com, Öffnungszeiten: Mo 13:00 bis 18:00 Uhr, Di - Sa 10:30 bis 18:00 Uhr, So 13:00 bis 17:00 Uhr.

Anna + Nina

Mitten im Herzen des Viertels De Pijp finden Sie den Concept Store ANNA + NINA, der nach seinen Gründerinnen benannt ist. In diesem Laden wird jeder fündig. Hier gibt es Mode, Dekorationen für zu Hause, Gemälde mit Insekten und Fotokunst, genauso wie köstliche Marmeladen, Pestos und Pastasorten. Jedes einzelne Stück wird von den Besitzerinnen sorgfältig ausgewählt. **Adresse**: Gerard Doustraat 94, www.anna-nina.nl, Öffnungszeiten: Mo 12:00 bis 18:00 Uhr, Di - Fr 10:00 bis 18:00 Uhr, Sa 11:00 bis 18:00 Uhr, So 13:00 bis 18:00 Uhr.

Noor Amsterdam

Noor ist eine gemütliche Modeboutique an einer Ecke der Albert-Cuyp-Straat. Hier lohnt sich das Stöbern: Der Laden hat viele verschiedene trendige Schuhe auf Lager. Dazu finden Sie jede Menge anderer Must-haves, darunter supersüße Kleider, Handtaschen, Accessoires und Schmuck. **Adresse**: Albert Cuypstraat 145, www.nooramsterdam.nl, Öffnungszeiten: Mo - Sa 10:00 bis 18:00 Uhr.

Thorbeckeplein

Der Thorbeckeplein liegt im Zentrum von Amsterdam, im rechten Winkel zum Rembrandtplein. Der Name erinnert an Johan Rudolph Thorbecke, der bei der Formulierung des niederländischen Grundgesetzes eine wichtige Rolle spielte und dem zu Ehren am Ende des Platzes ein Standbild errichtet wurde. Der Platz ist schon seit vielen Jahrzehnten ein wichtiger Treffpunkt zum Ausgehen.

Indrapura

Wenn Sie die indonesische Küche mögen, dürfen Sie sich die herrlichen Speisen bei Indrapura auf keinen Fall entgehen lassen. Hier müssen Sie mindestens einmal gegessen haben! Die Gerichte bei Indrapura werden auf traditionelle Weise zubereitet, genau so, wie es sein sollte. Bei Indrapura am Rembrandtplein finden Sie ein kleines Stück Indonesien im

Herzen von Amsterdam. Die Gerichte werden auf traditionelle indonesische Art serviert, die an die historischen Kolonialbeziehungen zwischen Indonesien und den Niederlanden erinnert.
Das Nasi Goreng, das Saté Udang oder das Saté Domba sind ein Fest für Ihre Geschmacksnerven. Ihnen steht darüber hinaus eine wunderbare Auswahl an vegetarischen Gerichten zur Verfügung.
Die Mitarbeiter kümmern sich mit traditioneller asiatischer Gastfreundlichkeit um Sie. Das ist ein Geschenk, nach dem Sie in der Großstadt oft lange suchen müssen. Mit einem Satz: Auf Ihrer To-Do-Liste für Amsterdam sollte auf jeden Fall auch ein Besuch bei Indrapura stehen.

→ Preisklasse €€

Öffnungszeiten:
Mo - So von 17:00 bis 22:30 Uhr.

Rembrandtplein 42
+31 (0)20 623 73 29
www.indrapura.nl

Folgen Sie uns:
www.facebook.com/pages/Indrapura

→ Sla

Bei Sla dreht sich alles um gesundes und leckeres Essen. Stellen Sie sich Ihre Mahlzeit an der Salatbar selbst zusammen oder wählen Sie etwas von der Speisekarte. Sie können alle Gerichte entweder mitnehmen oder im Lokal essen. **Adresse**: Utrechtsestraat 10hs und Ceintuurbaan 149, www.ilovesla.com, Öffnungszeiten: Mo - So 11:00 bis 21:00 Uhr.

→ Cafe Schilders

Dieses Café Schilders im Herzen der Pijp serviert Ihnen ehrliches Essen zu einem fairen Preis. Die gemütliche Einrichtung und die sanfte Musik sorgen dafür, dass Sie hier eine angenehme Zeit verbringen, ganz egal ob Sie nun zum Mittag- oder Abendessen, auf einen Snack oder wegen der guten Stimmung am Abend hier vorbeigekommen sind. **Adresse**: Eerste van der Helststraat 45, www.cafeschilders.nl, Öffnungszeiten: So - Do 11:00 bis 01:00 Uhr und Fr - Sa 11:00 bis 03:00 Uhr.

→ Venster 33

Die Speisekarte bietet eine Auswahl an kleinen Gerichten, die Sie nach Ihren Wünschen miteinander kombinieren können. Eine interessante Besonderheit: Alle Gerichte bei Venster 33 haben einen Bezug zu Amsterdam. **Adresse**: Eerste van der Helstraat 42, www.venster33.nl, Öffnungszeiten: So - Do 08:30 bis 01:00 Uhr und Fr - Sa 08:30 bis 03:00 Uhr.

→ Barca

Egal, ob Sie Lust auf Trinken, Essen oder Feiern haben: bei Barca ist alles möglich. Hier erwartet Sie eine umfangreiche Auswahl an Tapas und bei gutem Wetter können Sie wunderbar auf der Terrasse sitzen. **Adresse**: Maria Heinekenplein 30-31, www.barca.nl, Öffnungszeiten: So - Do 11:00 bis 00:00 Uhr und Fr - Sa 11:00 bis 02:00 Uhr.

Die Nederlandsche Bank

Die Nederlandsche Bank ist die Zentralbank der Niederlande. Sie wurde am 25. März 1814 durch König Wilhelm I. gegründet und hat das niederländische Monopol zur Ausgabe von Banknoten. Der niederländische Staat ist seit 1948 alleiniger Anteilseigner an der Aktiengesellschaft.

In weniger als 200 Jahren hat sich die Nederlandsche Bank von einem privaten Kreditgeber zu einem Teil des Eurosystems entwickelt. Als der Gulden durch den Euro ersetzt wurde, verschob sich der Fokus von Amsterdam nach Frankfurt. Nach wie vor erfüllt die niederländische Zentralbank die Rolle des „Wächters" über die finanzielle Stabilität.

Cannibale Royale

Fleischliebhaber frohlocket! Mit saftigen Steaks, einem wahrhaft genialen Burger und den zartesten aller Spareribs lockt das Cannibale Royale Menschen aus der ganzen Hauptstadt in seine drei Amsterdamer Filialen. Diese extravagante No-Nonsense-Brasserie ist auch für ihre Auswahl an herrlichen Weinen, jazzigen Cocktails und exotischen Bieren berühmt, die Sie hier zu Ihrer Mahlzeit genießen können. Auch wenn es

empfehlenswert ist, einen Tisch zu reservieren, können Sie natürlich auch jederzeit einfach so vorbeikommen und bei einem Plausch mit den bewanderten Barkeepern auf ein freies Plätzchen warten. Das Cannibale Royale besitzt auch eine bemerkenswerte Terrasse, auf der Sie im Sommer umgeben von den kulturellen Highlights am Museumsplatz ein fleischiges Mittagessen genießen können. Vincent van Gogh hätte das Pulled-Rib-Sandwich geliebt!

Un bisou de Cannibale

→ **Preisklasse €**

Öffnungszeiten:
So-Do 11:00 bis 01:00 Uhr.
Fr-Sa 11:00 bis 03:00 Uhr.

Ruysdaelkade 149
+31 (0)20 233 58 60
www.cannibaleroyale.nl

Folgen Sie uns
www.facebook.com/CannibaleRoyale/

Van't Spit

Van 't Spit in der Pijp gilt als bestes Hähnchenrestaurant in Amsterdam. Ein halbes oder ein ganzes Hähnchen: Das ist alles, was Sie hier bestellen können. Dazu gibt es verschiedene Beilagen wie Pommes frites, Salat, Maiskolben, Apfelmus oder Kartoffelpüree. Der Grill, über dem die Hähnchen knusprig garen, ist das Herzstück dieses Lokals. Es kann leicht vorkommen, dass Sie hier eine Stunde lang auf einen freien Tisch warten müssen. Eine Strafe ist das aber nicht, weil Sie so lange an der gemütlichen Bar entspannen können. Die köstlich gegrillten Hähnchen sind unglaublich saftig. Die Besitzer haben uns verraten, dass sie monatelang am Rezept für die perfekte Marinade gearbeitet haben. Die leckeren, hausgemachten Soßen, die dazu gereicht werden, sind das Tüpfelchen auf dem I. Die hervorragende Bedienung und die sanfte Blues-Musik im Hintergrund machen den Abend perfekt.

→ **Preisklasse €**

Öffnungszeiten:
Mo-So 17:00 bis 01:00 Uhr.

Frans Halsstraat 42
+31 (0)20 363 63 25
www.vantspit.nl

Folgen Sie uns
www.facebook.com/Vantspit

Koningsdag

Der Koningsdag (Königstag) ist das größte Nationalfest der Niederlande. Alles und jeder wird an diesem Tag orange. Der Koningsdag wird jedes Jahr am 27. April, dem Geburtstag des Königs, gefeiert. Die Feierlichkeiten beginnen am Vorabend des Königstages, weshalb dieser auch „Königsnacht" genannt wird. An diesem Abend organisieren die Clubs in Amsterdam besondere Partys und Konzerte. Am Koningsdag selbst tummeln sich Einheimische und Touristen gleichermaßen auf den Straßen. Die Plätze, Straßen, Grachten, Parks und alle freien Flecken dazwischen leuchten an diesem Tag in orange.

Ein wenig Hintergrundwissen: Von 1890 bis 2013 hatten die Niederlande ausschließlich weibliche Monarchen. Daher wurde der Nationalfeiertag Königinnentag (Koninginnedag) genannt. Im Jahre 2013 wurde der Sohn von Königin Beatrix, Kronprinz Willem Alexander, zum König der Niederlande gekrönt. Die Königin trat ab und wurde wieder zu Prinzessin Beatrix der Niederlande. Seitdem heißt der Feiertag nicht mehr Königinnentag sondern Königstag.

Koningsdag Gerard Douweplein

→ De Duvel € €
Das enthusiastische und kreative Küchenteam überrascht seine Gäste immer wieder mit einem monatlich wechselnden Menü und speziellen Gerichten der Saison, die sich alle 14 Tage ändern. Das De Duvel lädt nicht nur mit herrlichen Speisen zum Schlemmen ein, sondern bietet Ihnen auch eine breit gefächerte Auswahl an Qualitätsweinen, die Sie per Glas bestellen können und serviert herrliche Cocktails, mit denen Sie locker die halbe Nacht durchtanzen. **Adresse:** Eerste van der Helststraat 61, www.deduvel.nl, Öffnungszeiten: So-Do 11:00 bis 01:00 Uhr und Fr-Sa 11:00 bis 03:00 Uhr.

→ Bazar €
Das Bazar ist ein großes Restaurant mit Köstlichkeiten aus dem Nahen Osten. Genießen Sie authentische türkische, tunesische und marokkanische Küche. Das einzigartige, wunderschöne Lokal befindet sich in einer ehemaligen Synagoge. Es lohnt sich, hier nach einem Spaziergang über den Albert-Cuyp-Markt eine Pause einzulegen. **Adresse**: Albert Cuypstraat 182, www.hotelbazar.nl, +31 (0)20 675 05 44, Öffnungszeiten: Mo - So 10:00 bis 00:00 Uhr.

→ Izakaya € € €
Dieser kulinarische Hotspot von Amsterdam erhebt die traditionelle japanische Küche auf eine höhere Ebene. Die Gerichte werden im Stile asiatischer Degustationsmenüs auf kleinen Tellern serviert. Davon können Sie dann soviel bestellen, wie Sie möchten. **Adresse**: Albert Cuypstraat 2-6, www.izakaya-restaurant.com/amsterdam, +31 (0)20 305 30 90, Öffnungszeiten: So - Do 10:00 bis 01:00 Uhr und Fr - Sa 10:00 bis 02:00 Uhr.

→ Burgermeester €
Probieren Sie diese interessant kombinierten Gourmetburger! Eine der besten Adressen in Amsterdam, wenn Sie Lust auf Burger bekommen. Es gibt viele verschiedene Burgervariationen und einen Burger des Monats, der immer von einem der Gäste zusammengestellt wird. **Adresse**: Albert Cuypstraat 48, www.burgermeester.eu, Öffnungszeiten: täglich 12:00 bis 23:00 Uhr.

Abseits der Route

Stadtbibliotheek

Mit ihren 28.000 Quadratmetern und Bücherregalen mit einer Gesamtlänge von mehr als 25 Kilometern gehört die zentrale Stadtbibliothek zu den größten Bibliotheken des Landes. Sie möchten mit Ihren Lieben daheim skypen? Hier können Sie die Computer für nur 1 Euro je 30 Minuten nutzen. Auch wegen des tollen Restaurants im 7. Stock mit seiner spektakulären Aussicht ist die Bibliothek eine touristische Sehenswürdigkeit. **Adresse**: Oosterdokskade 143, Öffnungszeiten: 10:00 bis 22:00 Uhr, Straßenbahn: 26 bis Muziekgebouw.

NEMO

Das größte Wissenschaftszentrum der Niederlande liefert den Beweis: Wissenschaft und Technik können für alle Altersgruppen spannend sein. Im NEMO erleben Sie Spaß

an Wissenschaft und Technik, indem Sie riesige Seifenblasen blasen, eine enorme Kettenreaktion in Gang setzen und selbst in einem echten Labor experimentieren. In den verschiedenen Ausstellungen können Sie eine „Reise durch den Verstand" machen oder Sie lernen mehr über nachhaltigen Strom und intelligente Transportsysteme bei „Smart Technology".

Genießen Sie außerdem die herrliche Aussicht über Amsterdam.

Der kreative Kopf hinter dem 1997 erbauten NEMO ist der italienische Architekt Renzo Piano. Bei der Gestaltung des Gebäudes hatte er seine ganz eigene Vision von einer 22 Meter oberhalb des Wasserspiegels gelegenen Piazza. Von der spektakulären Dachterrasse hat man einen herrlichen Blick über Amsterdam und das östliche Hafengebiet. Der Zugang zur Dachterrasse ist kostenfrei. Die Dachterrasse und das Café im NEMO eignen sich perfekt zum Zurücklehnen und Entspannen bei einem Getränk. **Adresse**: Oosterdok 2, www.nemosciencemuseum.nl, Öffnungszeiten: Di-So 10:00 bis 17:30 Uhr, geschlossen am 1. Jan., 27. April und 25. Dezember. Eintritt: €16,50 (für Kinder ab 4Jahren), freier Eintritt für Kinder bis 3 Jahre. Anreise: Bus 22 oder 48 bis Kadijksplein, U-Bahn vom Hauptbahnhof Amsterdam bis Waterlooplein. Zu Fuß: 10-15 Minuten ab Hauptbahnhof.

Scheepvaartmuseum (Schifffahrtsmuseum)

Im Scheepvaartmuseum erleben Sie, wie sehr die niederländische Kultur durch das Meer geprägt wurde. Die interaktiven, interessanten Ausstellungsstücke bringen den Besuchern 500 Jahre aus der Geschichte der niederländischen Seefahrt nahe. In den Ausstellungen können Sie die schönsten Objekte aus der weltberühmten Sammlung bewundern. Es gibt Sonderausstellungen für Kinder, sogar für die jüngsten unter 6 Jahren. **Adresse**: Kattenburgerplein 1, www.hetscheepvaartmuseum.nl, Öffnungszeiten: Mo - So 09:00 bis 17:00 Uhr. Eintritt: € 15 ab 18 Jahren, € 7,50 von 5 bis 17 Jahren, freier Eintritt bis 4 Jahre und mit Iamsterdam-Card. Bus: 22 und 48 ab Hauptbahnhof bis Kadijksplein.

Östliches Hafengebiet

Wenn Sie Lust auf eine etwas längere Tour haben, können Sie einen Abstecher zur Oostelijke Handelskade sowie auf die miteinander verbundenen Inseln Java-Eiland und KNSM-Eiland unternehmen. Hier finden Sie sich in einer ganz anderen Welt wieder. Auf diesen Inseln im Osten von Amsterdam können Sie die zeitgenössische Version des Amsterdamer Grachtenhauses bewundern.

Ursprünglich wurde Java-Eiland als Wellenbrecher angelegt, der die Naturgewalten der Zuiderzee zähmen sollte. Im Jahre 1896 begannen rund um einen alten Wellenbrecher die Bauarbeiten an einer neuen Insel im IJ. Daraus entstanden im Laufe der Zeit die heutigen Inseln Java- und KNSM-Eiland. In diesem neueren Teil des Hafens nahmen Unternehmen wie die Reederei Stoomvaart Maatschappij „Nederland" (SMN) ihren Betrieb auf. Diese betrieb regelmäßig verkehrende Schiffslinien nach Niederländisch-Ostindien.

Java-Eiland war der perfekte Ausgangspunkt für den Handel mit den östlichen Kolonien. Es legten Schiffe aus China, Japan, Britisch-Indien und Niederländisch-Ostindien an. Darüber hinaus etablierte sich ein regelmäßiger Linienverkehr nach Indonesien, Suriname und in die USA. Im frühen 20. Jahrhundert, zwischen den beiden Weltkriegen, lag das Zentrum der niederländischen Kolonialschifffahrt auf der Java-Insel in Amsterdam.

Nach dem 2. Weltkrieg wurde der Passagierverkehr per Schiff nach und nach durch die viel schnellere Luftfahrt verdrängt. So entstand ein stärkerer Fokus auf die westlichen Hafengebiete von Amsterdam, wo der Container- und Schüttguttransport Richtung Nordsee florierte. Bis heute ist der Hafen von Amsterdam mit einem Warenumschlag von jährlich 50 Millionen Tonnen der fünftwichtigste Hafen Europas

Die Halbinseln Java- und KNSM-Eiland wurden in den 90er Jahren komplett saniert und es entstanden hier moderne, exklusive Wohnhäuser. In der futuristischen Architektur und der städtebaulichen Gestaltung der Inseln finden sich für Amsterdam typische Gestaltungselemente wie die Häuserfassaden und Grachten wieder. Die Architekten hatten die Aufgabe, eine dichte und niedrige Bebauung zu entwerfen und meisterten diese mit erfindungsreichen Ideen. Das Ergebnis ist eine neuer, nach innen gewandter Häusertyp mit Dachterrassen und Innenhöfen.

Die Oostelijke Handelskade und die Inseln locken viele künstlerisch interessierte Menschen an. Es ist kaum überraschend, dass das Angebot im Bereich Kultur und

Ausgehen hier groß ist. Es gibt gute Restaurants, Museen, Theater und Clubs in dieser Gegend. Da wären zum Beispiel das Museum Nemo, die (Musik-)Theater Bimhuis und Muziekgebouw an 't IJ oder das Panama, wo oft Konzerte stattfinden. Alle fünf Jahre ist Amsterdam Gastgeber der größten Veranstaltung in den Niederlanden und des größten maritimen Ereignisses der Welt - der SAIL. Das nächste Mal findet das Seglertreffen im Sommer 2020 statt. Dann machen Großsegler und hunderte anderer historischer Schiffe aus der ganzen Welt im östlichen Hafengebiet von Amsterdam fest. Die Schiffe können fünf Tage lang kostenlos besichtigt werden.

Straßenbahn: Linie 26 bis Kattenburgerstraat oder Straßenbahn 10 bis Azartplein am östlichen Ende von Java-Eiland. Vom Hauptbahnhof können Sie Java- und KNSM-Eiland gut mit dem Fahrrad oder nach einem 15-minütigen Spaziergang erreichen. Gehen/radeln Sie vom Hauptbahnhof aus über die De Ruijterkade, die Piet Heinkade und die Jan Schaeferbrug, und schon sind Sie auf der Insel Java-Eiland. Die Route finden Sie auf der Karte auf der Rückseite dieses Reiseführers.

Die westlichen Inseln

Westlich vom Haupbahnhof und nördlich des Jordaan (Route 3) liegen drei ruhige Inseln. Dies ist der vielleicht beschaulichste Teil von Amsterdam. Die drei Inseln Realeneiland, Bickerseiland und Prinseneiland wurden künstlich angelegt. Sie entstanden zwischen 1611 und 1615, zur gleichen Zeit wie der Grachtengürtel, um Platz für Werften zu schaffen. Realeneiland und Prinseneiland sind die beiden schönsten Inseln. Sie sind durch die schmale Drieharingenbrug (Brücke der drei Heringe) miteinander verbunden.

Die Werften erlebten eine Hochkonjunktur: Der Schiffsbau florierte, weil die Niederländische Ostindien-Kompanie nur solchen Unternehmen Lizenzen erteilte, die mit niederländischen Schiffen auf See fuhren. Anders als sie Inseln im Osten der Stadt (Oostelijke Eilanden) hatten die westlichen Inseln keine Verbindung zum Handel mit Niederländisch-Ostindien. Hier wurde der Handel mit dem Nahen Osten (Levante) und den Ostseeländern abgewickelt.

In den Lagerhäusern der westlichen Inseln wurden unter anderem Getreide, Tabak, Wein, Salz, Hering, Sardellen und Teer (der zur Konservierung von Schiffswänden, Segeln und Fischernetzen verwendet wurde) gelagert. Die Straßennamen auf den Inseln erinnern an diese Waren.
Bis zum Ende des 19. Jahrhunderts war dieses Gebiet von zahlreichen Werften, kleinen Industriebetrieben und Lagerhäusern, die mit dem Seehandel in Verbindung standen, geprägt. Nach dem 2. Weltkrieg entdeckten viele Künstler das damals verfallene Viertel. Sie nutzten die leerstehenden Gebäude zum Wohnen und für Ateliers.

Heute ist das von Grachten durchzogene Gebiet mit den schmalen Zugbrücken eine kleine Welt für sich. Hier befinden sich viele reizvolle Wohnhäuser und bis heute auch einige Künstlerateliers.
Vom Haarlemmerdijk (Route 3) können Sie die Inseln ganz einfach erreichen. Gehen Sie unter dem Eisenbahnviadukt hindurch und Sie stehen am Rand des modernen Hafenbeckens.

EYE Filmmuseum

Das EYE Film Instituut Nederland in Amsterdam ist das nationale Filmmuseum der Niederlande. In dem Gebäudekomplex befinden sich 4 Filmsäle, in denen die neuesten Arthouse-Filme und restaurierte Klassiker aus der renommierten Filmsammlung des EYE gezeigt werden. Das Filmmuseum veranstaltet auch einmal monatlich ein Programm mit Stummfilmen, die von Livemusik begleitet werden, verschiedene Ausstellungen zum Thema Film und die kostenfrei zugängliche, permanente Ausstellung Panorama. Auch der Geschenkeshop und das trendige Café mit seiner tollen Terrasse am Wasser sind einen Besuch wert. **Adresse**: IJpromenade 1, www.eyefilm.nl/en, Eintrittspreise und Zeiten finden Sie auf der Website. Das EYE können Sie gut zu Fuß oder mit öffentlichen Verkehrsmitteln erreichen. Fußgänger und Radfahrer nehmen die kostenfreie Fähre (zum Buiksloterweg), die direkt hinter dem Hauptbahnhof Amsterdam ablegt. So erreichen Sie das EYE innerhalb von 2 Minuten. Die Fähre verkehrt rund um die Uhr.

A'DAM Lookout

Seit Mai 2016 ist Amsterdam um eine neue Attraktion reicher: das A'DAM Lookout ist eine spektakuläre Aussichtsplattform, die sich ganz oben auf dem ehemaligen Hauptquartier der Firma Shell in Amsterdam befindet. Hier können Sie nicht nur die schöne Aussicht genießen, sondern sich auch einen Adrenalinkick abholen. Wer sich traut, kann hier auf der höchsten Schaukel Europas in 100 Meter Höhe über den Rand des Turmes hin- und herschwingen. **Adresse:** Overhoeksplein 5, www.adamlookout.com. Eintritt: Erwachsene 12,50 €, Kinder (4 -12) 6,50 €, bis 3 Jahre: Eintritt frei. Öffnungszeiten: Mo-So 10:30 bis 21:00 Uhr. Das A'DAM Lookout können Sie gut mit öffentlichen Verkehrsmitteln und mit dem Fahrrad erreichen. Für Fußgänger und Radfahrer gibt es eine kostenlose Fähre (Buiksloterweg), die an der Rückseite des Amsterdamer Hauptbahnhofs ablegt. Mit dieser erreichen Sie das A'DAM Lookout innerhalb von zwei Minuten. Die Fähre verkehrt rund um die Uhr.

Westergasfabriek

Das Gelände der Westergasfabriek mit seinem Gebäudekomplex aus dem 19. Jahrhundert gehörte früher zu einem Gaswerk. In den 1990er Jahren wurden die ehemaligen Fabrikanlagen zum Schauplatz für House-Raves. Heutzutage befindet sich hier einer der größten kulturellen Veranstaltungsorte von Amsterdam. Menschen kommen zur Westergasfabriek, um sich hier zu treffen, zu feiern und zu entspannen. In diesem schönen Stadtpark mit seinen von üppigem Grün umgebenen, historischen Fabrikgebäuden befinden sich auch Arbeitsplätze, Veranstaltungsräume für kleine und größere Events, verschiedene Lokale, ein Kino sowie Theater- und Ausstellungssäle. Den besten Kaffee serviert Ihnen hier die Espressofabriek. Es gibt dort auch eine Terrasse im Freien. An jedem ersten Sonntag im Monat findet ein Markt statt, wo Sie Mode, Designerstücke, Geschenkartikel und Schmuck erstehen können. Die Verkäufer hinter den Ständen haben die Waren, die sie hier anbieten, meist selbst entworfen und handgefertigt. Anfahrt: Straßenbahn 10 bis Van Limburg Stirumplein oder Bus 21 bis Van Hallstraat.

Bloemenmarkt

Gratis unterwegs in Amsterdam

Einige Vorschläge für kostenlose Unternehmungen:

→ 1.Begijnhof (Route 1)

Der Begijnhof ist ein versteckter, von hübschen Häusern umgebener Innenhof, der ursprünglich für die ordensähnliche christliche Frauengemeinschaft der Beginen angelegt worden ist. Sofort fühlen Sie sich aus dem geschäftigen Amsterdamer Stadtzentrum in ein kleines Dorf versetzt.

→ 2. Schuttersgalerij (Route 1)

Wenige Minuten vom Begijnhof entfernt liegt die Schuttersgalerij, die Schützengalerie. Sie gehört heute offiziell zum Amsterdam Museum, allerdings zahlen Sie hier keinen Eintritt. Einen Eingang zu diesem schmalen Durchgang finden Sie an der Kalverstraat 92 oder am Sint Luciensteeg 27. Diese kleine aber eindrucksvollen Galerie ist voll mit historischen und modernen Portraits verschiedenster niederländischer Berühmtheiten.

→ 3. Gratis-Konzert (Route 5)

In der Konzerthalle und im Muziektheater können Sie einmal pro Woche zwischen 12:30 und 13:00 Uhr kostenlos halbstündigen Probenkonzerten lauschen. An Dienstagen spielt das Residenzorchester und manchmal auch ein Gastorchester im Muziektheater. Das kostenlose Konzert im Concertgebouw findet immer mittwochs statt.

→ 4. Bloemenmarkt (Route 1)

Halten Sie inne und schnuppern Sie den Duft der Rosen. Der Bloemenmarkt in Amsterdam ist der weltweit einzige schwimmende Blumenmarkt. Die Blumenstände befinden sich auf Hausbooten. Seit 1862 gehört dieser Markt zu den berühmtesten Blumenmärkten in den Niederlanden. Hier finden Sie alles, was grünt und blüht: von der klassischen holländischen Tulpe über Geranien und Zimmerzypressen bis hin zu Manobole-Pflanzen von der Osterinsel. Öffnungszeiten: Mo - Fr 09:00 bis 18:00 Uhr, Sa 09:00 bis 17:00 Uhr, Lage: Singel, zwischen Koningsplein und Muntplein.

→ 5. Vondelpark (Route 5)

Wenn Sie dem Lärm und dem Gedränge von Amsterdam entkommen möchten, finden Sie im Vondelpark im Herzen der Stadt schnell Zuflucht.

→ 6. Der Garten des Rijksmuseum (Route 5)

Eine der am wenigsten bekannten Sehenswürdigkeiten in Amsterdam ist der Garten des Rijksmuseum. Erfreuen Sie sich an den wunderschön gepflegten Blumenbeeten, Brunnen, Gartenhäusern sowie an der Skulpturensammlung in diesem reizvollen Garten. Öffnungszeiten: Mo - Do 09:00 bis 18:00 Uhr.

→ 7. Centrale Bibliotheek (am Hauptbahnhof Amsterdam)

Ganz in der Nähe vom Amsterdamer Hauptbahnhof steht die neue zentrale Stadtbibliothek. Sicher, Sie können sich hier eine internationale Zeitung schnappen und damit den Nachmittag auf einem bequemen Sofa verbringen. Aber verpassen Sie nicht das Restaurant im Dachgeschoss, wo Sie einen atemberaubenden Ausblick auf die Stadt genießen.

→ 8. Kostenlose Fähren (am Hauptbahnhof Amsterdam)

Die Fähren, die zwischen dem Hauptbahnhof und dem Stadtteil Amsterdam Noord verkehren, sind kostenfrei. Begeben Sie sich also an Bord und erleben Sie eine kurze Hafenrundfahrt. Wenn Sie an der Nordseite aussteigen, können Sie am Ufer des Nordhollandsch Kanaal entlang spazieren. Sie gehen am Einfahrtsbereich des Kanals entlang, wo die Schiffe darauf warten, durch die Schleusentore eingelassen zu werden.

Begijnhof

Gay & Lesbian

Amsterdam ist sehr tolerant und homosexuellen Menschen freundlich gesinnt. In Amsterdam steht das erste Homo-Denkmal und hier wurde die erste legale Homoehe geschlossen. Das Homomonument erinnert an alle homosexuellen Männer und Frauen, die wegen ihrer sexuellen Orientierung unter Verfolgungen zu leiden hatten. Es ist ein Symbol für den Kampf gegen Diskriminierung. In der ersten Augustwoche schlägt das berühmte Amsterdam Pride Festival mit der bekannten Canal Parade am Samstag hohe Wellen auf den Grachten. Mit drei verschiedenen Homovierteln im Stadtzentrum und den Regenbogenflaggen in fast jeder zweiten Straße ist Amsterdam eine ideale Stadt für Homosexuelle aus aller Welt, auch wenn die lesbische Szene wesentlich kleiner ist.

→ Die wichtigsten Homoviertel

Warmoesstraat (Route 1): Diese lange Fußgängerstraße verläuft parallel zum Damrak durch einen kleinen Teil des Rotlichtviertels. An dieser Partymeile gibt neben vielen Coffeeshops und Bars auch einige Lederbars, einen Gayclub und verschiedene Saunen. Entdecken Sie die verruchten Leder- und Fetischbars und deren spannendes Publikum. **Kerkstraat** (Route 3): Die Gegend rund um die Kerkstraat, nahe der Brücke am Leidseplein zwischen der Keizersgracht und der Prinsengracht, ist das älteste und traditionellste Gayviertel der Stadt. Die Gegend ist voll mit Pensionen und Hotels für Homosexuelle. Dieses Szeneviertel ist das gemütlichste und entspannteste unter den dreien. **Reguliersdwarsstraat** (Route 6): Ganz in der Nähe von Bloemenmarkt und Rembrandtplein erwartet Sie eine tolle Auswahl verschiedener Bars und Cafés.

→ Berühmte Bars

't Mandje (Route 1): Die älteste Homo-Bar in Amsterdam und damit auch eine der ersten auf der Welt hat schon 1927 eröffnet. Sie gehört zu den besten Lokalen der Stadt - und das ganz unabhängig von Ihrer sexuellen Orientierung.
Adresse: Zeedijk 63, www.cafetmandje.nl.
SoHo (Route 6): Im SoHo sind Sie richtig, wenn Sie herausfinden möchten, wie Amsterdam tickt. Das SoHo liegt im Zentrum, mitten in der berühmten Gay-Partygegend. **Adresse**: Reguliersdwarstraat 36, www.soho-amsterdam.com, Öffnungszeiten: Mo - Do 18:00 bis 03:00 Uhr, Fr - Sa 18:00 bis 04:00 Uhr, So 16:00 bis 03:00
TIPP: Auf der Webseite Gay Amsterdam (www.gayamsterdam.com) finden Sie Geschäfte, Hotels, Restaurants, Clubs und Stadtpläne.

→ Pink Point

Der Info- und Souvenirkiosk für Schwule und Lesben befindet sich am Homomonument auf dem Westermarkt (an der Keizersgracht). www.pinkpoint.org, +31 (0)20 428 10 70, Öffnungszeiten: 10:00 bis 18:00 Uhr, Straßenbahn: 13 und 17 bis Westerkerk.

Garten des Rijksmuseum

Unterwegs mit Kindern

→ TunFun (Route 4)
Hier gibt es für Kinder jede Menge zu erleben. Im TunFun können sie sich so richtig austoben. Dieser unterirdische Spielplatz ist voll mit allen möglichen Dingen, auf denen man herumklettern und -springen kann. Außerdem gibt es Videospiele und noch so viel mehr. Hier finden Sie im Sommer ein kühles Plätzchen und an einem Regentag bleiben Sie schön warm und trocken. An der Snackbar können Sie sich mit Essen versorgen und auch für die Kleinsten (von 1 bis 4) sind hier eigene Spielbereiche eingerichtet. **Adresse**: Mr. Visserplein 7, www.Tunfun.nl, Öffnungszeiten: täglich 10:00 bis 18:00 Uhr (Kasse schließt um 17 Uhr), Eintritt: 1-13 Jahre 8,50 €, kostenlos für Erwachsene und Kinder unter 1 Jahr. Straßenbahn: 9 oder 14 bis Waterlooplein, U-Bahn: 51, 53 und 54 bis Waterlooplein. Der Eingang befindet sich gegenüber der Portugiesischen Synagoge und ist mit 2 hellgrünen Bögen über einer Treppe, die nach unten führt, gekennzeichnet.

→ Grachtenrundfahrt (Route 2)
Eine Bootsfahrt macht immer Spaß - erst recht wenn es dabei durch die Grachten und den Hafen von Amsterdam geht.

→ Westertoren (Route 2)
Erklimmen Sie die Stufen des Westertoren bis hoch in die Spitze.Von dort genießen Sie die vielleicht schönste Aussicht auf die Stadt.

→ Artis Zoo (Route 4)
Der Familienklassiker: Ein Tag im Zoo. Ihre Kinder werden von den Tieren und den vielen Spielplätzen des Amsterdamer Zoos begeistert sein. Hier gibt es sogar einen Kinderbauernhof, wo die Kinder mit den Tieren herumtollen können. **Adresse**: Plantage Kerklaan 38-40, Straßenbahn: 9 ab Hauptbahnhof und 14 ab Dam bis Artis. Zum nächsten U-Bahnhof am Waterlooplein gehen Sie 10 Minuten.

→ Tropenmuseum Junior (Route 4)

Das Tropenmuseum Junior gehört zum Tropenmuseum und richtet sich speziell an Kinder zwischen 6 und 13 Jahren. Seit 1975 werden hier interaktive Wechselausstellungen für Kinder gezeigt.

Adresse: Linneaustraat 2, Öffnungszeiten: Di - So 10:00 bis 17:00 Uhr, auch montags, an Feiertagen und während der Schulferien geöffnet. Am 1. Januar, 27. April (Königstag) und 25. Dezember geschlossen. Eintritt: Erwachsene € 12,50 / Kinder (4-18) € 8, Straßenbahnen: 3, 7, 9, 10 und 14.

→ Kinderkookkafé (Vondelpark)

Wenn Sie mit Ihren Kindern mal etwas anderes unternehmen möchten, sind Sie im Kinderkookkafé (Kinderkochcafé) richtig. Hier bekommt Ihr Nachwuchs eine Kochmütze und eine Schürze und darf sich selbst ans Werk machen: es entstehen allerlei leckere Kreationen wie Pizza, Sandwiches, Schokoladencroissants und Kekse. Besonders toll an regnerischen Tagen!

Adresse: Vondelpark 6B, direkt am Vondelpark, www.kinderkookkafe.nl. Das Café ist täglich von 10:00 bis 17:00 Uhr geöffnet. Straßenbahn: 1, 2, 5, 7 und 10 bis Leidseplein.

→ Centrale Bibliotheek Amsterdam (am Hauptbahnhof Amsterdam)

Die neue Bibliothek hat einen Bereich speziell für Kinder mit runden Regalen, bunten Dekorationen, Krabbelecken und Sitz- und Leseplätzen eingerichtet. In der Bibliothek finden Sie zudem ein Café und gleich nebenan ein weiteres Restaurant mit schönen Sitzplätzen im Freien.

Adresse: Oosterdokskade 143, Öffnungszeiten: 10:00 bis 22:00 Uhr, Straßenbahn: 26 bis Muziekgebouw oder 5 Minuten zu Fuß ab Hauptbahnhof Amsterdam.

Prinsengracht

Essen und Trinken:
Die besten Lokale abseits der Routen.

Restaurant Wilde Zwijnen (Amsterdam Oost) €€€
In diesem Restaurant können Sie absolut fantastisch essen. Es liegt zwar etwas abseits vom Zentrum, ist aber den Umweg mit dem Taxi wert. Die Atmosphäre ist ziemlich entspannt und hier treffen Sie vor allem Einheimische. Das Essen ist außergewöhnlich, die Weinkarte hervorragend und der Service tadellos. **Adresse**: Javaplein 23, www.wildezwijnen.com, +31 (0)20 463 30 43, Öffnungszeiten: zum Mittagessen: Fr - So 12:00 bis 16:00 Uhr, zum Abendessen: Mo - So 18:00 bis 22:15 Uhr. Ich empfehle Ihnen, ein Taxi zu nehmen, andernfalls fahren Sie mit Straßenbahn 14 bis Javaplein.

Restaurant Rijsel (Amsterdam Oost) €€
Das Rijsel ist eine glückliche Verbindung aus einer Leidenschaft für französische Küche und flämischer Leichtigkeit. Genießen Sie schnörkellose Gerichte zu einem fairen Preis in einem klassischen, von den 60er-Jahren inspirierten Interieur mit industriellem Touch. Die entspannte Atmosphäre sorgt dafür, dass Sie hier auf alle Fälle einen guten Abend verbringen, ganz egal in welcher Stimmung Sie sind oder was immer Sie hier zu feiern haben. **Adresse**: Marcusstraat 52B, www.rijsel.com, +31 (0)20 463 21 42, Öffnungszeiten: Mo - Sa ab 18:00 Uhr, So geschlossen. Dieses Restaurant erreichen Sie am besten mit dem Taxi.

Bar Bukowski (Amsterdam Oost) €
Die Bar Bukowski gehört zu den angesagtesten Lokalen im Osten der Stadt. Hier sind Sie immer richtig, ob zum Frühstück, Mittagessen oder für Getränke. Von der umfangreichen Barkarte können Sie bis nach Mitternacht bestellen. Die nach dem Schriftsteller Charles Bukowski benannte Bar strahlt dessen Leidenschaft für Alkohol, Frauen und Literatur aus. **Adresse**: Oosterpark 10, www.barbukowski.nl, Öffnungszeiten: Mo - Do 08:00 bis 01:00 Uhr, Fr - Sa 08:00 bis 03:00 Uhr, erreichbar mit dem Taxi oder Straßenbahn 9 bis 1ste van Swindenstraat und dann 5 Minuten zu Fuß..

De Ysbreeker (Amsterdam Oost) €
Das trendige Café-Restaurant ist ideal für ein leichtes Mittagessen oder um entspannt eine Zeitung zu lesen. Im Ysbreker herrscht eine ungezwungene, urbane Atmosphäre, in der man sich trifft oder am Laptop arbeitet. Bei schönem Wetter können Sie hier toll draußen auf der Terrasse an der Amstel sitzen.
Adresse: Weesperzijde 23, www.deysbreeker.nl, +31 (0)20 468 18 08, Öffnungszeiten: So - Do 08:00 bis 01:00 Uhr, Fr - Sa 08:00 bis 02:00 Uhr, Straßenbahn: 7 und 10 bis Weesperplein, von dort gehen Sie 5 Minuten zu Fuß.

Vis aan de Schelde (Amsterdam Zuid) €€€€€
Auch wenn das Vis aan de Schelde nicht direkt im Zentrum liegt, gehört es zu den besten Fischrestaurants in Amsterdam. Das 5-Gänge-Menü ist immer erfinderisch und kreativ, mit kräftigen Aromen und schön präsentiert.
Adresse: Scheldeplein 4, www.visaandeschelde.nl , +31 (0)20 675 15 83, Öffnungszeiten: zum Mittagessen: Mo - Fr von 12:00 bis 14:30 Uhr, zum Abendessen: Mo - So 17:30 bis 23:00 Uhr, Anfahrt mit dem Taxi oder Straßenbahn 4 bis Dintelstraat..

Café Panache (Amsterdam West) €€
Großartig eingerichtet! Es ist ganz bestimmt keine Strafe, hier stundenlang zu tafeln oder gemütlich an der Bar zu versacken. Auf der vielseitigen Speisekarte stehen Fisch, Fleisch und vegetarische Gerichte. Probieren Sie vor allen Dingen die köstlichen Austern, die in Amsterdam-West ein echter Geheimtipp sind.
Adresse: Ten Katestraat 117, www.cafepanache.nl, +31(0)20 221 17 36, Öffnungszeiten: Mo-Do und So 17:00 bis 01:00 Uhr, Fr-Sa 17:00 bis 03:00 Uhr, Straßenbahn 7 oder 17 bis Ten Katemarkt.

Muziekgebouw aan 't IJ

Ausgehen und Clubbing in Amsterdam

Amsterdam ist ein unglaublich beliebtes Reiseziel. Aus den unterschiedlichsten Gründen zieht die Stadt Menschen aus aller Welt an. Tauchen Sie auf jeden Fall in das Amsterdamer Nachleben ein - Sie werden es nicht bereuen und nie vergessen. Nach Einbruch der Dunkelheit verwandelt sich die Stadt in eine komplett andere Welt. Sie erwacht buchstäblich mit einer ganz anderen Atmosphäre. Die Gegend rund um den Leidseplein ist das Party-Epizentrum der Stadt. Dort warten die beliebtesten Bars und Clubs der Stadt auf Sie. Der zweite Hotspot für Nachteulen ist der Rembrandtplein. Auch wenn dieser als etwas ruppiger gilt, werden sich echte Partylöwen hier dank der tollen Atmosphäre ganz in ihrem Revier fühlen. Die Regulierdwarsstraat, an der es eine Menge schöner Bars gibt, verbindet diese beiden lebendigen Plätze miteinander.

Nach Einbruch der Dunkelheit stehen die Clubs in Amsterdam ganz klar im Rampenlicht. Die unzähligen Clubs in allen Bereichen der Stadt ziehen Einheimische und Touristen gleichermaßen an. Bei diesem überwältigenden Angebot fällt es nicht nur Besuchern sondern auch den Einheimischen schwer, sich zu entscheiden. In der Regel sind die Clubs durch die Woche täglich von 22:00 bis 04:00 Uhr geöffnet, von Donnerstag bis Sonntag bis 05:00 Uhr.

Musik, Theater, Tanz und Kinos ... Das alles bietet Amsterdam in Hülle und Fülle. Wie wäre es mit einer Nacht im "Melkweg"? Hier sind schon viele bekannte Künstler aufgetreten. Eine weiterer legendärer Poptempel ist das Paradiso, wo schon U2, Nirvana und die Rolling Stones auf der Bühne standen. Und lassen Sie sich auch die Aufführungen im Concertgebouw, das wegen seiner großartigen Akustik Weltruhm genießt, nicht entgehen.

Clubbing in Amsterdam

→ Club Abe (Rembrandtplein)

Tanz, Musik, und Unterhaltung - das sind die wichtigsten Zutaten für die Clubarea im ABE. Der ABE & Club & Lounge lädt reife, gleichgesinnte Menschen ab 27 Jahren zum Feiern ein. **Adresse**: Amstelstraat 30. www.clubabe.com, Straßenbahnen: 4, 9 und 14 bis Rembrandtplein.

→ Club Air (Rembrandtplein)

Hier erwartet Sie nicht nur ein hervorragender Service sondern auch das beste Soundsystem von Amsterdam. Der Eintrittspreis liegt bei rund € 15 und Sie müssen eine Air Card kaufen, um Ihre Drinks zu bezahlen. Die Atmosphäre ist trendy und etwas dunkel. Die riesigen Parties in dieser unglaublich angesagten Location dauern normalerweise bis 5 Uhr morgens. **Adresse**: Amstelstraat 24, www.clubair.nl, Straßenbahnen: 4, 9 und 14 bis Rembrandtplein.

→ Paradiso (Leidseplein)

Das Paradiso ist definitiv die beste Konzertlocation in Amsterdam. Die großartige Stimmung und der tolle Sound sorgen dafür, dass Sie hier einen perfekten Abend erleben. Die schöne, historische Kirche ist eine ideale Konzertbühne. Das Paradiso ist ein beliebter Treffpunkt für Amsterdamer und es zieht auch einige Touristen an. **Adresse**: Weteringschans 6-8, www.paradiso.nl, Straßenbahnen: 1, 2, 5 und 7 bis Leidseplein.

→ Escape (Rembrandtplein)

Das Escape liegt mitten auf dem Rembrandtplein und ist einer der größten Clubs von Amsterdam. Dieser gigantische Club ist für seine überwältigenden Ausmaße bekannt. Achtung: Die Bar ist ziemlich teuer! **Adresse**: Rembrandtplein 11, www.escape.nl, Straßenbahnen: 4, 9 und 14 bis Rembrandtplein.

→ Melkweg (Leidseplein)

Das Melkweg ist ein vor allem beim jungem Publikum sehr beliebter Ort zum Tanzen. Es ähnelt dem Paradiso, mit einem großen Unterschied: letzteres ist bei Einheimischen sehr beliebt und spielt mehr lokale Musik, während das Melkweg eine größere Vielfalt bietet. **Adresse**: Lijnbaansgracht 234/a, www.melkweg.nl, Straßenbahnen: 1, 2, 5 und 7 bis Leidseplein.

→ Jimmy Woo (Leidseplein)

Dieser Luxusnachtclub erlangte wegen seiner vielen Promi-Gäste Weltruhm. Durch seine fantastische Inneneinrichtung und die nicht minder überzeugende Soundanlage macht der Club seinem guten Ruf alle Ehre. Wenn Sie im Jimmy Woo feiern wollen, sollten Sie besser auf der Gästeliste stehen. Ansonsten verschwenden Sie draußen in der Warteschlange Ihre Zeit! **Adresse**: Korte Leidsedwarsstraat 18, www.jimmywoo.com, Straßenbahnen: 1, 2, 5 und 7 bis Leidseplein.

→ Club Up (Leidseplein)

Das Club-Up ist eine Bühne für junge Talente. Gastgeber ist der mondäne Kunstverein De Kring, der in der Regel nur Mitglieder einlässt. Donnerstags, freitag und samstags ist der Club aber für alle offen, die exzentrische, verrückte, freigeistige Partys mit künstlerischem Touch mögen. **Adresse**: Korte Leidsedwarsstraat 26-1, www.clubup.nl, Straßenbahnen: 1, 2, 5 und 7 bis Leidseplein.

Ausgehen und Unterhaltung in Amsterdam

Last Minute Ticket Shop

Im Last-Minute-Ticket-Shop (LMTS) können Sie Eintrittskarten für Veranstaltungen in Amsterdam erstehen – und zwar mit kräftigen Rabatten auf den regulären Preis! An jedem Tag der Woche steht Ihnen hier eine neue Auswahl an Tickets für Konzerte, Theateraufführungen und andere Veranstaltungen in allen möglichen Spielstätten in der Stadt zur Verfügung!
Ab 10:00 Uhr finden Sie die Angebote des Tages auf *www.lastminuteticketshop.nl*. Kaufen Sie Ihre Tickets direkt online (Sie müssen diese dann ausdrucken).

→ Concertgebouw (Museumplein)

Das Concertgebouw (Konzerthaus) ist einer der besten Konzertsäle der Welt. Das schöne Gebäude verfügt über eine tolle Akustik. Das Concertgebouw-Orchester ist ein Ensemble von Weltklasse. **Tipp**: Jeden Mittwoch von September bis Mai findet um 12:30 Uhr ein kostenloses Lunchkonzert statt. **Adresse**: Concertgebouwplein 2-6, www.concertgebouw.nl, Straßenbahnen: 2 und 5 bis Van Baerlestraat. Das Programm und die Eintrittspreise finden Sie auf der Website des Concertgebouw.

→ Muziekgebouw aan 't IJ (in der Nähe des Hauptbahnhofs)

Das Muziekgebouw aan 't IJ ist in den Niederlanden die wichtigste Konzertbühne für zeitgenössische Musik und Klassik mit zeitgenössischer Note. Das beeindruckende Gebäude mit seiner tollen Bar bietet ein ganz besonderes Erlebnis für jeden Besucher. **Adresse**: Piet Heinkade 1, www.muziekgebouw.nl, 5 Gehminuten vom Hauptbahnhof entfernt, Straßenbahn 26 bis Muziekgebouw/Bimhuis. Veranstaltungen und Preise finden Sie auf der Website des Muziekgebouw. Sie können auch von Mo - Sa 12:00 bis 18:00 Uhr die Abendkasse unter der Telefonnummer +31 (0)20 788 20 00 kontaktieren.

→ Nationale Opera & Ballet (Waterlooplein)

Das Amsterdamer Nationale Opera & Ballet ist die Heimat der niederländischen Staatsoper und des Niederländischen Staatsballetts. Das Nationale Opera & Ballet befindet sich im selben Gebäude wie das Rathaus von Amsterdam. **Tipp:** Im Boekmanzaal finden jeden Dienstag von September bis Juni von 12:30 bis 13:00 Uhr kostenfreie Lunchkonzerte statt. **Adresse**: Waterlooplein 22, www.operaballet.nl, Straßenbahnen: 9 und 14 bis Waterlooplein, Veranstaltungen und Preise finden Sie auf der Website des Nationale Opera & Ballet.

→ Holland Casino (Leidseplein)

Im Holland Casino Amsterdam können Sie einen netten, ruhigen Abend verbringen. Hier erwarten Sie viele verschiedene Spielmöglichkeiten - vorausgesetzt Sie sind älter als 18 Jahre und passend gekleidet. Beim Spielen können Sie einen Drink an einer der Bars genießen und dem DJ zuhören. **Adresse**: Max Euwenplein 62, Eintritt € 5, Straßenbahnen: 1, 2, 5, 6, 7 bis Leidseplein.

→ Carré-Theater (Amstel)

Das Koninklijk Theater Carré ist ein Neo-Renaissance-Theater an der Amstel. Das Theater wurde 1887 gegründet. Im Jahr 2004 wurde das Gebäude komplett renoviert, wobei die historische Fassade und das Interieur erhalten geblieben sind. Hier finden hauptsächlich Musicals, Kabarettveranstaltungen und Popkonzerte statt.
Adresse: Amstel 115/125, www.carre.nl/en, Straßenbahn: 10 bis Weesperplein oder alle U-Bahn-Linien bis Weesperplein.

→ Bimhuis (Östliche Inseln)

Im Bimhuis erleben Sie niederländische und internationale Musik. Jährlich finden über 300 Konzerte mit Jazz- und Improvisationsmusik statt. Der Schwerpunkt liegt auf neuen Entwicklungen, aber das Bimhuis bietet auch eine größere Auswahl mit etablierterer Musik an. Die Veranstaltungen am Dienstag beginnen um 22:00 Uhr. Geschlossen im Juli und August.
Adresse: Piet Heinkade 3, www.bimhuis.com, 5 Gehminuten vom Hauptbahnhof entfernt, Straßenbahn 26 bis Muziekgebouw/Bimhuis. Veranstaltungen und Preise finden Sie auf der Website des Bimhuis.

→ Boom Chicago (Jordaan)

Boom Chicago ist eine amerikanische Comedy-Truppe, die für ihre englisch sprachigen Comedy-Theatervorstellungen, Improvisationen und Stand-ups bekannt ist. Im Laufe der Jahre hat Boom Chicago Themen wie die Europäische Union, Privatsphäre und die Rolle der Technologie aufs Korn genommen. Sie finden die Comedy-Truppe im Rozentheater, einem ehemaligen Kino und Varietée an der Rozengracht.
Adresse: Rozengracht 117, www.boomchicago.nl, Straßenbahnen:13,17 bis Marnixstraat. Veranstaltungen und Preise finden Sie auf der Website des Boom Chicago.

→ Stadsschouwburg (Leidseplein)

Die Stadsschouwburg Amsterdam ist führend im Bereich der niederländischen Theaterkultur. Das Gebäude aus dem Jahre 1884 ist ein schönes Beispiel für den Stil der Neo-Renaissance. Das reguläre Programm umfasst verschiedenste Theaterformen, vor allem von niederländischen Autoren. Veranstaltungen und Preise finden Sie auf der Website der Stadsschowburg. **Adresse**: Leidseplein 26, www.ssba.nl, Straßenbahnen: 1, 2, 5 und 7 bis Leidseplein.

Kinos

Alle Filme werden in Originalsprache mit niederländischen Untertiteln gezeigt. Rund um den Leidseplein und den Rembrandtplein befinden sich viele Kinos. Tickets kosten rund € 10, je nachdem, wann die Filme gezeigt werden. Wie jede andere Stadt bietet auch Amsterdam viele tolle Kinos und Kunstorte. Welche Filme gezeigt werden, können Sie in der Filmagenda nachlesen, die auch in englischer Sprache erscheint. Die Broschüre liegt in Kinos, Hotels und Bars aus. Alternativ können Sie in der monatlich erscheinenden Filmzeitschrift Preview nachschauen, die in den Kinos erhältlich ist.

→ Pathé Tuschinski (Rembrandtplein)

Das berühmteste Kino von Amsterdam ist allein schon wegen seiner prächtigen Inneneinrichtung im Stile des Art Deco und der Amsterdamer Schule einen Besuch wert. Das Tuschinski wurde kürzlich renoviert, wobei sein historischer Charakter erhalten geblieben ist. **Adresse**: Regulierdwarsstraat 26-34, www.pathe.nl/tuschinski, Straßenbahnen: 4, 9 und 14 bis Rembrandtplein.

→ Cinecenter (Leidseplein)

Dieses Kino am Leidseplein zeigt ein Programm mit Arthouse-Filmen. Der Eingangsbereich ist ein wenig klein, aber im Inneren ist es sehr gemütlich und die Bar ist wirklich nett. Das Cinecenter ist ein beliebter Treffpunkt für Cineasten. **Adresse**: Lijnbaansgracht 236, www.cinecenter.nl, Straßenbahnen: 1, 2, 5, 6, 7 bis Leidseplein.

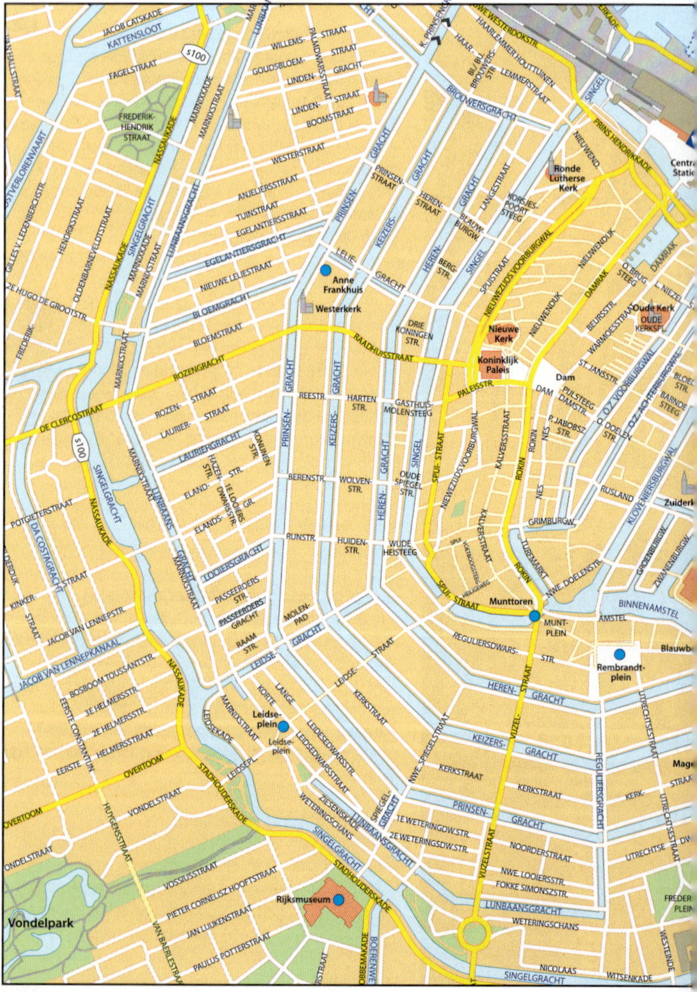
JACOB CATSKADE
KATTENSLOOT
S100
FAGELSTRAAT
FREDERIK-HENDRIK STRAAT
NASSAUKADE
MARNIXKADE
MARNIXSTRAAT
LIJNBAANSGRACHT
WILLEMS- STRAAT
GOUDSBLOEM- STRAAT
PALMDWARSSTRAAT
LINDEN- GRACHT
LINDEN- STRAAT
BOOMSTRAAT
WESTERSTRAAT
ANJELIERSSTRAAT
TUINSTRAAT
EGELANTIERSSTRAAT
EGELANTIERSGRACHT
NIEUWE LELIESTRAAT
BLOEMGRACHT
BLOEMSTRAAT
ROZENGRACHT
ROZEN- STRAAT
LAURIER- STRAAT
LAURIERGRACHT
DE CLERCQSTRAAT
K. PRINSENGR.
NWE WESTERDOKSTR.
HAARLEMMER HOUTTUINEN
LEMMERSTRAAT
BROUWERSGRACHT
SINGEL
PRINS HENDRIKKADE
Centr
Static
NIEUWENDIJK
Ronde Lutherse Kerk
KORSJES-POORT STEEG
LANGESTRAAT
BLAUW-BURGW.
PRINSEN- GRACHT
PRINSEN- STRAAT
KEIZERS- GRACHT
HEREN- GRACHT
HEREN- STRAAT
LELIE- GRACHT
BERG- STR.
Anne Frankhuis
Westerkerk
RAADHUISSTRAAT
DRIE KONINGEN STR.
NIEUWEZIJDS VOORBURGWAL
SPUISTRAAT
Nieuwe Kerk
Koninklijk Paleis
Dam
DAMRAK
O. BRUG STEEG
Oude Kerk
OUDE KERKSPL.
BEURSSTR.
WARMOESSTRAAT
ST. JANSSTR.
DAM
PULSTEEG
DAMSTR.
P. JACOBSZ STR.
O. DOELEN STR.
O.Z. VOORBURGWAL
O.Z. ACHTERBURGWAL
BARNDE STEEG
PALEISSTR.
REESTR.
HARTEN STR.
GASTHUIS-MOLENSTEEG
KALVERSTRAAT
ROKIN
NES
BERENSTR.
WOLVEN- STR.
OUDE SPIEGEL STR.
SPUI- STRAAT
RUSLAND
KLOVENIERSBURGWAL
Zuiderk
GRIMBURGW.
RUNSTR.
HUIDEN- STR.
WIJDE HEISTEEG
TURFMARKT
NWE. DOELENSTR.
GROENBURGW.
ZWANENBURGW.
BINNENAMSTEL
AMSTEL
Munttoren
MUNT-PLEIN
REGULIERSDWARS- STR.
Rembrandt-plein
Blauwb
HAZEN- STR.
ELAND- STR.
ELANDS- GR.
1E LOOIERS DWARSSTR.
KONIJNEN STR.
LOOIERSGRACHT
PASSEERDERS STR.
PASSEERDERS GRACHT
MOLEN- PAD
RAAM STR.
LEIDSE- GRACHT
LEIDSE- STRAAT
KERKSTRAAT
NWE SPIEGELSTRAAT
VIJZEL- STRAAT
UTRECHTSESTRAAT
REGULIERSGRACHT
Mage
STRAA
KERK-
POTGIETERSTRAAT
DA COSTAGRACHT
KINKER- STRAAT
JACOB VAN LENNEPSTR.
JACOB VAN LENNEPKANAAL
BOSBOOM TOUSSAINTSTR.
3E HELMERSSTR.
2E HELMERSSTR.
HELMERSSTRAAT
EERSTE CONSTANTIJN
EERSTE
OVERTOOM
VONDELSTRAAT
HUYGENSSTRAAT
ONDELSTRAAT
SINGELGRACHT
LEIDSEKADE
LEIDSEPL.
Leidse-plein
KORTE
LANGE
LEIDSEDWARSSTR.
LEIDSEDWARSSTRAAT
ZIESENISKADE
WETERINGSCHANS
SPIEGEL-GRACHT
1E WETERINGDW.STR.
2E WETERINGSDW.STR.
NOORDERSTRAAT
NWE. LOOIERSSTR.
FOKKE SIMONSZSTR.
LIJNBAANSGRACHT
WETERINGSCHANS
UTRECHTSE DW
FREDER PLEIN
STADHOUDERSKADE
VOSSIUSSTRAAT
PIETER CORNELISZ HOOFTSTRAAT
JAN LUIJKENSTRAAT
PAULUS POTTERSTRAAT
Rijksmuseum
Vondelpark
VAN BAERLESTRAAT
HOBBEMAKADE
BOERENWE
NICOLAAS WITSENKADE
WESTEINDE